為什麼是
日本
司馬東西◎著

Contents

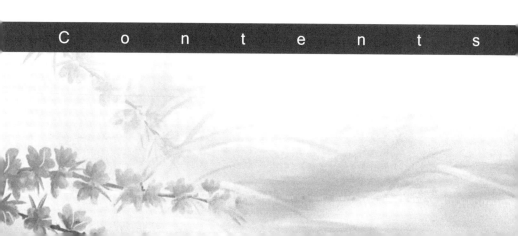

Contents

Contents

Contents

Contents

為什麼是我

司馬東西

這本《為什麼是日本》面世（簡體中文實體書出版）於二〇一四年底，其實動筆、成稿於我二十多歲時，在我的電腦裡積灰蒙塵。也許它命裡就有出版這一樁，因此得以被眾多讀者所知。如果你不知道我是誰，大概不會問「為什麼是司馬東西寫成了這本書？」——我可以負責任地說，我寫作此書斤斤計較到了和史實較勁、和自己較勁的地步。

大家知道，治史唯實是治史的原則，也是治史的底線，但治史的人做到「唯實」的又何其難、何其少。各種原由就在於歷史太過有趣、太過迷人，治史者的百年人生放諸歷史長河不過滄海一粟，治史之時難免「入戲太深」而作古人之想；另一方面，歷史無法復原，無可重現和再現，今人看古看史注定了只能是撥開歷史迷障猶看西洋景；再加上治史之人多少也沾染了時人利字當頭、文化快餐化的時代病，急於速成。外加懶蟲蝕骨，懶得讀原典，懶得做史料、史實、史識的辨正工作，以致常常錯漏旁出，貽笑於人。

我也在「時人」之列，前述之弊端我也無從倖免，是以我在嘗試一門「平衡術」——既要懷古人心，寫作之時用筆墨帶領自己和讀者「回到歷史現場」——這樣做一是為了確保表述的生動，一是為了盡可能逼近史實——又要警惕自己情之所至，對「歷史現場」進行了不恰當的「打扮」和干預。我拿出的「藥方」即是對於弊端之三的回應：翻遍手邊能找到的日本史著述，遇到不同史家對於同一史實產生的齟齬之處，進行充分所擁有史料基礎上的考較辨正，務求得到能夠經得起時間考驗的表述。至於我做得怎樣，還需要當下和以後的讀者檢驗。高手在學術圈，高手也在民間，歡迎來自兩個陣營的專家讀者見教。

女子治史，世所鮮見。小女子大筆一揮，從「日本何以是這樣而不是那樣」的角度，帶著問題去治日本史，何德何能？不期待讀者朋友因為我的性別身分而產生格外的「偏愛」，只是希望不要因為我的性別身分產生不必要的偏見。我學畫多年，後來放棄了，最後堅持下來並引以為職的唯有寫作。在歷史寫作之前，我寫過兒童文學和散文，也翻譯過作品，如將韓劇《美好人生》從劇本改寫成小說，如不久前去世的羅伯特．詹姆斯．沃勒當年的新作《高原上的探戈》由我與人合譯。交代這些「前史」或許有助於讀者更好地理解我的「治史」方式，無論如何，小女子是懷著虔敬的心在對待呈現於諸君目前的每一個方塊字。

終於能夠讓臺港澳朋友看到我的作品了，實在值得浮一大白。中文之美，某種程度上是繁體字之美。這本書之所以能誕生，緣於丹飛先生的「命題作文」——便是我的筆名「司馬東西」也是拜他所賜。也是緣於他的堅持和經紀，才在我成書數年後幾乎都打算放棄之時，在中國幫我出版了簡體中文版，而今又經他經紀要在臺灣出版繁體中文版了。藉此機會也要感謝吳錫清社長慧眼識珠——如果拙作還能忝稱為「珠」。按照丹飛先生的發心，這本小書其實有諸多姐妹篇，算是要把各重要國家都問一遍「為什麼」，比如《為什麼是美國》、《為什麼是俄羅斯》、《為什麼是英國》、《為什麼是德國》……當然也要「問」一本《為什麼是中國》。由於個人人生際遇，加上後來從自由寫作者狀態脫離出來投身影視行業，在影視公司裡挑劇本、讀劇本、改劇本甚而寫劇本，留給寫作「為什麼」系列的時間大大擠壓。作為中國之問的替代品，我倒是另寫出了《歷史是怎樣煉成的》第壹卷「有史以來」。在這裡不妨做個約定：如若臺灣讀者真的熱捧《為什麼是日本》，而大地出版社又有心「順應民意」找我約寫「為什麼」其他卷或同時出版《歷史是怎樣煉成的》（有皇皇二十五卷哦），我也樂意分身創作，與讀者諸君談古論今，毋論中外。

二〇一七年春月於北京

序

這本書寫完已經好些時日了。我對它始終充滿審視和懷疑的態度，總覺得它應該比現在更好一點，總覺得應該再等一等，等到我能將它改到我滿意為止。實際上，我們向前，生命不止，「滿意」無窮盡，永遠沒有滿意的那一天，與其在等待中蹉跎歲月，不如趁現在出發。

因著我這不自信的想法，這個稿子一直靜默地躺在我的隨身碟裡，從夏末結稿到現在，一晃就是好幾個月過去了，我羞怯得沒好意思看它一眼。直到我看到魯迅先生關於寫作時和不自信作鬥爭傳授的一句話，才使得我重新鼓足勇氣。先生說：「一直寫下去，不要回頭。」畢淑敏老師釋讀為「回頭是土，向前是金。」於是我選擇面向前方，堅定地走下去，不再計較暫時的不足，無論成功與否，只是一味地前進。

我曾對自己駕馭它的能力一度有些忐忑，但好在還有一顆對其一探究竟的心，以及解讀它的熱情，在著名媒體人丹飛先生的鼓勵下，以慧眼識珠的信心和非弄清楚不可的好奇，我開始謹慎並小心地開始了這段旅程。嘗試觸摸它、閱讀它、感受它、走近並走進它，沿著它來時的路回溯，在歷史裡從源頭上去看這個國家的前世今生，然後將它更全面、深入地展示給大家。這是一個學習與探尋的過程，既充滿艱辛又充滿愉悅，艱辛來於見識的局限和「外國人」天生的情感隔閡，而終尋得答案與內心的眾多為什麼前後呼應，這又恰是愉悅所在。

巡閱眾多與日本有關的著述，在這些著述者時而交相輝映時而互為矛盾的見解裡，我得以從這些思想的交錯碰撞裡獲得一絲投向歷史迷霧的光，藉著這光，那些消失在時光深處的碎片得以重新呈現。它們像點分明出線，線分明出面，將這個國家由始以來的輪廓漸漸明朗起來，具象起來。由此我要深深感謝為研究日本歷史及文化付出艱辛努力的學者們，是你們的研究為我的寫作提供了方向和途徑，讓這本書的書寫成為可能。李霄峰說：「沒有人可以獨自閃耀，我們都在彼此生命的映照之中。」我的寫作便是凝結了你們思想的結晶，便是在你們思想的映照之中誕生的。於此我將自己一路走來的所見所思所想記錄於此，和大家共同探討學習。

往事如煙，歲月侵蝕歷史，將它與當下的生活拉開距離，有時給我們造成一種災難不曾發生的假象，然而八年侵華戰爭帶來的疼痛卻深深地根植於我們內心，無法消解，像埋於肌底的風濕，每到風雲變幻之際就隱隱發作。因此當我們在談論「日本」的時候，它不僅僅是個名詞，更是一個「動詞」，它攜裹著侵略、暴力、血腥等訊息，這複雜的民族情感因素輕而易舉就可將我們灼熱。於我們而言，它所涵蓋的意義已經遠遠超越一個國家單純的意義，當它砸進我們耳朵的同時，也擊中了我們內心深處的疼痛和仇恨。

直至現在，我們仍然不能從這種仇恨裡跳脫出來，平心靜氣地去了解日本這個國家，正確看待中日兩國關係。大部分時候，我們被仇恨綁架失去理性思考的能力，除了理智，我們從來不乏仇恨的激情；除了切實有效的行動，我們從來不乏無謂的叫囂。「日本鬼子」，「小日本」是大部分中國人目前為止，最輕慢最直觀的認識，彷彿這樣一來就佔了人家莫大的便宜，就找補點什麼回來了。

而如果你是一個真正的熱血青年、愛國者，真正關心國家利益，真正珍視國家這些年取得的巨大成就，真正熱愛當下和平的生活，真正希望國家擁有抗衡侵略的能力，那麼就請放下傲慢和偏見，放下仇恨，以清醒的頭腦去真正認識日本這個鄰國。最好能越過時間和偏見造成的隔閡，以對待本國歷史的心態，以當事者和旁觀者的雙重視角，沿著它來時的路走一走，看一看，看看當時究竟發生了什麼，是什麼讓悲劇發生？切切實實地去了解這個國家和它的民族是怎樣的，他們的國家和社會基礎在哪裡，他們的文化、政治、經濟、軍事……的根源，以便洞悉埋葬在表象之下的今日成因，也是為了更好地了解我們自己，在歷史裡，中日兩國就像兩塊彼此映照的鏡子，照出彼此的今夕與往日，此起與彼伏，強大與衰敗……他們是如此的互為因果。

當然也並非是我們要放下仇恨和成見，敞開懷抱去接納這個國家，相反，如果我們不在乎我們曾經所遭受的屈辱，將成見擱置一旁，那我們就不會去了解、研究它。仇恨不是出路，不能解決問題本身，我們只有在往昔的疼痛裡認真反省，吸取經驗和教訓，將這種疼痛化為力量，重新出發，才對得起我們曾遭受過的屈辱與苦難。

歷史將幫助我們洞察過去與現在，這是了解一個國家的捷徑，只有了解了它的過去，才能更好地了解它的現在。這也正是我寫作的初衷和目的。有了足夠全面深入的了解，將使我們在對待日本這個鄰國問題時，不僅只有憤怒，而是有基於足夠了解而保持的理智思考能力和還擊能力，知己知彼方能立於不敗，亦能為發展良性的中日雙邊關係做出正確的選擇和行動。中日兩國的地緣關係決定了兩國不可忽視的戰略關係，「和則兩利，鬥則兩傷。」因此，從民而眾，從眾而國，一水一大海，潤物細無聲，國民倘若具備了成熟、理性、全面、深刻的認知能力，那麼不管兩國關係未來將處於何種境地，都非常有利於國家發展。

就如談論一個國家的政治不能忽略歷史一樣，談論它的歷史之時不能忽略它的人民，他們是這個國家的基本構成要素、這個國家歷史的創造者、書寫者以及事件的始作俑者。他們的成長即是這個國家的成長，他們的思想動向決定了他們國家的發展方向。因此在這本書裡有不少章節是書寫給了他們。

總的說來，不管我們如何仇恨這個國家，鄙視它也好，攻擊它也好，我們必須得足夠了解它，它的強大和躍躍欲試的野心是如此逼近和不容忽視。尤其是現在，本就如履薄冰的中日關係，因釣魚台事件再度變得緊張，從彼端到此端似乎正繃緊了一根隱形的弦，而箭在弦上將發未發，正是山雨欲來未之時。兩國邦交何去何從撲朔迷離，尚在路上，在這個過程中有了和日本歷史的對話和參與，或許我們能夠抑制內心深處的躁動，在紛繁複雜的時事中保持冷靜的頭腦，更加清楚地意識到此時此刻我們所處的位置，去理智地理解中日兩國關係的未來。

這個中國人眼中的倭國近鄰，怎樣在短時間裡從一個孤立、落後的附庸國家趕超，並發展壯大成世界強國？我們有必要對此作出思考，並了解它由始至終的發展脈絡和社會成因。

源起繩文

從現有非常有限的考古文字資料來看，無法得知史前日本是怎樣一個光景了，這裡的「史前」在時間上並無具體指向，因為缺乏界定時間的資訊，只是用來表示日本古代以前這個模糊時間段裡這片土地上發生的故事。

關於這個時段的故事，是一個隱匿在悠遠時光中的謎，而謎底業已隨歲月消散，歸於虛無。一般情況下，我們研究一個國家的歷史，總是從置於歷史開端的先土器時代與舊石器時代說起，也就是從這片土地上人類最初出現說起，因為使用石器和用火是將人和動物區別開來的標誌。

可是到這，到這個國家，我卻無從說起，對於它的這段歷史我一無所知。迄今為止，在日本仍未發現有說服力的相關時期遺物，只見其少量石器遺物未見其人骨。我們姑且就把它當成一段只有其名的傳說吧。當然沒有發現並不等於不存在，不然此後這片土地上的人類文化又是基於什麼或者依託什麼而發展起來的呢？

不說日本的「史前史」，就連稍後的日本古代史，如今基本也只是虛無地隱於日本神話類古史《古事記》和《日本書紀》裡，真假難辨，虛實難探。如此一來，就連日本國誕生的確切年代，我們也很難做出準確的判定了。而這一切都歸於日本文字的誕生，它來得太晚了，等不及承載太多的口耳相傳，往事只好隨人作古。

如今我們看見的日本，主要由本州、北海道、九州和四國這四個大的島嶼構成，當然還包括許多小島。日本很小，列島的總面積大約相當於中國領土的二十七分之一；日本很大，它的本州是世界島嶼中的第七大島。

我們所見的這些島嶼，在古生代時期還置身於海底，是古軟體動物和古魚類的天下。它的出現歸功於古生代末期的造山運動，列島的大部分在當時逐漸顯山露水，不過那時的日本列島還不是如今模樣，與亞洲大陸尚有毗連，在後來陸陸續續的地殼運動中，方才有了今天的樣子。日本海成了被陸地包圍的內湖，它夥同中國的東海把日本與亞洲大陸分隔開來，孤零零地矗立在遼闊的太平洋西邊，與中國和朝鮮島隔海相望。這樣的地緣關係，注定了中日兩國間的恩怨情仇將源遠流長。

閒話不敘，歸於正傳。既然過去在過去裡已然蹤跡難覓，我們就從現今有考古資料為證，置於日本歷史開端的繩文時代說起吧，也就是說，日本最古的文化目前認定為是從新石器時代開始的。

這是一個什麼樣的時代呢？它是日本舊石器時代的末期，距今約六、七千年之前，延續了大概四、五千年之久，是日本持續時間最長的文化時代，大約相當於中國新石器時代母系氏族公社（**長江流域河姆渡文化、黃河流域半坡文化時期**）至春秋戰國時期。當然時間上並不能一刀切，是過渡的、是鬆動的。

如此悠長的時光，這片海域環抱仿似與世隔絕的列島，文化的進展如蝸牛一樣。中國在此時歷經了三皇五帝（**遠古部落聯盟首領**）、夏商周、春秋戰國入秦代的發展更替，由早期的氏族社會到奴隸社會，又進入了封建社會的基本成熟期，在文化上已經非常發達，青銅器和鐵器的鑄造技術也已相當成熟。相比尚處於新石器時代的日本，兩個國家彼時的差距顯而易見。如果你只看得見昨日這一瞬，據此認為日本是個沒有歷史的國家，這是一種顯而易見的傲慢與偏見。如今看來，這恰是奇蹟所在。過去是歷史，今天亦是歷史。近代日本用它的強大挽回了它的過去。

關於「繩文」，有人以字取意，以為與「結繩記事」有異曲同工之妙，浪漫地猜想，這是沒有文字的日本古人用草繩在黏土上按壓或擠勒出紋路來記錄重要事情的方式。不過至今並沒有確切的研究資料顯示，「繩文」有「文字」的符號功用。它之所以被稱為「繩文時代」，完全源於當時人們廣為使用的一種陶器。作為新石器時代的代表之一，這些經年埋於地下或完好或殘破的陶器在日本很多地方重見天日後，其上的繩索裝飾圖案揭示了這個時代的存在，順理成章地「繩文」就成了這個時代的代名詞，該時期的文化稱為「繩文文化」。二戰後「繩文」這個詞出現，並廣為使用。

如果試圖描述繩文時代的日本，它大概是這樣的：

繩文時代的日本大概處於母系氏族公社階段，在此後處於低下地位的日本婦女，此時卻有著等同或者高於男人的地位，這是有跡可尋的。在日本《古事記》、《日本書紀》的神話中都能找到線索，神話中女神的地位表明，在日本早期婦女還享有比較自由和比較受尊敬的地位。

那時候，人們主要靠狩獵和捕魚為生，供他們食用的鳥獸種類達六十種以上，魚類三十餘種，貝類則有兩百二十餘種之多，因此如今發現的當時之遺址就數貝塚最為多見了。「貝塚」即是那時候人們吃完貝類後丟棄的貝殼和其他食物殘渣自然堆積的地方，也就是垃圾場。

初期，人們通過用石頭投擲獵物或用棍棒打擊獵物，獲得魚類貝類的方式則靠赤手的技巧。隨著石器工具的發明和改進，狩獵工具也變成了石頭製作的弓箭，捕撈除了用魚叉和骨頭磨製的釣鉤外，還用魚網。食物的增加，人們從而有空閒時間來創新、磨製石器和燒製陶器，而食物的增加也意味著人口數量的隨之增長。在狩獵和捕撈之外，人們當然還採集野生植物的果實和根莖食用，在中後期，從長期的採集過程中，還學會了某些植物的栽培。人們學會了用火，又有了陶罐，告別了茹毛飲血的蒙昧時代，烹飪方式為燒烤和煮食物，也許還用發酵的植物果實釀造了酒。不過那時人們還不懂編織技術，可能以動物毛皮或樹皮為衣，以石製品和貝類骨角製作飾品。

食物來源相對穩定後，人們可以長期定居一地，建造居所。他們往往以母系為單位形成胞族部落聚居在一起，以豎穴為居。所謂「豎穴」，即是在地面挖下幾十公分做成土屋地面，上面搭上屋頂，屋子中間都設有火盆。這種住處冬暖夏涼，據說可能是當時最為理想的住所。

然而，雖然食物的獲得有所增加，人們也極力用各種方式收集食物，還有了初步的農業雛形，但生產力仍然處於最初的低下狀態，食物的獲得還是非常有限，生活仍不夠穩定。根據考古學家測定，那時的人們個頭矮小，平均壽命很少超過四十歲。死後一般採用屈葬的方式，有也少量伸肢葬，中期以後出現甕棺葬，甕棺一般葬幼兒和骨化的成年人。這個時期的墓葬比較簡單，沒有特殊設施，隨葬品多為日常佩戴的貝殼、骨類裝飾品，迄今沒有發現厚葬的特殊墓葬。這也說明了當時人們過著基本平等的原始氏族部落生活。

關於遠古時代，這片列島上的居民生活大抵如此了。

據以上描述，可以粗略了解到繩文時代的雙面性：既有發展中的前進態勢，又有相對於當時中國先進文明的滯後狀態。

繩文時代的日本距離形成一個民族仍很遠，接下來的彌生時代將對日本國的形成有較多的貢獻。

延伸閱讀

西元前五五〇〇年到前二〇〇年，從列島南端長崎縣的福井洞穴、泉福寺洞穴到本州東北的岩井堂洞穴，均反映出當時日本列島居民已經處於母系氏族公社階段，居民多擇沿海地帶山岩洞穴或豎穴而居，以採集和漁獵作為主要的生產活動維繫氏族生活。三內丸山遺蹟是目前日本所發現規模最大的繩文村落古蹟，大量出土的陶器和陶俑因表面有近似草繩花紋的圖案，故稱為繩文時代。

延伸閱讀

繩文式陶器延續數千年，直至彌生式陶器出現的西元前三世紀。目前，考古學界將繩文時代劃分為前期、中期、後期和晚期四個階段。從遍及全國各地的繩文式陶器來看，前期多為尖底缽，中期以後趨向平底深缽，後期和晚期造型富於變化，出現了甕型皿、圓筒形皿以及土瓶、土碗等用品。陶器色彩多為深褐色或紅褐色，表面圖案基調為繩文式花紋。此外，繩文晚期，日本東北地方還出現了黑陶器，陶胎薄而輕，表面經過研磨呈黑色，造型挺秀俊美，體現出早、中、晚不同時期的審美觀。對土陶器的用途分析使我們得知，繩文時代的土陶器除作為飲食器具和貯藏事物的器具之外，還使用於宗教祭祀和喪葬等儀式。

日本人的由來

關於日本人的民族來源學術界眾說紛紜，尚無確切定論。其中「源於中國」的說法在中國比較盛行，大概是因為徐福東渡的故事，又大概因中國人「大中國」而「小日本」的優越意識，以及中國與日本隔海相望的特殊近鄰地理位置，許多人對這個說法都深信不疑。

隨著繩文時代經由考古學家進入人們視線後，日本民族的起源問題，出現了與「源於中國說」不同的可能，日本民族起源的爭論也變得更加撲朔迷離。那麼，生活在那個遠古年代裡的古人類到底是什麼人呢？他們又來自哪裡呢？

為了尋求答案，讓我們回到兩百多萬年之前的這方土地，回到更新世（**亦稱洪積世**）時期的「日本列島」。

兩百多萬年之前，日本列島還不叫島，與早期的英國列島一樣，它尚與大陸板塊毗連，是亞洲東北部沿海的邊地。直到距今約一萬年前，由於地球氣候變暖，極地冰川融化引起海平面上升，水淹沒了與之相連的大陸板塊，漸漸將這片土地與亞洲大陸剝離開來。因為它地處環太平洋地帶，地質結構極不穩定，大地震和火山活動頻繁，經過歷次劇烈的地殼運動，這方土地就逐漸形成了如今我們所見形似彎彎月牙的一長串列島。

在這方土地未與亞洲大陸分離之前，整個陸地自成一體，逐水草而居的亞洲遠古人類從各地絡繹遷徙而來。一些可能是中國北京猿人的後裔、另一些是亞洲大陸其他地區的古猿人，他們追逐獵物而至，駐足於此。後來歷經滄海桑田，陸地與陸地分離，亞洲大陸成了隔洋相望無法抵達的故鄉，他們只好在這座四周環海、遠離大陸的孤島上繁衍生息。

日本學者樋口清之進一步解釋了日本人的來源：「日本人是在日本產生的，其要素是以和中國華南的洪積期化石人有關係的日本化石人為核心，漸次加入東南亞的馬來人和印尼人、中國北方的通古斯人和日本列島上最早的土著——阿伊努人，最後產生出尚未完全統一的現代日本人。」

按樋口清之的說法，最早來到這片列島上的人是土著阿伊努人，古文獻裡稱之為「蝦夷」的民族。他們大約是六、七千年以前從東南亞遷居到日本的。不過也有學者認為阿伊努人是阿拉伯移民。從外貌上來看，阿伊努人與典型的日本人大為不同，他們身材比日本人稍矮，膚色淡褐、體毛發達、眉骨突出、眼窩深陷，風俗和信仰與大和民族也大不相同。也有人認為他們屬於蒙古人種和歐羅巴人種的混合類型。

正是由於阿伊努人是繩文時代日本列島的原住民這一發現，才出現了與「源於中國說」不同的可能，有一部分學者據此認為現代日本人是由生活在繩文時代的人在時代變遷中改變了體質結構、生活習慣等演變而來的，這一學說稱之為「演變說」。它既不同於外來人種對阿伊努人的更替說，也不同於學者樋口清之的混血說，它更重視人種的繼承性，此學說至今對學界仍有影響。

「演變說」的學者可能是基於對日本列島與大陸隔絕後，繩文時代人與大陸來往甚少的緣故，但據考古發現，自繩文時代晚期開始，又有亞洲大陸移民進入日本。到彌生時代，大陸移民急劇增加，其遺骨在體質結構上與繩文人明顯不同，身材比繩文人高、臉型也相對較長，更接近於現代日本人。許多學者以體質結構的相似性認為這些大陸移民，來自朝鮮半島和中國東北、蒙古、西伯利亞等東北亞地區。

除此之外，在阿伊努人居住的繩文時代之前，也就是十萬年乃至二十萬年以前（即舊石器時代早期或中期），一些石器遺物便顯示有人群在日本列島生息。但是由於尚無這一時期人類骨化石的發現，因而無從了解其體質特徵。

近年來關於阿伊努人有別於現代日本人的原因，持「混血說」的學者認為，彌生時代的大陸移民主要分布在近畿和關東地區，而地處偏遠的北海道、西北九州則較少或幾乎未受移民混血的影響，仍以繩文人的子孫為主要居民，因而生活於北海道的阿伊努人被認為是未受混血影響的繩文人的直系子孫。於是在彌生時代，形成了日本人的二重構造，即移民系統的彌生人（主要分布於西日本）和本土系統的繩文人（主要分布於東日本）。

從各時代日本人的體質結構來看，屬於蒙古人種是毫無疑問的。

然而「中國起源說」也並非空穴來風。繩文時代恰逢中國處於群雄割據的戰國時代（西元前四〇三年到前二二一年），社會動盪不安，很多人為了避難遷徙到這個東亞盡頭火山密布的島嶼。除此之外，古代中國人從亞洲大陸向日本島的遷徙有許多次，其中徐福東渡日本是最著名的一次。

另外據《山海經》表明，在這之前，帝禹時代就曾考察過日本列島，黃帝時代曾接近或抵達日本島，炎帝時代的女媧部落曾遷徙、避難到日本列島。據說他們是構成日本大和民族的基因來源主體，女媧則成為日本天皇家族尊崇的太陽女神天照大神的原型，而這個說法的可信度是值得懷疑的。

另一個更不靠譜的起源學說是「韓國起源說」。韓國相關機構更願意承認日本人是韓國人的後代，或者乾脆認為日本這個國家也是高麗人創立的。這一學說大概基於亞洲各地區古人類經由朝鮮半島進入日本列島，以及不同時期朝鮮半島一些居民移居日本的事實，更主要的是他們在人種上均屬於蒙古人種。但事實上，鑑於朝鮮半島與中國歷朝歷代在政權上的「親緣」關係，與其說是「韓國起源說」不如說是對「中國起源說」某種程度的肯定。

除了從相關時期的人骨基因結構上追溯日本民族的起源外，有的學者試圖從日語的來源尋找日本民族的起源。學者們注意到日語與包括韓語在內的阿爾泰語系在語法結構上有許多相似之處。由此推斷日本人可能與生活在東北亞的阿爾泰語系諸民族在血緣上有某種關聯。但他們也同時注意到，日語與阿爾泰語系之間在讀音上有一些不同點。這些不同之處恰與南島語系（**東南亞一帶以及中國南方非漢族的少數民族**）之間有著某種親緣關係。因而阿爾泰語系不是日語的唯一來源，日語同樣具有「二重性」，再一次證明了日本民族並非單一民族而是混合民族。

不管是「中國起源說」還是「韓國起源說」，不管是「演變說」還是「混血說」，都各有其道理又各有失偏頗之處，有關日本民族的來源問題至今尚無確切定論。

時光如梭，上萬年過去了，漫長而艱難的遠古歲月中，那些來自五湖四海的遠古人類在這座列島上沉澱下來繁衍生息，子子而孫孫，歲月漸漸模糊了他們的來處。我們試圖依著一些混亂的證據把他們的脈絡梳理得清晰一些，然而若較真，這便是線索之間的迷宮。

而今大多數學者因著對體質結構和語言來源的追尋結果，認同日本列島的先民並非土生土長，而是由不同來源的人混合而成的，從各種史料和近代考古研究來看，這似乎也是最合理的說法。

我們將現有清晰的事實暫且做個簡單的歸結，日本民族的先民主要由兩部分組成：亞洲大陸北方人口集團和南方人口集團，這些移民在日本列島上相互通婚而形成「混合民族」，最後成為一統的大和民族。從這點上來說，古代日本與美國一樣是一個移民國家，來自中國、朝鮮還有南方的印尼等島國的移民與原住民相融合，逐步形成了真正意義的日本民族。不管是「中國起源說」還是「韓國起源說」，這些不同地域的先民不過只是這移民大軍中的一員而已。

日本人的起源問題如此複雜的原因恐怕在於，不同國家的學者出於各種原因對物證的取捨不同，因而得出結構迥異的起源學說。又加上日本的古代史本就是一本糊塗帳，一半是無稽的神話——《古事記》，另一半是揑造的偽史——《日本書紀》，想要在失真的史實和紛紜的傳說中追尋真相，對日本人的由來溯本求源，這本身就是一件非常困難的事情。

延伸閱讀

《古事記》是從日本古代官修史書。本書以皇室系譜為中心，記日本開天闢地至推古天皇（約五九三年到六二八年在位）間的傳說與史事，亦為日本最古老的文學作品。書籍大略可分成本辭、帝紀兩個項目；上卷、中卷、下卷三個部份。上卷收錄本辭（**序言**、**神話**、**傳說**）；中卷收錄第一代天皇（**神武天皇**）到第十五代天皇（**應神天皇**）的家譜、事蹟；下卷收錄第十六代天皇（**仁德天皇**）到第三十三代天皇（**推古天皇**）的家譜、事蹟。

延伸閱讀

《日本書紀》是日本留傳至今最早之正史，原名《日本紀》。由舍人親王等人所撰，於西元七二〇年（養老四年）完成，記述神代乃至持統天皇時代的歷史。全書三十卷，採用漢文編年體寫成。系譜一卷，系譜如今已不知所蹤。編纂的起因在於經壬申之亂而取得政權的天武天皇為了鞏固自身皇位欲向外宣示天賜皇位而下令編成。

《古事記》與《日本書紀》兩本書一本偏向神話傳說，一本偏向史事，兩本書互為參考，互為補充。

徐福東渡

眾所周知，關於日本人及其文化發展與中國相關聯的歷史事件中，首推徐福東渡的故事。徐福的故事，最早見於中國的《史記・秦始皇本紀》，後來在《漢書》、《後漢書》、《三國志》等古書中都有記載。世人對徐福東渡的傳聞並不陌生，這個名字也隨東渡故事的代代相傳，在漫漫歷史長河中流傳下來，這個名字承載的不僅是其人其事，更承載了中日兩國間斬不斷理還亂、源遠流長的曖昧關係。

徐福究竟是何許人？他東渡後是否真如傳聞所說，去了日本而一去不回？他東渡的真正目的是什麼？他為何一去不返？他就是傳說中的神武天皇麼？他與日本到底有什麼關係，以至於人們在追溯日本歷史的時候，總是不可避免地要談起其人其事，仿若他的存在就是日本起源史不可分割的一部分。

徐福也叫徐市，齊地琅琊（今山東境內）人，相傳是鬼谷子先生的關門弟子，通曉天文地理，熟知海洋、醫藥、煉丹等知識，他的專長為之後的故事埋下了伏筆。方士徐福的故事因大秦帝國的皇帝嬴政妄想長生不老而得以展開。西元前二二一年，秦王嬴政經過長年征戰統一六國，建立了歷史上赫赫有名的中央集權制國家——大秦帝國。掌握了至高無上的權力後，為了永享這來之不易的權力，妄想長生不老，於是他從未停止過派人尋找長生不老的仙藥。一些方士投其所好編織神仙之說，聲稱東海海上有仙人仙藥，吃了仙藥便可長生不死，徐福就是其中最有名的一位。

據《史記・秦始皇本紀》記載，西元前二一九年，徐福上書秦始皇，稱願去東海尋求長生不老之藥，得到秦始皇應允，徐福帶領數千童男童女及稻種、藥物、隨從和技藝百工東渡求仙。前兩次均無功而返，因耗資巨大，徐福恐遭秦始皇懲罰，於是憑巧言說服秦始皇同意其第三次東渡尋求仙藥。西元前二一〇年，徐福率三千童男童女，攜帶眾多器物、食品、工匠、學者、典籍、農作物種子等，第三次出海尋求不死之藥。《史記・秦始皇本紀》並沒有交代徐福第三次東渡的結果，這次東渡的行蹤隨船隊入海而消失在茫茫大海中，船隊再也沒能回來，他們的去向成了千古之謎……

而《漢書》和《後漢書》對徐福的去向和不歸，出現了兩種截然不同的說法。《漢書》載：「徐福得平原廣澤，止王不來。」據說這個「平原廣澤」指的就是現在日本的九州。這句話的大概意思是說，徐福到了日本九州自立為王而不歸。因著這一記載，一部分人猜測徐福東渡的真實意圖，徐福其實是利用始皇求仙心切的機會，藉其力以自殖民於海外。

《後漢書・東夷傳》說：「又有夷洲及亶洲，傳言秦始皇遣方士徐福將童男女數千人入海，求蓬萊神仙不得，徐福畏誅不敢還，遂止此洲。」夷洲及亶洲的確切位置一直沒有定論，各種說法指向日本、琉球、臺灣等地，甚至指向更南邊的菲律賓。這個記載模稜兩可，未明確說明徐福止於日本，就留下了現今人們猜測的兩種可能，臺灣或日本。這一歷史記載也提出了另一種思考，徐福本人是否真的到過日本？前一種記載裡的「平原廣澤」指的是否就是現在的日本？徐福東渡的真實目的何在？

我們暫時拋開徐福是否真的到達過日本這個問題，稍後再作敘述，先來探究其東渡的真實目的。對東渡求仙的說法，有人提出了不同的質疑，我們權且稱之為「海外殖民論」。如之前提到的，徐福東渡是為自殖民於海外的私心，一說秦始皇有殖民海外開拓疆土的野心，徐福只是他派去的探路者，依據是秦始皇多次東巡和此後在山東其曾巡視地區發現的石刻中說：「普天之下……日月所照，舟輿所載，皆終其命，莫不得意。」又說：「西涉流沙，南盡北戶。東有東海，北過大夏，人跡所至，無不臣者。」大概意思是說：凡是日月所照的地方，都是他的疆土；凡是人的足跡所至之處，都是他的臣民。更以《呂氏春秋・為欲篇》所載秦始皇的理想：「北至大夏，南至北戶，西至三危，東至扶木，不敢亂矣。」為證，這裡的東至扶木就是東至扶桑，即現在的日本。由此而推測秦始皇有殖民海外的野心。於此日本學者奧野利雄先生提出了有別於這兩種說法的「復仇說」，大概因為徐福曾是齊國人的緣故，這位先生認為徐福東渡是為了報亡國滅族之仇而策劃的叛逃行動。事實的真相到底如何，我們至今無法得知。歷史有時候本是一筆死無對證的糊塗帳，千百年來口口相傳，加入了傳說者們自己的猜測，事實緣由早已「滄海變桑田」了。

為了找尋徐福本人是否真的抵達日本，又是否就是傳說中神武天皇，一些學者將目光轉向了地下證據。一直被日本皇室奉為至寶的「劍、鏡、玉」三神器，相繼從相應時期大貴族的墳墓中發掘出，其無論是工法還是製造年代都介於中國的秦漢之間。持徐福抵達日本觀點的人因此認為，那時候的日本還處於青銅時代，還沒掌握冶鐵技術，這些器物就是徐福從中國帶來的。當然這個證據在我看來，顯得薄弱而蒼白，誰又能肯定它不是日本列島上的小國向漢朝納貢而帶回來的賞賜呢？另一方面，一部分考古學者通過考察發現，神武天皇東征路線和徐福登陸日本後的北遷路線相同，認為神武天皇東征實際上就是徐福帶領船隊東渡日本的歷史反映。尤其是二十世紀六〇年代以來，在神武天皇東征路線上，陸續出土了很多中國秦代時期的器具，這種巧合為神武天皇即徐福說提供了實物證據。

持這種觀點的代表學者當數衛挺生教授，他在《徐福入日本建國考》一書中，根據中日史籍、古物、古錢及徐福在日本的行蹤等，從地理、時代、舟師等方面的十大巧合，證明「秦代使者徐福就是日本開國第一代天皇神武天皇」。而更有甚者，現在一些日本人說自己就是徐福的後裔。在日語中，秦（hata）與羽田（hata）的發音相同。前日本首相羽田就稱自己是徐福的後裔，理由是祖先曾姓秦，由於歷史原因才改為羽田的。昭和天皇的御弟三笠宮崇仁親王還曾動情地說：「徐福是我們日本人的國父！」今天的日本，仍有許多祭祀徐福的神社，在一些地方每年都有形式多樣祭祀徐福的活動。

徐福抵達日本，並是神武天皇這個觀點雖然得到現在部份人的認同，但也有一些專家認為，衛挺生的徐福神武天皇論並不可信。先不說「平原廣澤」是不是現在的日本，在他們看來，即便徐福真的東渡至日本，也不可能是神武天皇。據《神武紀》所記，神武天皇的即位之年為辛酉，為西元前六六〇年，而這時始皇尚未出生，又何來徐福奉始皇之命出海求藥？「衛挺生們」的觀點因缺乏有力的證據作為支撐，這些觀點都建立在推測的基礎上，只是有「民間考證」的傳說而已，而史實怎樣仍然是個謎。

不管徐福本人有無抵達日本，是不是傳說中的神武天皇，這些並不重要。從現有考證的種種蛛絲馬跡看來，日本與中國的歷史不說一脈相承，但至少是有不可或缺的緊密聯繫，追尋至此就已足夠。

延伸閱讀

神社是崇奉與祭祀神道教中各神靈的社屋，是日本宗教建築中最古老的類型。由於神道教與日本人民生活密切聯繫，神社十分普遍。

光一樣的彌生時代

前面我們說到繩文時代的日本還處於母系氏族部落的新石器時代，相比那時已進入封建制國家的中國仍處於非常落後的狀態，距離形成一個民族仍很遠。而接下來的彌生時代將對日本產生巨大的影響，對日本國的形成也有著非凡的貢獻。

西元前二〇〇年到西元三〇〇年左右，由於大批外來移民介入日本列島，他們在外形與文化上和繩文人相當不同。他們皮膚較白皙，身材較高，臉龐較窄。他們的文化包括諸如青銅與鐵等技術，也更加依賴稻作。外來文化隨之衝擊著當時比較滯後的原有文化，從而出現了區別於之前落後時代的先進文明，這一時代是日本比較重要的文化轉折時代。此後大約一百年間，日本列島奇蹟般地出現了一場飛躍性的「彌生文化」現象。「彌生」一詞在日語中是「發芽、新生」的意思。像一道光打開黑暗，給當時的日本帶來了全新氣象。

由於有了水稻種植技術，彌生人由漁獵時代進入了農業耕作時代。考古證實除了水稻，當時還從中國進口了銅器和鐵器。鐵製工具的使用使得生產水準得以飛躍式發展，人們陸續從潮濕陰冷洞穴及沿海地帶遷移到廣袤的平原，人們不再住坑式豎居而改住樓房（今天日本仍保留不少高腳式宮殿或寺廟建築，這種變化與錢塘江地區河姆渡文化的高腳式木建築、種水稻、養豬生產方式相似，很可能受中國長江一帶文化影響）。這一點也可能說明，這些移民可能來自中國長江一帶。

鐵器的普及導致石器迅速減少，乃至絕跡。古代日本漸漸告別石器時代。海廣地稀的日本出產的金屬礦有限，大部分礦石和金屬用品依賴從當時的中國進口，因此不是人人都有機會享有，金屬用具就成了有錢、有地位的人的專屬用品。持有金屬也就意味著有地位，然而這並不是引起當時社會階層化的唯一因素。如同農業發展一樣，稻作的引進和大規模種植讓社會內部資源基礎縮小，使社會精英較容易控制社會資源。水稻種植得到推廣後，人們不再花費大量時間去滿山遍野採集食物，食物的穩定使得人們可以較永久地定居一地、佔地為王。當私有的念頭開始紮根大腦的時候，保衛和擴大邊界的戰鬥也就打響了。特別是當人口增至兩百萬人左右時，戰鬥隨之增加，持有金屬武器加上有能力號召戰士的人，社會地位進一步提升。當然，部落之間的仗打得多了，總會有勝負之分，實力也就有了懸殊，各部落開始依據戰鬥勝負來排列等級。

在這越來越階層化的世界，貧富貴賤也就有了差別，有錢人奴役窮人也就在所難免，地位卑微的人在路上遇見有地位的人時要退到路旁鞠躬讓後者通過——這種習俗一直延至十九世紀。有研究證明，倭國參照中國奴隸制時的政治制度，用頭銜來區分等級，高階男子有四五個妻子，較低階的男子也有兩三個妻子。這也可以看出，婦女的地位比起繩文化時代開始下降。

加速階層化的另一個因素當然就是財富了，特別是經商帶來的財富。有些部落夠幸運，在他們的領地內有金屬資源，就靠倒賣金屬賺錢，這看起來不費勁，卻得花大量武力保護這稀有資源以免被人奪走。而有些部落沒有金屬資源，就致力於新技術的研究，例如生產絲綢、玻璃、冶金，以這些賺錢。金錢利益驅動著玻璃工藝與冶金技術得以發展，而產品多樣化導致交易增加，包括與大陸之間的交易以及列島內的交易，而每一個區域都有一個市場。愛知縣的朝日遺蹟就是這樣的一個交易中心，它是迄今為止發現的彌生時代定居地遺址中最大的。

部落之間的戰鬥、精英的出現以及控制資源的競爭，導致政治化程度的增加。許多部落首長與鄰近的部落締結同盟，組成了無數的小王國。

這個時期的日本漸漸出現了半奴隸制的統一王朝。還出現了宗教、醫學、鑄造、軍隊、禮儀等文化的進步特徵，一個漁獵為主的原始土著島嶼突然成為農耕為主的古代文明社會，甚至日本本土宗教「神道教」在此時起源，「萬世一系」的神武天皇也在這個時候猛然出現了。

彌生時代的奇特現象在世界文化史中僅此一例，整個社會在短時期內突飛猛進的完善與成熟似乎不可思議，一個島嶼民族用極短時間完成了大陸民族在發展進程中需要數千年才能完成的文化演進，這完全得益於日本人善於學習別人取長補短的良好習慣。

善於學習，化為己用。用今天商業社會的話來講，就叫合理整合、利用資源，以使利益最大化。在這一點上，日本人走得多麼靠前又多麼聰明。因為站在巨人的肩膀上往往比巨人看得遠。

延伸閱讀

彌生時代名稱的由來，來自於一八八四年在東京彌生町發掘的球形陶壺。陶器可以看作是彌生文化的重要代表之一。彌生時代可分前期、中期和後期，是受到大陸（**中國和朝鮮半島**）文化的影響而產生的。

延伸閱讀

日本原生的農業，可以上溯到繩文時代前期，即六千五百年前，在長期採摘植物的基礎上，繩文時代中期的人們已經懂得播種多種野生的植物，以滿足隨著人口增加而日益增長的食物需求。繩文時代晚期，食物結構由動物、魚類、貝類轉向農作物，激發起日本遠古居民發展大規模農業生產的渴求。不久，水稻這種原產亞熱帶的糧食作物便在大約距今三千年前，也就是彌生時代從中國經由朝鮮半島傳入日本九州地區。今日許多日本人認為遠古時代日本人就已種植稻米，但事實上日本是亞洲民族之中最晚採用稻作的。

邪馬台國

傳說一樣神奇的彌生時代後期，隨著生產力的提高，剩餘產品的出現，產生了私有財產和階級，至此日本原始社會逐漸瓦解。到了大約西元一世紀的時候，日本列島上出現了許多巴掌大的小國家，據說有「百餘國」之多。這些彈丸小國在此後長年累月的爭戰中兼併組合，慢慢發展成為「三十許國」。邪馬台國是它們中的佼佼者，也是它們的頭兒，它們建立的政權稱為「邪馬台聯合政權」，史學家們為了方便稱呼，就乾脆稱之為「邪馬台國」。

熟悉日本歷史的朋友對這個古國名字可能有所耳聞，不熟悉的朋友可能對它一無所知。那麼這個遠古的日本古國是一個什麼樣的國家呢？它是怎麼從眾國中脫穎而出的呢？日本流傳至今最早的正史《日本書紀》並沒有以大量史實為基礎，它記錄的主要是神話故事和民間傳說，這樣一來虛構的成分比較多，就不足採信了。

我們對遠古時光中這些小王國的了解，大都來自中國的文獻，有關日本最早的文字記載，來自《漢書・地理志》。這本古書記載，西元前一〇八年，漢武帝在朝鮮半島設置了樂浪郡，日本列島上的「百餘國」定期向漢朝的樂浪郡朝貢。《後漢書・東夷傳》中對此有更詳細的記載：西元五七年，倭奴國（**古代史書稱日本為「倭」**）的使者來到東漢首都洛陽朝貢，光武帝賜給他一枚金印。在一千七百年後的一七八四年，在日本九州北部博多灣口的志賀島，果然出土了一方鑄有「漢委奴國王」的金印。這段歷史也得以穿越漫漫時光，以比較真實的樣子展現在眾人面前。

西元前三世紀到西元二世紀，遠古的日本是一個亂世，還沒有統一的王朝。「百餘國」為了爭奪資源經常無端發起戰爭，弱肉強食，在角逐的過程中，勢力強大的國家得以擴張，弱小的國家被吞併，「百餘國」變成了「三十許國」。而雄霸一方的東漢王朝因衰敗而退出歷史舞臺，進入戰亂紛爭的三國鼎立時期。到了西元二世紀後半期，「三十許國」戰亂到了白熱化程度，這就是有名的「倭國大亂」。《三國志‧倭人傳》裡說「倭國大亂，更相攻伐」，沒有文字詳細記載這些戰爭的戰況。而今這些戰鬥遺址在瀨戶內海沿岸地區的山地斜坡、高地住宅等地被發現，長達兩千五百公尺的壕溝歷經幾千年的時光仍然清晰可見，壕溝裡散落著石製武器和鏽跡斑斑的鐵製武器，無言地訴說著久遠的戰爭。佐賀縣吉野里的古戰場除出土了鋼劍和管玉外，還發現大量折損的武器和殘缺不全的人體骨骸，說明了當時小國間尖銳的鬥爭及戰況之慘烈。就是這些大大小小的爭鬥，決定了遠古日本內亂時期的政治體系。邪馬台國在群雄逐鹿中脫穎而出成了「盟主」，其所在都城成了輻射日本列島的政治中心。不過關於這個神秘古國的具體位置，至今仍然是一個懸而未決的謎。一說在今天的福岡市，一說應該在今奈良地區，因為至今尚未發現有決定意義的線索，所以至今它也只能存在於人們的猜測中，或許它就隱沒在某幢現代化建築或者某條街道的地底下，沉睡著等待人們的發現。

邪馬台國在中國古書中又叫女王國，女王國並不是女兒國，是因為統領這個國家的王是女王卑彌呼。對這位女王，眾人知之甚少。這是一位傳奇女子，降生於亂世，來自日本民間，極其聰慧，據說有著異於常人的能力，精通「鬼道」之術（**大概相當於巫術**），當時的人們都相信她能呼風喚雨。在那個古老的年代，自然災害頻發，人們無從了解與之相關的自然知識，迷惑於風雨雷電等自然現象，把這一切都歸結於超自然的神秘力量，因為恐懼它而崇拜它。基於此，深諳自然現象之道的卑彌呼在人們心中就擁有了很高的威望，於是各部落首領協商決定推舉她為女王。卑彌呼憑藉原始宗教的號召力，順理成章地成了女王。此時的邪馬台，正是日本大和國家的雛形。

當上女王後，卑彌呼住在深宮中絕少露面，身邊有上千名奴婢侍奉，所居王宮戒備森嚴，城柵嚴設，重兵把守。她也很少接見官員，政治上的具體事務都由其弟弟處理，同時負責傳達女王命令，遞送各級官員奏摺，因此女王卑彌呼一直保持著極其神秘的色彩。但是國家的長治久安絕非鬼神之道能夠解決，卑彌呼卓越的政治才能也不可小覷。

聽說邪馬台國君是個女人，旗鼓相當的南方鄰國狗奴國男王卑彌弓呼心有不服，總想尋機挑釁，氣焰囂張，欲吞併邪馬台國而後快。連年征戰讓剛剛立足的邪馬台國疲於應對。在這種情況下，卑彌呼女王為了鞏固政權，避免亡國的命運，不得不尋求當時魏國的幫助。因為修習鬼道（**據說此道的雛形從中國古代傳入，所載文字皆用中國古代文字**）的原因，卑彌呼自幼熟知中國文化，她了解當時中國的強大和繁盛，於是她打算結交與之相隔比較近的中國魏朝來鞏固邪馬台國政權。

據記載，西元二三九年，也就是三國魏明帝（**曹叡，曹丕之子、曹操之孫**）景初三年，卑彌呼派使者帶著男生口（**生口即是俘虜**）四人、女生口六人、木棉布等橫渡大海來到魏都洛陽，表示願意臣服於魏國，希望魏國能和邪馬台女王永世交好。魏明帝欣然答應，授予卑彌呼女王「親魏倭王」的稱號和金印，並賞賜使者黃金、五尺刀、銅鏡、珍珠、鉛丹（**紅色顏料**）及絲綢布匹，令其帶回倭國獻給女王。從來往的物品可以看出，女王卑彌呼的「進獻」是一筆划算的生意。日本列島的人從沒見過這麼多來自中國的寶物，覺得卑彌呼竟然能和強大的魏國拉上關係，還贏得這麼多稀奇的寶物，可見其確實擁有過人的本領。對這件事情，狗奴國男王卑彌弓呼也有所耳聞，當他聽說此事時大為吃驚，雖然不可一世的他對魏國並沒有什麼崇拜之情，但對其強大的軍事實力還是有那麼一點畏懼之心的，囂張的行為也有所收斂。

一年後，為了表示對邪馬台國的支持，魏帝派使者帶著信函、金印、禮品前往邪馬台國會見卑彌呼女王，這也是中國歷史上有記載的第一次公派使者赴日。卑彌呼回信給魏帝以示感激，當時日本還沒有正式的文字，女王回信由專人用漢語記錄。之後卑彌呼女王又多次遣使向魏國進貢，兩國關係十分密切。

在接下來的時間裡，邪馬台國與狗奴國偶有交戰，邪馬台國在魏國的協助下最終保住了王權，加強了對各小國的統治。

卑彌呼以其鬼神之道和卓越的政治才能，統治邪馬台國七十餘年，以九十多歲高齡去世。她死後國人很悲傷，為了紀念她造了一座大墳墓來安葬她，據說她的墳墓底面周長達百步以上，墳上有高高的封土，殉葬奴婢有百餘人之多。

由於女王終身未嫁沒有後代，邪馬台國擁立了一名男王。此舉卻引起國中大亂，出於穩固政權考慮，邪馬台國只好轉而擁立卑彌呼的宗室女臺與（一稱壹與）繼承王位，動亂的局勢才穩定下來。這也許間接說明了日本當時正處於母系氏族和父系氏族交替的社會階段。又或者說巫術之盛行，眾人相信女子通靈，臺與也略懂鬼道，邪馬台國人希望她繼承卑彌呼的神氣。臺與繼續結交中國朝廷，以鬼道治國。不過，卑彌呼統治的太平時代卻一去不返。

西元二六六年，臺與再度派遣使者來到中國，此時三國時代已經結束，晉朝佔據了主導地位。再往後約一百五十年的時光裡，邪馬台國以及諸小國就從史書中失去了蹤影，這段蒼白的歷史留給後人無限的遐想和猜測，邪馬台國的命運如何？我們已無從知曉，只能隔著消逝的時光憑歷史留給我們的蛛絲馬跡聊以想像。

延伸閱讀

邪馬台國時階級有別，人們被劃分為「王」、「大人」、「下戶」、「生口」和「奴婢」五個等級：大人是對貴族的稱呼，包括邪馬台國及其屬國中官吏和有勢力的家族集團的首領。下戶是指平民百姓或自由民，他們有自己的家庭，向國家交納租賦，佔人口的絕大多數，是社會生產的主要勞動力，也是戰時的主力軍。大人和下戶間等級森嚴，路上相遇下戶須回避，與大人說話要蹲下或者跪下，雙手觸地。生口和奴婢來源於戰俘和罪犯，沒有人身自由，任憑大人們使用和相互贈與，奴婢們有時會成為殉葬品。不論是大人還是下戶家庭模式以一夫多妻為主。刑法也已初具體制，犯罪輕者沒收其妻子，重者滅門、誅連宗族。

延伸閱讀

這一時期，水稻和鐵器已由中國傳入日本，並在當地普及，居民種植禾稻、苧麻，養蠶栽桑，緝麻線，製絲錦、縑絹。武器用木弓、鐵鏃。在交換上已經出現「國國有市，交易有無」的貿易場景。人們的衣著簡單，男子「其衣橫幅，但結束相連，略無縫」；女子「作衣如單被，穿其中央，貫頭衣之。」

大和國崛起

在古書裡不知所蹤的邪馬台國就像所有古老的王國一樣，敵不過歲月流逝，在漫長的歲月中漸漸腐朽，直至衰落被新的王國取代，而後在歷史的煙雲籠罩中成了一段難以訴說清楚的故事。

西元三世紀中後期至西元五世紀初，從彼端到此端中間近一百五十年的時間裡，不知何故，日本列島上的小國家們像被施了魔法一樣，在文字記載裡完全銷聲匿跡了，未給塵世留下隻言片語。但是達官顯貴們卻在清寂的小島上留下了許多巨大的墳墓，這些巨大的墳墓前方後圓，自平地高高隆起，周圍圍繞著被稱之為「埴輪」的黏土小雕像，氣勢雄偉。它們有的在滄海桑田的變遷中深深地埋於地底，零星留存下來的巨墓，在時光的洗禮中雖然褪去了威嚴，卻依然默默地匍匐在大地上，大概是為了炫耀主人曾經的權力和財富。因為這些古老的巨墳，這個在文字裡缺席的時代被史學家們稱之為「古墳時代」。

從某種意義上來說，這些遠古墳墓是之於文字外，另一種形勢的歷史見證，剛好填補了文字的缺失。正是依著這條線索，人們抽絲剝繭得以尋出大概在西元四世紀初，在今奈良地區興起的另一個國家。因為它所處的位置在大和盆地，因此被命名為大和國。大和國的貴族們大概為了死後到另一個世界或者來生繼續享受榮華富貴，才耗費巨資建了奢華的墳墓。這樣一來，古墳時代又稱為「大和時代」。

為了追尋大和國的前世，邪馬台國在歷史時光裡塵封了數千年後，被近代的一些學者重新翻找出來，他們從這個神秘古國的讀音上似乎找到了與大和國的某些關聯。他們認為yamatai（邪馬台）即後來的yamato（大和國）。這一考證雖然缺乏有力的證據，僅是推測，但大和國在奈良地區的迅速崛起與此前強盛的邪馬台國地處相應的地理位置，似乎又是兩者「前世今生」關係最好的說明，因為一個國家的迅速崛起正需要一個較為強大的文明做基礎。而中國史書記載卑彌呼死後「大作塚，徑百餘步」，這一記錄表明，在邪馬台時期統治者死後都會安葬於類似的大型墳墓中，而這也正是日後大和國出現的巨大墳墓的雛形。

不過遺憾的是，由於日本列島在很長時間內都沒有出現可供記錄的文字，對於日本早期的國家歷史，我們只能依據中國正史零星的記載而勾畫它的樣子。至於推動歷史發展的人物根本就無從尋找，他們如過眼雲煙未留下任何可供遐想的隻言片語。

在沒有確鑿文字記載的情況下，大和國的由來就存在著眾說紛紜的亂象，人們總是據己所想而定論。異議較小的一個說法是，這個被稱為「大和」的國家奠定了日本民族的主體。

關於大和國的誕生，可歸結為兩種說法，一說大和王國是西元四世紀時，來自朝鮮半島的一群騎馬民族入侵者建立的。這個說法的原因是在日本發現了大量與馬有關且為海外製造的物品，衍生出的另一理論認為百濟國（朝鮮半島上三國中之一）入侵日本，不過目前尚無其他令人信服的解釋能說明西元三六〇年大和國的統一。另一種說法是大和氏族在逐漸發展的基礎上建立了大和國，這個說法被大多數人認同。

西元四世紀初，日本列島上那些巴掌小國間的武裝兼併戰爭並未隨著邪馬台國的隕落而停止，反而在曠日持久的爭鬥中越演越烈。到四世紀末，大和國依靠其先進的武器以及尚武的精神，南征北戰，屢次得勝，在列島中漸漸有了很高的威望。除了武力，更重要的是大和國對自己的對手採取了非常高明的策略，與其直接面對強大的威脅，還不如加以吸收；與其單純地嘗試摧毀潛在對手的力量，不如借用其力量。這大概有點類似太極拳中借力打力的方法，慣用的手法是用官階和頭銜籠絡地方頭頭，如此一來階級化程度提高，王權也得到了很好的集中。貴族皆有氏姓，氏以表示血統，姓則顯示身分之高貴，各氏之姓皆為世襲。

大和王國正是利用軟硬皆施的政治手段，將勢力範圍逐步擴張到了九州與關東一帶，經過近百年的持續發展和向外擴張，逐步統一了日本列島的主要地區。到西元五世紀初，大和國基本完成了統一日本的大業，由此開啟了在這片列島上的大和國時代。對自己屢次擴張的偉大壯舉，在西元四七八年大和國王致當時南朝皇帝的表文上就有對其歷代戰功的描述：「自昔祖禰，躬擐甲冑，跋涉山川，不遑寧處，東征毛人五十五國，西服眾夷六十六國，渡平海北九十五國。」大和國就這樣攜裹著累累戰功從歷史的雲煙處風塵僕僕地步入世人的視線。

延伸閱讀

大和國是眾多日本古國中的一國，形成初期，以近畿（今日本本州中西部）為中心，其領域相當於現在的奈良縣。以倭王（**大王**）為首，由畿內的豪族：葛城臣、平群臣、蘇我臣、大伴連、物部連等聯合組成統治機構。臣、連等豪族分掌國家的祭祀、軍事、外交、財政等，在朝廷內有較大的權力。地方設國（**以國造為長**）、縣（**以縣主為長**）、村（**以稻置和村主為長**），國和縣中有公、直、首等姓的地方豪族。

喜歡學習的大和國

尚武的大和國在歷史記載之外的大洋彼岸，孤獨地演繹著近百年烽火連天的征戰故事。不過我們已無從知曉當時的戰況，這一切都隨上千年的歲月消逝而匿沒於煙波浩渺的大海中了。我們唯一可知的是，在這個漫漫大海環抱的遠古島嶼上，大和國終於在南征北戰中將列島上打打殺殺的巴掌小國們兼併，建立了以大王為中心的集權制國家雛形，這個過程就像大海匯聚山川，一路走來歷經歲月洗禮，日益壯大。

打仗是大和國最喜歡做的事情，它剛統一列島諸國，還沒站穩腳跟便打起了與之隔海相望的朝鮮半島的主意。不過它垂涎朝鮮半島是有原因的，因為當時戰亂的朝鮮半島給了它可乘之機。那時的朝鮮半島尚處於三國時代，還沒有決定出一個頭兒來，三個王國都想統一朝鮮半島，彼此間的爭戰就難以避免了。這三個居住在半島上的國家分別是：佔據朝鮮半島北部的高句麗王國，半島南部的百濟王國，東部的新羅王國，三個王國各據一方成三足鼎立之勢。大和國隔岸觀火，尋機以收漁人之利。

這三個王國中，高句麗國實力最為強大，百濟國最弱。為了抵抗強大的高句麗國和新羅國的威脅，面臨滅亡的百濟國垂死掙扎，在生死存亡之際，不甘失敗的百濟國王想到了一個餿主意，他試圖通過與外國結盟的方式壯大自己，以此對抗兩國。此時彼岸的大和國剛剛統一，勢力強大，是百濟國最佳的選擇。

於是百濟國王派遣使者渡海到大和國求援，殊不知這一舉動正中大和國下懷。大和國王利用這一契機，打著救援百濟國的旗號，調兵遣將來到朝鮮半島，名正言順地發動了對朝鮮半島的侵略，並迅速佔領了其東南部的一些地區。此時百濟國如夢初醒，卻悔之晚矣，這正應證了中國那句老話，請神容易送神難。

大和國雖然憑藉武力在朝鮮半島佔得一席之地，卻遭到高句麗國和新羅國的激烈反抗，為了鞏固在朝鮮半島的政權，大和國開始加強與中國的聯繫，向中國朝貢，企圖藉助中國的權威來加強自己在朝鮮半島的勢力。但是由於朝鮮半島北部高句麗勢力的不斷南下以及與新羅聯手，不斷打擊日本在朝鮮半島的勢力，身在異國他鄉的大和國在朝鮮半島的勢力被逐漸瓦解，到西元六世紀中葉，大和國的入侵最終以失敗告終，在舉步維艱，無法維持的情況下被迫撤出朝鮮半島。

我們無法得知統一島嶼上巴掌小國的大和國大王是誰，更無從得知入侵朝鮮半島的大和國大王是誰，他們在歷史的長河中如過眼雲煙，沒沒無聞地消失了。不過在中國史書上失蹤了上百年的倭國，在西元五世紀的時候又在中國史書中露面，據《宋書‧蠻夷傳‧倭國》記載倭國大王進貢順序得知，從西元五世紀到六世紀初，大和國有五位大王先後統治過日本列島，史稱「倭五王時代」。

這五個有幸在歷史長河中留名的大王依次名為：贊、珍、濟、興、武。遺憾的是，他們並未給我們留下什麼有趣的故事，與之對應的只有頻繁乏味的進貢事件，至於他們起於何時止於何時也無確切的記載。

大和國向南朝宋朝貢頻繁，據上述古書記載，僅大王贊在位期間就多次來朝，西元四一三年，即中國東晉安帝（司馬德宗）義熙九年的時候，大王贊派遣使者來中土朝貢；第二次是八年後，即南朝劉宋永初二年，大和國大王又派使者朝貢，宋高祖劉裕下詔：「倭贊萬里修貢，遠誠宜甄，可賜除授。」也就是說，宋高祖劉裕為了嘉獎倭王贊不遠萬里的朝獻之功，賜以官職。西元四二五年，大王贊又派遣從中原移民倭國的司馬曹達帶著奏章和土特產來朝進貢。截至西元五〇二年，大和國共向中國派遣使節十三次。

說到這裡你也許會納悶，從邪馬台國到大和國，它們的歷代大王何以如此熱衷於對當時中國的朝貢呢？我想這大概有兩方面原因吧，一方面是出於對中國各種名貴稀有物品的迫切需求，這一點我們從西元二三九年，卑彌呼女王和曹魏王之間的物品往來就可以看出，倭國進貢物品對當時的中國朝廷來說並不重要，而中國朝廷賞賜之物對倭國來說，往往是先進稀缺物品；另一方面他們也是想通過朝貢，獲得中國皇帝的冊封，以此藉助中國的權威加強對周邊小國的統治，尤其是對朝鮮半島的影響力。

相對落後的大和國通過與中國的交往和對朝鮮半島的滲透，得以源源不斷地接觸到大海彼岸的先進生產技術和文化。加之這時期來自海對面大陸的移民大量湧入列島，為大和國的發展注入了新鮮的血液。這樣一來，大和國無論是在冶煉技術、製陶術，還是紡織術上都有了更為迅速的發展，在這一時期漢字、儒學及佛教也相繼傳入列島，極大地推動了古代日本的文明進步。

那時候的日本還沒有自己的文字，只有口語，大部分歷史事件都靠口耳相傳。一開始的時候，漢字只在移民之間交流使用，後來很多日本人也漸漸學會了漢字。大概是感受到了文字帶來的便捷，官方也開始使用漢字，那些精通中國儒家典籍的人進入大和國以後，受到大王的歡迎，常被委以史官或是財政方面的重要職務，並賜予姓氏，有的還擔任大和國大王兒子的老師，儒學在日本統治階級漸被廣泛接受。

而佛教的傳入並沒有漢字那麼順利，頗費了一番周折，對於要不要信奉佛教，在大和國內引起了軒然大波。佛教傳入大和國的時候，大和國盛行著更早傳入而形成的「神道教」。倭國癡迷於鬼神，從邪馬台國屢次選舉深諳鬼道的女人為王，我們就可見一斑了。而今天的日本號稱「天神地祇八百萬」，大至生育出產、小至柴米油鹽都有相應的神各司其職。求神問佛是日本人的癖好，這大概也是有歷史淵源的，他們三天兩頭就往神社、寺廟跑，祈求得到神靈的保佑，消災免禍。

據說佛教開始傳入大和國是在西元五二二年，中國南朝梁國人移民來到這個島國，在高市郡坂田原搭建了草庵，安置隨身攜帶的佛像。那時候的大和國人還不知佛教為何物，便將此佛像稱為異域之神。和文字一樣，佛教開始在大和國民間慢慢傳播開來，但卻還沒有成為信仰的主流，也就是說王公大臣還沒有信奉佛教。

又過了三十年，到了西元五五二年的時候，欽明天皇統治大和國，朝鮮半島的百濟國王向他進貢了一尊金銅佛像、幡蓋及經書若干，並讚頌佛的神通廣大。欽明天皇向群臣徵求要不要信奉佛教的意見，這件事情在大和國王公大臣間激起了辯論，大臣蘇我稻目是高句麗人後裔，大概因為和佛教盛行的中國地域很近，所以和佛教的關係較密切，他說：「東方諸國都禮敬佛教，大和國怎麼能例外？」當地的大連物部尾輿和中臣鎌子是排佛派，反對說：「我國祭祀天地百八十神，如果禮拜蕃神，恐怕國神會發怒。」國王最後採納了物部尾輿和中臣鎌子的意見。但卻把佛像賜給了蘇我稻目，允許蘇我稻目用私宅專門供奉佛像。不久以後當地發生疫病，有很多人相繼死亡，物部尾輿認為這是因佛像的傳入而引起的災禍，便奏請國王將佛像扔進河裡，並且燒毀供奉佛像的殿堂。

到底要不要信奉佛教這件事情與權力鬥爭交雜在一起，使得蘇我氏與物部氏之間激烈爭鬥。老百姓才不管這麼多呢，一些地區的人們還是接受了佛教。王公大臣間的鬥爭沒有就此終結，一直延續到蘇我稻目、物部尾輿的兒子蘇我馬子、物部守屋那一代。

西元五八七年，蘇我稻目的兒子蘇我馬子聯合皇室成員發動戰爭，消滅了物部尾輿的兒子物部守屋，通過與王室聯姻把持朝政，說服新大王把佛教作為國教。大王採納了他的意見，並把佛教稍加改造，作為控制人民思想的工具在全國推行，佛教才在大和國流傳開來。在古代，佛教認為王權是老天爺賜予的，就是古書裡常提及的「君權神授」。佛教的推廣加強了王室在老百姓心目中的權威性，對這個剛崛起的國家在某種程度上起到了穩定作用；同時佛教也將遠古的日本帶入了另一個新時代，即是我們稍後會談及的飛鳥時代。

來自大海彼岸的中華文明，就是這樣一點一點地被大和國善加吸收利用，滲透到各個領域，與本土文明不斷撞擊、融合，逐步完善、成熟。在此我們再度看見日本人擅於吸收學習他人長處的一個早期例子。

延伸閱讀

部民制產生於四世紀，大和國統治集團的奴隸人數眾多，為了便於管理實行部制度和民制度，後來合稱為部民制。

部制度是按分工不同劃分，負責警衛的稱為靭負部，製陶的為陶部；產業相關的犬養部、馬飼部、鍛冶部、弓削部；提供水產的海部、看守山林的山部等。

民制度是按奴隸歸屬劃分，歸屬皇室的私有民叫作子代、名代；歸屬貴族的私有民叫作部曲。部曲往往以貴族的氏姓作為部名，如大伴部、蘇我部等。

延伸閱讀

與部民制經濟基礎相對應的政治制度是氏姓制。國王之外，各貴族的直系、旁系家族稱作「氏」，氏的首領為「氏上」，一些氏上在朝廷擔任要職，氏的一般成員稱為「氏人」。氏上有區別身分高低的世襲稱號「姓」。姓原來是氏人對氏上的尊稱，後來隨著大和國勢力的發展，作為一種統治手段，國王掌控了賜予或剝奪貴族姓的權力，天皇賜姓的標準是血統和職務。姓的種類有臣、連、君、公、直、造、首、史、村主、稻置等，其中臣姓與連姓的貴族地位最高。

聖德太子與蘇我氏

大和國的「倭國五王」沒留下什麼有趣的故事留與後人傳說，在古籍中驚鴻一瞥就消失在歷史的長河中了，之後的大王們也並無什麼偉大的政績值得我們打撈。他們的歷史事蹟遠不如一個叫做蘇我氏的大豪族有名，這些大王們在沒沒無聞中踏著先人的腳步而來，又踏著老大王們的腳步隨風而去了。

遠古日本歷史到了這裡，似乎要變得熱鬧起來，一個改變日本歷史發展進程的「新大王」被推上了歷史舞臺，這個新大王就是多次出現在日本鈔票上的人物——聖德太子。說到這裡，熟悉這段歷史的朋友可能會問，什麼時候聖德太子變成大王了？用今天的話來說，他不過是一個輔佐天皇朝政，並有一番作為的政治家，再說那個時候的大王已經改叫「天皇」了。你完全說對了，「大王」這個稱號只是我出於私心頒發給他的，因為不論是按血統還是政績，聖德太子都完全稱得上大王這個稱號。

聖德太子的名字非常有趣，他原來不叫聖德太子，叫廏戶。傳說是因為在廏戶（馬棚）出生，父親用明天皇為他取名為廏戶。聖德太子的稱號是在他死後一百多年，人們為了紀念他的政績而追加的諡號，之後就在民間流傳開來，以至於到後來有些人竟不知道他原來的名字了。對於廏戶這個奇怪的名字，也有人說是因為他的母親穴穗部間人皇女是在他外婆家蘇我家生下他的，蘇我家當時的家主是蘇我馬子，廏戶是「在馬子家出生的」的意思。不管是哪種說法，這個太子的名字看來是和馬脫不了關係了。現在的主流說法是，聖德太子出生地的附近有個叫「廏戶」的地名，因此取名為廏戶。據說因為他能夠同時聽十個人說話而不會誤聽，又給他取了個別名叫豐聰耳。總之，聖德太子是日本古代歷史上又一位傳奇人物，他的誕生帶著不一般的傳說是不足為奇的。

在聖德太子十一歲的時候，也就是西元五八五年，沒沒無聞的敏達天皇去世了，皇位由敏達天皇的異母兄弟池辺皇子繼承，史稱用明天皇，這個用明天皇就是聖德太子的父親。這期間，圍繞著是否接受佛教，崇佛派的蘇我馬子和排佛派的物部守屋繼續著父輩蘇我稻目和物部尾輿的爭鬥，對立戰爭仍未停息。

不知何故，聖德太子的父親用明天皇在位兩年就去世了。天皇一死，圍繞著皇位的紛爭就展開了。在這我不得不告訴你一個秘密，在那個時代天皇們沒沒無聞的原因，大概是因為當時的朝政基本上掌握在主持財政的蘇我氏和主持軍事的物部氏兩個大豪族的手裡，天皇是他們氏族的代言人，大部分時候只是傀儡。而此時天皇一死，為了爭奪新一輪把持朝政的權力，蘇我氏和物部氏兩大豪族之間展開了激烈的鬥爭。這時蘇我氏的頭兒是蘇我馬子，物部氏的頭兒是物部守屋，這兩人既是仇人又是親戚，因為蘇我馬子的妻子是物部守屋的妹妹。

經過幾十年的角逐，有利之勢開始傾向於蘇我氏家族。蘇我氏之所以在和手握重兵的物部氏角逐中佔上風，並且在之後幾十年的歷史裡權傾朝野的原因，和其採取政治聯姻的手段密不可分。為此我們有必要走進蘇我氏家族因近親結婚造就的如迷宮一樣複雜的人物關係。

這就得從蘇我稻目說起，蘇我稻目是大和國時代的重臣，蘇我高麗之子，從名字我們就不難看出，這個家族的先人是從朝鮮半島遷徙而來的，大概因為掌握了當時較先進的文明和生產技術而躋身於社會上層。蘇我稻目有蘇我馬子等四子三女，他的三個女兒都嫁給了天皇。其中蘇我堅鹽媛（**生池辺皇子、額田部皇女，他們即是用明天皇和推古天皇**）和蘇我小姉君（**生穴穗部間人皇女，即聖德太子的母親；泊瀨部皇子，即崇峻天皇**）生下的孩子後來大多成了天皇。池辺皇子和穴穗部間人皇女結為夫妻，生下了聖德太子。蘇我馬子權傾朝野幾十年，將蘇我氏家族推向全盛時期。

在蘇我馬子和物部守屋的戰爭中，蘇我馬子取得了外甥女豐御食炊屋姬尊（**或稱額田部皇女，敏達天皇的皇后，後來的推古天皇**）的支持，誅殺了物部守屋欲推舉的穴穗部皇子，隨後又召集諸豪族、諸皇子組成討伐物部守屋的大軍，聖德太子也參加了這支討伐軍。這支皇族大軍聲勢浩大，浩浩蕩蕩地來到位於河內國澀川郡的物部守屋城寨展開攻勢。不過這群鬥志昂揚的傢伙並沒討到什麼便宜，我們知道物部氏是軍事氏族，掌握著軍事大權，士兵們都訓練有素，並修建了防禦工事，對討伐軍進行了頑強的抵抗，三次擊退討伐軍。

就在蘇我馬子處於不利戰況，眼見就要失敗的時候，他妹妹（**蘇我小姉君**）的外孫聖德太子出場了，奇怪的是他不知用了什麼計謀扭轉了戰局，轉敗為勝。關於這次戰爭的獲勝，頗有些讓人不解，據說聖德太子篤信佛教，他用白膠木雕成佛教四天王像，並向四天王像祈禱，希望天王保佑此次戰爭能獲得勝利，並許下諾言，如果此次戰勝就修建佛塔、弘揚佛法。彷佛真有神靈保佑一樣，垂頭喪氣的討伐軍忽然軍心大振，向物部軍發起猛攻。本來訓練有素的物部軍自恃優良，毫不費勁就抵禦了蘇我軍的進攻，這時見對手一反常態，攻勢猛烈，竟然陷入慌亂中。在紛亂的戰鬥中聖德太子的舍人（**相當於門客**）迹見赤檮射殺了物部守屋，物部軍因失去了首領，不多久就潰散了，日本的大豪族物部氏就此沒落。

這僅僅是一個傳說，並不真的是神靈保佑獲勝，聖德太子只是利用了人心中信仰的力量，讓討伐軍相信必勝是上天注定的，以此鼓舞士氣。這為以後宣揚佛教，加強佛教的神性提供了有力的說法。

戰後，蘇我馬子擁立外甥泊瀨部皇子即位（**崇峻天皇**），但是蘇我馬子依仗其強大的勢力把持朝政。崇峻天皇對此感到非常不滿，與舅舅蘇我馬子形成對立，甚至動了殺機。據說他曾說：「總有一天要像砍掉豬頭一樣，殺死我所憎恨的人。」但令他沒想到的是，蘇我馬子對他的殺機早有所察覺先動了手。西元五九二年十一月的某天，也就是崇峻天皇即位五年的時候，蘇我馬子派刺客東漢駒暗殺了崇峻天皇。這是日本歷史上，可以確定由臣下弒殺天皇的唯一例子，這位短命的天皇在死亡當天就匆匆下葬了，連塊陵地也沒有，這在日本歷史上也是唯一例子。

崇峻天皇死後，皇室成員為爭奪皇位又陷入了新一輪的戰亂，各派實力相當，相持不下，蘇我馬子為了求得各派勢力的平衡，另一方面也為了繼續把持朝政（**不想再立皇子為天皇，改而立容易操縱的女子為天皇**），在西元五九二年十二月八日擁立三十八歲的外甥女豐御食炊屋姬尊為天皇，即推古天皇，這是日本有自己歷史記載以來第一位女天皇。

然而蘇我馬子失算了，他的權柄並未因推古天皇的即位而更加穩固，推古天皇根本不買親舅舅蘇我馬子的帳。蘇我馬子曾經請求受賜葛城的領地，但是推古天皇推託說：「我是蘇我家的女子，舅舅提出的要求，晚上提出的不會等到天亮，白天提出的不會拖到天黑，總會盡快辦理。但此次舅舅的請求太過分了，如果今天無故割取縣邑下賜，後世必會罵我是愚癡婦人，你也會被謗為不忠！」婉拒了蘇我馬子的無理要求。

推古天皇即位的第二年，冊封哥哥用明天皇的遺子廄戶為太子，同時封他為攝政王，輔佐自己執政。聖德太子素有賢名，既虔信佛教，也仰慕中國尊王大一統的思想，從某種意義上來說，他的理想和蘇我馬子是殊途同歸的。然而蘇我馬子只知道擅權，廄戶卻希望從根本上改革舊制，建立全新的國家體系。

延伸閱讀

推古天皇是第一個正式採用「天皇」稱號的日本君主，在她之前君主稱為「大王」，也是日本天皇中走上神壇的第一人。日本天皇被神話便由此開始，這與聖德太子在改革中強化皇權、神化天皇的因素有關。她最大的政績就是用了聖德太子這個人才，將朝政大權交給聖德太子處理，為其提供了一個適合改革的環境。

聖德太子攝政

西元五九三年，年僅十九歲的聖德太子在姑姑推古天皇的支持下正式攝政。他博學多才，能文能武，精通佛法，在討伐大豪族物部守屋的戰爭中曾立下戰功。他攝政時的日本正處於豪族聯合執政時期，各種社會矛盾錯綜複雜，統治階級內部充斥著尖銳的矛盾和鬥爭。聖德太子就是在皇室成員爭權的環境裡長大的，年幼的他親眼目睹了皇親國戚間刀光劍影的殘酷鬥爭，尤其是傀儡天皇的淒涼下場。於此聖德太子有感於皇權受制於豪族之苦，以及信仰不統一產生的權力分散帶來的戰亂，年輕的聖德太子在心裡暗暗立下改革的志向，旨在加強皇權。

而此時在大海彼岸的中國已經結束了南北朝的對立。隋文帝滅了陳國結束南北朝，統一中原，國力日益鼎盛。

正在聖德太子苦思改革之路的時候，西元五九五年，即推古天皇三年，出現了契機，朝鮮半島高句麗國的僧人慧慈來到日本，成為聖德太子的老師。熟知中國文化的慧慈教導聖德太子：「大隋官制完整，國勢強盛，篤信並保護佛法。」在老師的教導下，聖德太子開始仰慕中國尊王大一統的思想，決定借鑑隋朝的政治制度，改革官制，建立一個中央集權國家，希望將來有一天能擺脫朝貢國的關係，和中國在國際地位上平起平坐。

當然，首先是要在國內大力弘揚佛教，統一人們的信仰，藉由對佛像的崇拜來提高人們對天皇的崇拜，以此加強皇權統治，逐步建立起以「天皇」為中心的皇權專制國家。要宣揚佛教不難辦到，因為早在幾十年前，把持朝政的蘇我氏就提倡信仰佛教，他只要順應舅公兼岳父蘇我馬子推行興佛教、學儒學的政策，然後從中滲透自己的想法就可以了。開頭的幾年裡，因初掌權，加之實權握在蘇我馬子手裡，聖德太子還不敢太放手行事，他只能順應蘇我馬子推行佛教、學儒學的政策，先以姑姑推古天皇的名義發詔書鼓勵朝臣信奉佛教。聖德太子率先在奈良盆地的飛鳥城建了流傳至今的飛鳥寺、法隆寺、四天王寺等七座寺廟，聖德太子攝政時代，因而被稱為「飛鳥時代」。

西元六〇一年，即推古天皇九年，聖德太子為了擺脫此時已是自己岳父的蘇我馬子控制，搬遷到飛鳥寺西北之地修建了斑鳩宮，在此地開始了對舊制度大刀闊斧的改革，一個全新的社會面貌即將出現在世人面前。西元六〇三年聖德太子首先實行了「冠位制」，又稱「冠位十二階」，即冠位不分門第，按個人才幹和功績授予，不能世襲，用帽子和衣服的顏色來區別官位等級。「冠位十二階」的施行在一定程度上削弱了貴族的勢力，並起到了廣納賢才的作用，推進了以天皇為中心的皇權制度的形成。

在施行「冠位制」後，西元六〇四年，聖德太子又制定了與天皇為中心的政治改革相呼應的《十七條憲法》，這是日本第一部成文法典。其內容多出自中國儒、法、道諸子百家以及佛教思想，其中儒家的「三綱」、「五常」是《十七條憲法》的核心思想。它規定了每個等級不同的社會地位與權利義務，特別突顯規定了皇權的崇高性，目的在於加強皇權。

就在推古朝舉國上下推行佛教，施行改革的期間，出現了一個小插曲。推古朝計畫出兵攻打朝鮮半島的新羅國，意在讓新羅國俯首稱臣向自己納貢。據說這支兩萬五千人的侵略大軍以聖德太子的同母弟弟來目皇子為將軍，在筑紫國聚集（今福岡市西南的筑紫郡），準備向海對面的朝鮮半島進攻。不過悲哀的是，正在軍隊準備渡海時臨時大將軍來目皇子去世，有人說他是被新羅刺客暗殺的。不管他是自己死的還是被人殺死，這已無從考證了，反正這個倒楣的傢伙功未成就一命嗚呼了。推古朝並未因此而放棄，之後又任命聖德太子的異母弟弟當麻皇子為新羅征討將軍。當麻皇子是個聰明人，他知道這是個不吉利的差事，多半會有去無回，行至半道上就以妻子去世為由返回了藤原京（**飛鳥時代日本首都**）。遠征新羅的計畫就這樣中止了。對於這件事，有人認為征討新羅計畫的目的在於強化天皇的軍事控制力，並不是真正要討伐新羅。也有人認為征討新羅只是單純的侵略。

在聖德太子的帶領下，古代日本逐漸從奴隸社會轉型成封建國家，出現了全新的景象。為了更好地汲取來自大海彼岸的先進文化，充實國力，也為了擺脫與中國朝廷交往歷來的從屬地位，鞏固自身統治。西元六〇七年，聖德太子派遣小野妹子出使隋朝，恢復了中斷一百多年的中日往來。小野妹子雖然名為「妹子」，但卻是男性，當時「子」字男女皆可用。

此次與小野妹子同行的還有留學生和留學僧，這些留學生長期在隋朝生活學習，直至充分掌握中國的文化制度後方才回國。這些人在日後的大化革新及國家的建設中發揮了巨大作用。正如日本歷史學家井上清所言，日本通過這種交往「恰如嬰兒追求母乳般貪婪地吸收了朝鮮半島和中國的先進文明，從野蠻階段進入了文明階段。」

據說小野妹子向隋煬帝遞呈天皇的信，信的開頭是「日出處天子致書日沒處天子，無恙」，一改往日稱臣的稱呼，而用對等的稱呼。隋煬帝為此大為不快，吩咐「蠻夷書有無禮者，勿復以聞」。不過話雖如此，當時隋朝正發動征伐朝鮮半島高句麗國的戰爭，不希望再樹他敵。因此儘管出現這種失禮，隋煬帝仍在次年派裴世清等十三人組團回訪。而當時的日本，為了恢復在朝鮮半島南部任那的勢力，把新羅變成自己的朝貢國，所派出征伐新羅的大軍也出師不利。為彌補軍事力量的不足，希望透過打開和中國王朝的國交向新羅施加壓力。所以此次不愉快的書信往來，並沒使中日交往陷入僵局。

西元六〇八年九月，聖德太子派小野妹子第二次出使隋朝，上呈的國書稱「東天皇敬白西皇帝」，也就是從這裡開始，古代日本漸漸擺脫了朝貢國的地位，至少在稱呼上取得了和古代中國平等的地位。也由此開始，日本正式採用「天皇」一詞代替「大王」的稱號。

儘管聖德太子做了種種努力還是未能擺脫蘇我馬子的控制，他一系列卓有成效的改革引起了蘇我馬子的警惕與不滿。蘇我馬子擔心長此下去，自己會失去對朝政的控制，於是利用改葬皇太后（蘇我堅鹽媛，蘇我馬子的大妹、聖德太子的祖母）的機會向聖德太子敲警鐘，要他注意自己的身分，並且多次阻擾聖德太子的改革。胸懷抱負的聖德太子屢受打擊，心灰意冷，於西元六二二年鬱鬱而死，年僅四十九歲。臨終前他給妃子留下遺言：「世間虛假，唯佛是真。」表達他大志未成的淒涼心情。據說聖德太子死後，舉國哀傷，不分男女老幼，「哭泣之聲，溢於行路」。

「昔人已乘黃鶴去，此地空餘黃鶴樓。」聖德太子帶著未竟的事業，在老百姓的惋惜中乘風而去，留下紛紜的傳說在人間。

延伸閱讀

「冠位十二階」是日本古代根據管理的才能和功績分別授予十二種官位的制度。其具體內容是：以德、仁、禮、信、義、智各分大小，組成十二級官銜，每一階都使用當色來製作冠帽。據考證，所謂的當色，即指與階位相當的色彩，當時的色階共有六色，由上而下是紫、青、赤、黃、白、黑。由此推算，每一種色彩應對應兩個官階。大化三年（六四七年），又制定了七階十三色制度，由上而下為深紫、淺紫、真緋、紺、綠、不明。

延伸閱讀

西元六二〇年，在聖德太子病逝前與蘇我馬子一起編纂成了《國記》、《天皇記》等書。是較《古事記》和《日本書紀》更早的日本史料，據說在六四五年的乙巳之變中，蘇我馬子之子蘇我蝦夷失勢自殺，《國記》、《天皇記》皆毀於戰火。

中大兄皇子和大化革新

在聖德太子死後的第四年，權傾朝野的蘇我馬子去世了，這一年日本發生大災荒，餓殍遍野，社會動盪不安。兩年後，也就是西元六二八年的時候，推古天皇也去世了，隨著這個時代三個重要人物的去世，這個剛剛步入改革之路的國家再度陷入皇位繼嗣之爭的混亂中。推古天皇留下遺詔，本來欲選聖德太子的兒子，蘇我馬子的外孫山背大兄王（**大兄王即是長子，相當於皇太子的稱呼**）繼承皇位。大豪族蘇我蝦夷掌控政權，他篡改天皇遺詔，擁立田村皇子（**敏達天皇的孫子**）為天皇。對於蘇我蝦夷的專權行為，也有人提出不同的看法，認為在蘇我蝦夷之父蘇我馬子死後，蘇我氏內憂外患，處於矛盾的風口浪尖，蘇我蝦夷為了和皇族、諸豪族保持和諧的關係，擁立了與蘇我氏沒有血緣關係的田村皇子即位，即舒明天皇。

在這期間，蘇我蝦夷和他那個據說「為人暴戾」的兒子蘇我入鹿害怕進一步的改革損害蘇我氏獨攬朝政，於是殘忍地殺死了聖德太子的兒子山背大兄王，打壓熱衷改革的統治階層，使剛剛開始的改革夭折。但是聖德太子改革的思想已經深入人心，蘇我氏的專權和蠻橫遭到眾人反對，尤其他們大興土木，為蘇我氏大規模建造陵墓，頻繁徵調徭役致使國民不堪重負，使得剛遭遇過大災荒的日本國民怨聲載道，這正是導致蘇我氏內憂外患，處於風口浪尖的原因。

在這動盪的亂世，舒明天皇即位僅短短十二年就去世了，蘇我氏家族擁立了第二位天皇，這位天皇是舒明天皇的妻子，中大兄皇子的母親，稱皇極天皇。中國的隋朝在此時早已滅亡，進入了更興盛的唐朝，新羅國崛起，這對還在摸索中發展的日本來說，無疑是一種無形的壓力。就在內憂外患的情況下，十九歲的中大兄皇子登場了，這是個和聖德太子一樣非凡的少年，有同樣遠大的抱負，那就是改變外戚專政的現狀，尋求改革，加強皇權統治的政治制度。

聖德太子推行的改革，雖然初步確立了以皇權為中心的集權制，在一定程度上削弱了王公貴族的保守勢力，但改革並未觸及部民制所代表的奴隸制，氏姓貴族的勢力依舊存在。西元六四〇年，聖德太子派到中國留學三十多年的留學生和留學僧陸續回國，他們帶回隋唐的封建統治制度和儒家文化，在執政貴族中廣泛傳播，為日本進一步封建化提供了堅實的思想基礎。

這樣一來，在日本國內就形成了主張改革的新勢力和反對改革的保守勢力，新勢力以舒明天皇之子中大兄皇子和出身於世襲祭官家庭的中臣鎌足為首；保守勢力以蘇我蝦夷和蘇我入鹿為首，兩派間明爭暗鬥，皆欲置對方於死地。

中大兄皇子（**中大兄意為第二的大兄，實際名字是葛城**）是個聰明果敢，勤於政事的人，常向歸國使者討教治國之道。中臣鎌足年長中大兄皇子十二歲，雄才大略，膽識過人，深受中國儒家文化影響。由於兩人都對中國文化情有獨鍾，又都反感於蘇我一族的專橫跋扈，結識後就成了無話不談的知己。在某次聊天中，二人參照隋唐政治制度和唐太宗鞏固封建統治的各種措施，針對當時日本國情決定了改革的方向。同時二人意識到，要想實施改革就得剷除權傾朝野、阻礙改革進行的蘇我一族勢力，在接下來的時間裡他倆秘密策劃了消滅蘇我入鹿的計畫。

經過周密的策劃和漫長的等待，機會終於來了。西元六四五年六月十二日，皇極天皇要在板蓋宮大殿接見朝鮮半島高句麗、百濟、新羅的使節，按照慣例把持朝政的蘇我入鹿到時必然會到場。中臣鎌足利用這一機會，安排勇敢的佐伯子麻呂刺殺蘇我入鹿。

六月十二日這一天，在舉行三國的進貢儀式之時，皇極天皇坐於大殿之上，古人大兄皇子（舒明天皇之子）隨侍身旁，蘇我入鹿果然入朝。不過蘇我入鹿的疑心向來比較重，日夜劍不離手，在中臣鎌足安排的說客勸說下，蘇我入鹿解除了劍。中大兄皇子命令衛門府緊閉宮門，其岳父蘇我石川麻呂（蘇我入鹿堂弟）宣讀上表文。中大兄皇子持劍隱於殿側，中臣鎌足潛藏在一旁。

不料，原來負責刺殺的佐伯子麻呂臨陣膽怯，遲遲不敢動手。蘇我石川麻呂宣讀表文之時，遲遲不見佐伯子麻呂動手，不免心驚膽戰，宣讀之聲異常。覺察到蘇我石川麻呂可疑狀況的蘇我入鹿問：「怎麼回事？」蘇我石川麻呂回答：「因為靠近天皇，畏懼天皇之威而緊張。」中大兄皇子果斷地拔劍，出其不意刺傷蘇我入鹿，佐伯子麻呂見此才鼓起勇氣行動，殺死了蘇我入鹿。在場的皇極天皇震驚之餘，譴問兒子中大兄皇子，中大兄皇子答道：「蘇我入鹿屠戮皇族，意圖奪取皇位。」在聽完兒子的解釋後，皇極天皇只是默默不語，退入後宮。據當時的情況分析，她也有可能參與了預謀刺殺的行動。

這日天降大雨，庭院中積滿了雨水。蘇我入鹿的屍體只被蓋了一層草席，便被扔到了庭院中。

古人大兄皇子逃回自己的宮殿，此事讓他失去了有力的靠山，備受打擊。中大兄皇子隨後進入法興寺備戰，諸皇子、諸豪族都加入中大兄皇子的陣營。中大兄皇子派遣說客進行心理攻勢，蘇我軍不戰而潰，紛紛逃亡。也有人說蘇我軍不戰而潰的原因是由於古人大兄皇子在飛鳥寺出家，使蘇我氏失去了可以擁立為天皇的對象，從而喪失了戰鬥意志。

蘇我入鹿的父親蘇我蝦夷見大勢已去，焚宅自殺，把持朝政幾百年的蘇我氏一族隨著蘇我入鹿和蘇我蝦夷的死亡而從此一蹶不振走向沒落，這象徵著一個舊時代的結束，一個新時代的開始。

政變後的第二天，皇極天皇欲讓位於兒子中大兄皇子，中大兄接受中臣鎌足的建議，不受皇位以避刺殺的閒言，讓位於舅舅輕皇子（**孝德天皇**）。孝德天皇即位後，立中大兄皇子為皇太子，中臣鎌足為內臣，以留學生和留學僧為顧問，首都從飛鳥城遷到難波（**今大阪市，實際上這個首都僅持續了幾年**），並仿效中國首次建立年號——大化，在日語裡即是「偉大的變化」的意思，開始了轟轟烈烈的改革事業，史稱大化革新。

就在日本進行著如火如荼的改革，社會快速向前發展的同時，在彼岸的朝鮮半島上，高句麗、百濟、新羅三國正在為消滅對方，統一半島演繹著曠日持久的戰爭。在這漫長的三國爭鬥中，由於中國唐朝與日本大和朝廷的介入，朝鮮半島本就飄搖不定的局勢變得錯綜複雜起來，矛盾很快升級，引發了中日歷史上第一場戰爭。

延伸閱讀

西元六四六年元月，新政府以詔書形式頒發《改新之詔》，由四個部分組成。

第一，廢除了世襲的氏姓制，設立中央機構。除首都之外，全國分為六十多個「國」，「國」由中央派官全權管理，臨近首都周圍的五個「國」享受特殊待遇，統稱為「畿內」。「國」下設「郡」，「郡」下設「里」等行政組織。這樣一來，環環相扣，將原有的氏姓貴族所統轄的大小諸國置於中央的直接控制下，逐步建立了中央集權式的官僚政治體制。

第二，廢除了皇室和貴族土地所有制和部民制，將土地和部民收歸國有，國家向貴族支付俸祿，稱為「食封」。

第三，編制戶籍和帳簿，實行班田收授法。凡六歲以上的男子授予「口分田」兩段（約六公畝），女子「口分田」為男子的三分之二，奴婢為公民的三分之一。每隔六年分發一次。

第四，統一稅收標準，實行「租庸調」制。「租」是口分田者每年向政府交納田租。「庸」是二十一歲到六十五歲的男子每年需要服的徭役。徭役包括「兵役」和「勞役」，此外還要為國家水利、土木工程或為地方政府的雜事出力，不能服役就要上繳代納物。「調」指國家徵收的地方特產。

白村江戰役

說到曖昧的中日歷史關係，不可避免就會提到雙方間的第一場戰爭——白村江戰役。白村江是朝鮮半島上熊津江（今韓國西南部的錦江）入海處的一條支流。在這條河流流淌的半島上，有三個未統一的小國家：北部的高句麗王國、南部的百濟王國、東部的新羅王國。三個王國各踞一方，成三足鼎立之勢，這種局勢持續了幾個世紀之久，其中高句麗王國勢力相對強大，百濟國相對較弱。它們間的關係非常微妙，亦敵亦友，時而聯盟對抗另一方，時而又反過來成了對立的敵人。

西元六五五年，高句麗聯合百濟進攻新羅，位於半島東部的新羅國一向與中國交好，它的勢力與高句麗本不相上下。由於高句麗南下與百濟國結成聯盟，威脅到新羅國的存在，在被逼無奈的情況下新羅國王向唐朝求援。唐高宗派遣使者前去調解，高句麗和百濟不接受調解。調解失敗後，唐高宗先後派程名振、蘇定方、薛仁貴等將領率兵出擊高句麗，企圖牽制其兵力以減輕對新羅的壓力。此舉仍然沒有達到預期的效果，在唐朝撤兵後，百濟不斷向高句麗增援，使得高句麗有實力持續不斷地向新羅發起進攻。

西元六六〇年，新羅再次告急，新羅國王向唐朝求援，唐高宗遂以左武衛大將軍蘇定方為神丘道行軍大總管，率領水陸大軍十三萬人，從城山（今山東榮成）渡海向百濟發起進攻。百濟將軍帶兵屯守熊津口進行抵抗，唐軍兵分兩路，從南北兩個方向夾擊百濟軍，百濟軍很快潰敗。隨後唐軍與新羅軍會合，向百濟都城泗沘（今韓國扶餘郡）進軍，在兩軍強大密集的攻勢下，十天不到，唐新聯軍便抓獲了百濟國王扶餘義慈，滅了百濟國。

百濟國被滅後，大臣鬼室福信和僧侶道琛二人率眾以周留城為據點抗擊唐軍。同年八、十月間，鬼室福信兩次派遣使者到一向交好的日本請求援助，並要求送還在日本作人質的扶餘豐王子，以圖復國。

大化革新後的日本，開始由奴隸制向封建制轉變。為了轉移國內守舊勢力對改革的不滿，避其鋒芒，另外也為了恢復並擴大在朝鮮半島的影響，中大兄皇子同意了百濟遺臣的請求。因為百濟的覆滅，對日本而言是極其重大的損失，如果任由百濟滅亡，日本在朝鮮半島上的勢力將被全部清除。因此同年（西元六六〇年）八月，在百濟國使者來朝後，中大兄皇子令先遣部隊攜帶軍用物資渡海，隨後又調遣五千將士護送百濟扶餘豐王子歸國即位。兩年後，日本向百濟贈送大批物資，同年（西元六六二年）五月，日本將軍率舟師一百七十艘增援，日本本土則「修繕兵甲、各具船舶、儲設軍糧」，隨時準備渡海作戰。

西元六六三年六月，一切準備就緒後，中大兄皇子命令上毛野君稚子率領兩萬七千人向新羅發起進攻，切斷了唐軍與新羅的聯繫。日軍的介入，戰爭形勢變得非常微妙，朝鮮半島形成了南北兩個戰場。北方由於地形限制的緣故，唐軍的進展始終不大，而在南方戰場由於日軍的加入，戰爭形勢已經轉向日百聯軍了。唐軍兵源在南方得不到補充，雖然唐新聯軍還未遭到敗績，但已經開始居於守勢。但是不久後百濟發生巨變，棟樑大將鬼室福信功高震主，不容於百濟王扶餘豐，以謀反之罪被殺，百濟國人心思動，其戰力受到極大的削弱。

百濟因鬼室福信之死士氣極其低落，儘管有日軍相助，但還是難以抵抗唐軍的進攻。周留城周圍的城池逐一被唐軍攻克，百濟守軍相續投降。在這種情況下，孫仁師率領的七千名唐朝援軍乘機渡海到達熊津與劉仁軌會師，唐軍軍勢因此大振。經諸將商議之後，制定了進攻周留的計畫，劉仁願和孫仁師以及新羅王金法敏率軍從陸路進攻；劉仁軌、杜爽則率領唐水軍與新羅水軍由熊津江入白村江口溯江而上，從水上進攻。

西元六六三年八月十七日，唐新聯軍從陸路三面圍攻周留城，城外據點逐一被攻克，百濟於是又向日本求援，中大兄皇子派廬原君臣領軍萬餘渡海而來，準備自白村江口登陸。當時，唐新聯軍雖已從三面包圍了周留城，但建在白村江河口上游左岸山地上的周留城，三面環山，一面臨水，山峻溪隘，易守難攻。百濟只要能確保周留城至白村江一線安全暢通，就能得到日本從海上的支援，從而據險固守。因此，白村江成為維繫周留城存亡的生命線，也是百濟得以復國的希望所在，兩軍都誓在必爭。

西元六六三年八月二十七日上午，唐朝水軍與日本水軍在海上狹路相遇。日軍戰船一千艘，水軍萬餘人，百濟王帶領精兵守衛岸邊；劉仁軌果斷下令布陣，七千餘人、一百七十艘戰船按命令列出戰鬥隊形，嚴陣以待。雖然日軍人多、船多，但不善於戰術，又加之大唐水軍船堅器利，武器裝備遠勝於日軍，日軍將領雖勇猛戰鬥，最終卻以失敗告終。《舊唐書》記載：「四戰捷，焚其舟四百艘，煙焰漲天，海水皆赤，賊眾大潰」。在岸上觀戰的百濟王見日軍失利，乘亂逃亡高句麗。

白村江之戰失利後，中大兄皇子深恐唐朝與新羅軍隊進攻日本本土，於是從六六四年起，花費巨資，先後在本州西部和九州北部大量增築烽火臺，布置重兵防守。除了在軍事上採取守勢之外，西元六六七年，中大兄皇子還將都城遷往了近江大津宮，第二年中大兄皇子即位，稱天智天皇。由於對外侵略的失敗，中大兄皇子威信受損，被迫向守舊勢力讓步，在一定程度上恢復了部民制，增加官位階名，承認王公大臣對土地及人民的佔有。

此後，在長達一千多年的歷史中，日本停止了對朝鮮半島的擴張，也由此認識到自身的不足，積極向唐朝學習先進的文化，鞏固大化革新的改革成果。奇怪的是，這次戰役並沒有影響日本和唐朝的交往，雙方不計前嫌互派使者兩相來往。西元六六九年，日本派河內鯨為「平高麗慶賀使」前往唐朝都城長安，祝賀大唐在朝鮮半島的徹底勝利。也就是從這個時候起，倭國很可能開始以「日本」作為國家名稱，但是倭使的提議可能最初並沒有被唐朝所承認，例證便是《善鄰國寶記》中郭務悰出使倭國時所攜帶的國書中有「大唐皇帝敬問倭王云云」。

取他國之長補己國之短，審視自身不足，彷彿伴隨著整個日本國的發展史。白村江之戰，對日本而言雖然失敗了，但卻讓它在失敗中更清楚地看清了自己，找到發展的方向，在隨後漫長的學習、醞釀中化劣勢為優勢，積蓄了更強大的力量。

延伸閱讀

日本原來並不叫日本，在古代日本神話中，日本人稱其為「八大洲」、「八大島國」等。據《漢書》、《後漢書》記載，中國古代稱日本為「倭」或「倭國」。西元五世紀，大和國初步統一日本列島後，國名遂定為「大和」。

聖德太子曾在致隋國書中寫道：「日出處天子致日沒處天子」，這就是日本國名的雛形。直到七世紀後半葉，「武后改倭國為日本國」。唐代天皇武則天同意倭國改國名為日本，這才得償所願。日本意為「太陽升起的地方」，其後沿用，成為日本的正式國名。此外在漢語中，扶桑、東瀛也是日本國名的別稱。

古代日本人崇尚太陽神，所以將太陽視為本國的圖騰，一直沿用至今。

延伸閱讀

西元六六八年，繼《十七條憲法》後，天智天皇令中臣鐮足修訂了更為完善的法典《近江令》，並在西元六七〇年編訂了日本最早的全國性戶籍，進一步推進政治改革。

大海人皇子和律令社會建設

白村江戰役失敗後，天智天皇的威信受損，被迫向守舊派讓步，導致部分大化革新的成果遭受損失，比如先前廢除的部民制等都有所恢復。晚年的天智天皇從開明的革新派變得日趨保守，據說沉湎於遊樂宴飲，不理朝政，寵信自己的兒子大友皇子，與法定繼承人——自己的弟弟大海人皇子之間矛盾重重。

不過大化革新期間，為了避免頻繁出現的皇位繼承之爭，宣布改以立嫡長子取代兄終弟及的舊制，因此大海人皇子是法定繼承人的說法還是值得商榷的。不管事實如何，有一點是可以確定的，為了扶植自己的兒子大友皇子繼位，他任他為太政大臣，並任用守舊派為左右大臣、御史大夫等重要職位。如此一來，擁有皇位合法繼承權的雙方矛盾導致大海人皇子在朝中備受排擠，尤其在與之相投的中臣鐮足去世後，大海人皇子越顯孤立。

西元六七一年，農曆十月，天智天皇病危之際召見弟弟大海人皇子，按舊制傳以皇位，大海人皇子害怕這非哥哥本意，不敢允諾。因為大海人皇子自幼追隨天智天皇左右，深知自大化革新以來，哥哥以武力排斥異己的例子不在少數，就連其岳父蘇我石川麻呂都不能倖免，有鑑於此類沉痛教訓，乃謝絕哥哥的旨意，奏請皇后即位，大友皇子輔政。農曆十月十九日，大海人皇子毅然引退，以出家之名移居吉野，靜觀時局以圖再起。

同年十二月三日，在寒風呼嘯的季節，四十九歲的天智天皇去世，他去世僅五天，尚在服孝期的兒子大友皇子便迫不及待即位，即弘文天皇。即位後，大友皇子招募壯丁，招兵買馬積極備戰準備消滅在吉野的大海人皇子。

大海人皇子聞訊後決定先發制人，舉兵反擊。西元六七二年六月，大海人皇子派大將前往各國郡司聯絡反對勢力，發兵鎮守各要道，繼而率部眾前往近江，沿途不滿朝廷者紛紛前來投奔，隊伍迅速擴充至數萬人，軍隊一路勢如破竹。朝廷得知大海人皇子舉兵前來，群臣驚愕，京內震動，那些先前參與排擠大海人皇子的臣子或逃亡東國，或隱匿於村野。大海人皇子用兵神速，乘勝追擊，兵分兩路前往京都。同年七月二十二日，兩軍在瀨田川相遇，展開殊死搏鬥。這場戰鬥異常慘烈，據說旗幟布滿整個山野，塵土連天，數十里外即聞戰鼓雷動之聲，列弩亂發，箭如雨下。大友皇子的軍隊傷亡慘重，節節敗退，戰爭以大海人皇子取得勝利告終。二十三日，京都失守，大友皇子（**弘文天皇**）與諸臣四散，第二天，走投無路的大友皇子在家中自殺身亡。至此歷時兩月，用兵數萬的「壬申之亂」（**因為內亂發生在壬申年，所以稱之為「壬申之亂」**），以大海人皇子的徹底勝利結束。

西元六七三年三月二十日，大海人皇子在飛鳥城「淨御原宮」即位，稱天武天皇，意為「上天立武王，消滅暴君」，典故來源於周武王滅紂。很顯然失敗的大友皇子被後人認為是暴君，這一點和中國古代歷史中「勝者為王敗者為寇」的思想倒是頗為相似。

大海人皇子和中大兄皇子（**天智天皇**）是同父同母的兄弟，因為是由海部一族撫養長大，所以取名大海人（**當時以養育者取名是慣例**）。青年時期的大海人皇子受大化革新的政治薰陶，因此對革新充滿熱情。其後，又經歷內政外交的頻繁變革的考驗，他學識淵博、才能出眾，身處逆境能屈能伸，直言善變，無所畏懼，這些才能成就了他之後對鞏固與發展大化革新成果，促進天皇制中央集權政治的確立、發展，建立律令社會做出非凡的政治建樹。

天武天皇即位後，首先廢除了哥哥天智天皇晚年一系列保守乃至倒退的政策，恢復並鞏固了對日本社會的改革，徹底廢除了部民制（奴隸制），土地等資源再度從貴族手中收歸國有。政治方面，為了建立並鞏固以天皇為中心的中央集權體制，他任人唯親，重用皇后、皇子及其他皇族成員，用皇室成員更換貴族所任要職，在位十四年不任命一個外姓大臣，一切政令全由自己親屬執行，推行家族式的皇親政治。通過這種方式，將中央和地方的權利完全掌握在自己手中。

天武天皇十分重視武功，他要求文武官員「務慣用兵及乘馬」，並在地方上建立軍團，負責中央和地方的治安。

但僅有武力是不夠的，沒有律法，就沒有良好的秩序，缺乏完整律法的國度，必定無法維護其推行的統治政策。天武天皇也非常重視法治建設，崇尚學習的日本再度以唐朝為藍本，繼《十七條憲法》、《近江令》後，出於加強皇權和控制貴族的考慮，也為了推進社會經濟的改革，西元六八一年二月，天武天皇在《十七條憲法》、《近江令》的基礎上著手制定了新律令《飛鳥淨御原令》，並在同一年完善《改新之詔》向官吏支付俸祿的規定。

《飛鳥淨御原令》又經過幾年的不斷修改和編制後，於西元六八九年才正式實施。當時天武天皇已經去世，在位的是持統天皇。

延伸閱讀

天武天皇四年（西元六七五年），廢除豪族對部民的人身所有權（**廢除奴隸制**），設置占星台。

天武天皇五年（西元六七六年），設置陰陽寮。其主要職責是負責天文、曆法的制定，並判斷祥瑞災異，勘定地相、風水，舉行祭儀等，可支配人員計有八十九名。陰陽道至此成為律法制度的一部分，誰控制了「陰陽寮」就等於握有詮釋一切的能力。陰陽道成了天皇的御用之學。

天武天皇七年（西元六七八年），進一步完善官吏的勤務評定和官位升遷相關的考選制度。

天武天皇八年（西元六七九年），在吉野之地讓皇后、草壁皇子等六位皇子起誓，不爭奪皇位，是為「吉野之盟」。

天武天皇九年（西元六八〇年），為了祈禱皇后（**後來的持統天皇**）病癒，命令建造藥師寺。

天武天皇十年（西元六八一年），命令制定《飛鳥淨御原令》並冊立十九歲的草壁皇子為皇太子。當時的日本，還沒有過無實務能力的年少者據皇太子之位的前例。據推測是皇后的強烈要求。

天武天皇十一年（西元六八二年），命令廢除匍匐禮，代之以立禮。

天武天皇十二年（西元六八三年），發行富本錢，即是日本歷史上最早的錢幣。

天武天皇十三年（西元六八四年），制定了八色之姓，這八種不同的姓，即「真人」、「朝臣」、「宿彌」、「忌寸」、「道師」、「臣」、「連」、「稻置」。如天武天皇的謚號就是頗具道教特色的「天渟中原瀛真人天皇」，八姓是根據與皇室血緣關係的遠近順序賜給的，賜姓的目的是「更改諸氏之族姓，作八色之姓，以混天下萬姓」，八色之姓的制定，在此後律令制的建設過程中，發揮了明確官階級別的作用。

天武天皇十四年（西元六八五年），在聖德太子施行的「冠位十二階」基礎上制定冠位四十八階。

持統天皇和律令社會建設

天武天皇去世後，他的皇后鸕野讚良繼承了他未竟的事業，是為持統天皇，繼續建設律令社會。

鸕野讚良皇女是天智天皇（中大兄皇子）的女兒，蘇我石川麻呂的外孫女，大田皇女（大津皇子之母）的妹妹。西元六四九年（大化五年），蘇我石川麻呂被告謀反，中大兄皇子領兵攻擊，蘇我石川麻呂自殺身亡，鸕野讚良的母親蘇我造媛在遭受丈夫攻殺父親的打擊後，因悲傷過度去世，因此年僅四歲的鸕野讚良自幼就失去了母親。不過，據說謀反之事是莫須有的罪名，是中大兄皇子和中臣鎌足排除異己的計謀。在協助中大兄皇子剷除堂兄蘇我入鹿後，中臣鎌足也遭滅亡，不免讓人想起過河拆橋、殺人滅口等老故事的橋段。

西元六五七年，十二歲的鸕野讚良嫁給了自己父親的胞弟，即自己的皇叔大海人皇子（天武天皇）為妃。除此之外，中大兄皇子還將大田皇女等其他三個女兒嫁給了弟弟大海人皇子。

西元六六一年，十六歲的鸕野讚良與丈夫大海人皇子一起跟隨父親天智天皇視察九州。第二年，在視察九州的途中，鸕野讚良生下草壁皇子。第三年其姐姐大田皇女生下大津皇子，不知何故，在生下孩子後不久，大田皇女就去世了，鸕野讚良因此成了大海人皇子的妻子中身分最高的人。

西元六七一年，天智天皇病危，大海人皇子為了避政亂之禍，隱居於吉野之時，鸕野讚良攜草壁皇子跟隨，在之後發起的壬申之亂中，鸕野讚良參與了大海人皇子的叛亂計畫。大海人皇子取勝後，於西元六七三年三月即位，冊封鸕野讚良為皇后，其後輔助天武天皇執政，在政事方面屢有良策進獻。對這樣一位聰明的賢妻，天武天皇疼愛有加，在西元六八〇年鸕野讚良病重之時，為了祈禱她早日病癒，天武天皇不惜耗費巨資建造藥師寺，六八一年又立她的兒子草壁皇子為皇太子。

大約從西元六八五年左右開始，天武天皇的身體每況越下，常常生病，鸕野讚良開始代替天武天皇執政，成為當時掌握實權的實際統治者。西元六八六年七月，天武天皇正式下詔：「天下之事，無論大小，必須向皇后和皇太子報告」，天武天皇由此退居幕後，鸕野讚良和草壁皇子開始共同執政。

西元六八六年十月一日天武天皇去世，鸕野讚良違背「吉野之盟」，在第二天就以謀反之罪將同是天武天皇的兒子又是自己外甥的大津皇子逼死，至於具體是怎樣謀反，史書對此並無記載。對於此事，有觀點認為大津皇子也許有謀求皇位的舉動，但卻被姨媽鸕野讚良察覺，謀反陰謀被粉碎；但也有很多學者認為大津皇子並沒有謀反，只是因為其是草壁皇子潛在的競爭對手，因而被逼死了。

執政期間，鸕野讚良忠實地繼承了天武天皇對官吏們武備、武藝獎勵的政策。為了提高自己在民眾間的聲望，西元六八七年七月，她下令免除了六八五年以前負債的利息；為了強化封建制度還嘗試調整奴婢的身分，命令百姓、奴婢穿著指定顏色的衣服。實行這些律令建設國家、整備政策的同時，鸕野讚良也絞盡腦汁的利用天皇的權威來提高自己的聲望，比如命人書寫讚美天皇的讚歌，頻繁尋訪天武天皇的福地——吉野之地。

在外交方面鸕野讚良繼承丈夫天武天皇的政策，與新羅展開外交，與大唐沒有官方的外交關係。不承認與新羅的對等關係，強迫新羅向日本朝貢。新羅因為當時與大唐對抗，所以不得以承認了這種不平等的關係。

就在鸕野讚良花了三年光陰為自己的兒子掃清障礙，打理好一切，奠定好基礎讓新皇即位之時，西元六八九年四月，年紀輕輕的草壁皇子卻病故了，這讓鸕野讚良的所有努力付之東流。在這種情況下皇位繼承計畫被完全打亂，鸕野讚良只好立草壁皇子的兒子，年僅七歲的輕皇子（**後來的文武天皇**）為皇太子，因為皇太子過於年幼，先由自己即位代為打理朝政，是為持統天皇，年號天鳥。非常有趣的是，歷史總存在著某種巧合之處，在鸕野讚良即位的第二年，西元六九〇年，在彼岸的唐朝，中國的女皇帝武則天廢黜睿宗，登基稱帝，改國號為「周」，史稱武周，改年號為「天授」，自尊號為「聖神皇帝」，中日的兩大女強人，遙相輝映。

即位後，持統天皇著手進行大規模的人事變動，任命在壬申之亂中戰功顯著的高市皇子為太政大臣，多治比島為右大臣。不立大臣（**大臣是日本古墳、飛鳥時代的官職，權勢很大，之前權傾朝野的蘇我馬子、蘇我入鹿父子的家族蘇我氏就是世襲大臣之職**）的天武朝皇親政治得到修正，也正是這個修正，導致了之後奈良時代末期外戚專政重蹈覆轍。

持統天皇即位不久，對天武天皇制定的《飛鳥淨御原令》進行了修改和完善，於西元六八九年正式施行，並於次年完善了全國戶籍的編制工作，以國、郡、里為主的地方行政體系也逐漸完備起來。國設國司，郡設郡司，里設里長。除此之外，還在重要地區設特別行政機關。例如在京城設左、右京職，負責京城事務。在外交上的重要地區攝津國設管理難波的攝津職，在國防重地北九州筑紫國設大宰府，統轄九州地區的民政和軍事。

西元六九四年，持統天皇下令將都城從飛鳥城「淨御原宮」遷往藤原京（今奈良縣橿原市）。

藤原京原是天武天皇在學習了中國的條坊制（將街道規劃成棋盤式布局，這種規劃方法被稱為條坊制）後開始建造的，但他在竣工前卻去世了。持統天皇繼續丈夫未完的心願，繼續以唐朝長安為藍本，建設了皇宮和皇城。

西元六九七年，在位十一年，實權在握統治日本近二十年之久，時年五十二歲的持統天皇在藤原京讓位於自己的孫子十五歲的輕皇子（**文武天皇，年號大寶**）。在日本史上，持統天皇是在世的天皇繼皇極天皇後第二個讓位的，並且是第一個太上天皇（上皇）。讓位後，因為天皇年幼，她仍然協助打理政務，同中臣鎌足的兒子「藤原不比等」（**鎌足死之前，因其政績卓著，天智天皇賜姓藤原，文武天皇時，下詔只許鎌足之子不比等繼承藤原之姓**）一道主持編制《大寶律令》，七〇一年完成了這部律令齊備的法典，第二年開始實行。

西元七〇二年，日本向大唐派出了中斷三十年的遣唐使。也就是在這一年，這位被人評論為充滿野心的持統天皇去世。持統天皇病逝之前下詔，改天皇死後土葬為火葬，厚葬為薄葬，開創了日本喪葬改革的先河。自此火葬風俗在日本民間逐漸推開。

在持統天皇去世不到五年的時間，西元七〇七年六月，她的孫子，年僅二十四歲的文武天皇也去世了，因為其子「首皇子」尚年幼，故皇位由文武天皇的母親阿部皇女過渡繼承，是為元明天皇，短短幾年後，元明天皇又將皇位傳給首皇子的姐姐冰高皇女過渡繼承，是為元正天皇，年號養老。

七一八年，元正天皇命令藤原不比等修改《大寶律令》，以年號來命名，被稱為《養老律令》，因內容與大寶年間制定的《大寶律令》基本相同，所以放置近四十年後才加以實施。至此律令體制基本形成。

從聖德太子開始實施的一系列改革措施，到天智天皇、天武天皇、持統天皇，再到元正天皇，經過幾代人的努力，以隋唐律令制度為藍本，參酌日本舊習，規定了中央集權的封建國家體制。大化革新持續了近半個世紀，完善了日本的政治制度，以「天皇」為核心的中央集權體制得以確立，社會經濟得到了發展，日本從奴隸制漸漸走向了封建社會。實際上，此後日本皇室的權力歷久彌堅，他們至今日仍存在，是世界最長久的皇室家系。

延伸閱讀

從《飛鳥淨御原令》、《大寶律令》及《養老律令》這幾部律書來看，所謂「律」相當於刑法，基本上模仿了唐朝的律法，「令」相當於民事法，以日本社會實際出發，同時參照唐令制定而成。基本涵蓋了班田、賦稅、身分制度和司法制度。

班田制方面，除了農民的口分田之外，還按照官僚貴族們的階位、官職和功勞授予位田、職田和功田，皇室持有直轄領地的官田。位田和職田不能世襲。

全體人民被劃分為「良民」和「賤民」。良民除被稱為「公民」的農民外，還有作為統治階級的皇族和大小貴族，以及比公民身分低的品部和雜戶。品部和雜戶是一種半自由民，具有特殊的手藝，在官府的工廠裡生產手工藝製品。賤民是指那些律令體制下仍沒有得到解放的奴婢，其中包括守護天皇陵墓的陵戶、為官府服務的官奴以及在貴族家服務的私奴，這部分人的數量並不多。

奈良時代之開朝天皇

飛鳥時代的日本試圖建立一個穩固的首都，因為若沒有一個固定的首都，其建立起來的中央集權體系將無法很好地實施。在飛鳥時代的最後幾個階段，大和政府幾次企圖建立永久首都，但都因不同的原因而失敗了。

西元七一〇年，元明天皇即位後的第四年，隨著中央集權制的發展，官僚機構日漸龐大，都城藤原京顯得狹小，所以將都城從飛鳥城的藤原京遷到了規模大三倍的平城京。平城京依然按照長安城的結構建築。這一舉措標誌著起於聖德太子時的飛鳥時代結束，拉開了日本歷史上著名的奈良時代的帷幕。此後至西元七九四年桓武天皇又將都城遷往平安京之前，這八十四年在歷史上稱為「奈良時代」。

奈良時代歷經八代天皇，女性天皇在奈良時代佔了四代共三十年，元明天皇是奈良時代的第一代天皇，可以說奈良時代是女人的天下，是堪與英國十六世紀相提並論的女主稱雄時代。不過藤原氏家族的勢力也在這個時代開始日漸興盛，權力貫穿整個奈良時代。

於此我們有必要深入了解這些不同凡響的女人統治的時代，就先從奈良時代的第一代天皇元明天皇開始吧。

元明天皇是天智天皇（**中大兄皇子**）的第四個女兒，其母為蘇我侄娘，外公是蘇我石川麻呂。

即位前，名叫阿部也說阿閇，既是持統天皇的異母妹妹，又是其兒媳，即草壁皇子之正妃。因草壁皇子和文武天皇早逝而繼承皇位，按慣例一般是由文武天皇的皇后繼位，但因她患有嚴重的精神疾病無法勝任，所以才由自己的母親阿部皇女即位，饒是如此，阿部皇女也不是皇后，因而她就成了日本歷史上第一位沒有做過皇后的天皇。

元明天皇的年號為「和銅」，這是有來歷的。天皇即位後的第二年，西元七〇八年，武藏國（**大概在今天的東海道**）發現一種含雜質極少的自然銅，稱之為「和銅」。武藏國不敢據為己有把它進獻給元明天皇，以表祥瑞，為了紀念「和銅」的出現，天皇改年號為「和銅元年」，並仿照唐「開元通寶」鑄造「和同開珎」，鼓勵人民使用銅錢，並頒布蓄錢敘位令，但當時的人們習慣了物物交換的方式，銅錢使用的效果並不佳。這一年除了推行銅錢以外，還修正、推行了七〇一年所制定的大寶律令，因此重用了參與編制《大寶律令》的藤原不比等（**史載為中臣鎌足之子，有傳聞是天智天皇的私生子**），任命他為右大臣，石上麻呂為左大臣。

元明天皇在位期間還發起了征服蝦夷之戰。蝦夷也叫「毛人」，是本州東北地區的土著居民，今阿伊努人的祖先，如我們稱少數民族為「蠻夷」一樣，蝦夷是一種侮稱。在和銅元年之前，日本列島上部分地區處於大和朝廷的控制之外，隨著經濟的發展和中央集權的鞏固，大和朝廷的版圖擴張欲望日漸膨脹。領土受到侵犯激起了蝦夷人的反擊，到元明天皇統治時，和蝦夷和睦相處的五十年終於結束，雙方爆發了一場大戰。元明天皇雖為女流卻勢在必勝，西元七〇九年三月，天皇徵調七國兵力分東海和北陸兩路進擊東北，隨後又派大軍援助，令各國向新建的臨近蝦夷之地的出羽郡輸送兵器和船隻，以支援作戰部隊。經過半年的奮力征剿，同年八月終於征服蝦夷，出羽郡得以穩固。

西元七一〇年，元明天皇正式將都城從藤原京遷往大致完工的平城京，左大臣石上麻呂作為藤原京的管理者留守藤原京，因此右大臣藤原不比等漸漸掌控了實權，由此開始了他之後權傾朝野的政治生涯。

此後元明天皇在位期間針對當時的社會情況頒布了一系列措施：西元七一二年，公布國郡司政績考核三條，獎賢罰貪，禁止地方豪強、寺院多佔田野，同時還編寫了《古事記》；由於之前推行的律令賦稅政策加重了農民負擔，導致農民大量逃亡，於是七一三年又宣布廢除高利貸債務，限制農民逃亡，獎勵和推廣養蠶業，絲織手工業；西元七一五年，實施鄉里制。

西元七一五年九月二日，僅統治日本八年的元明天皇就以年老為由讓位，據說是因為孫子首皇子仍然年幼（**時年十五歲**），於是讓位於女兒冰高皇女，即元正天皇，年號「養老」，後改為「神龜」。西元七二一年五月，元明上皇發病，召女婿長屋王和藤原房前託付後事，十二日去世。

因皇太子年幼而兩次過渡即位的說法顯然有些牽強，而實際上，一切皆因當時皇族勢力與藤原氏的外戚勢力對立，即位才被延期。據此人們做出兩種揣測：一說這是藤原不比等的計謀，因為首皇子是其外孫，為了使皇太子的執政更為穩固，他才想出先擁立冰高皇女過渡繼位，並在日漸削弱的舊氏族基礎上再伺機扶首皇子即位的法子；但也有人認為，元正天皇的即位是長屋王為了削弱藤原不比等一族的勢力而行的阻撓之計，不管如何，可見當時雙方爭奪之激烈。

據說冰高皇女長得非常美貌，性格沉靜，心懷慈悲，出生於西元六八〇年，即位之時已經三十五歲了，不知什麼原因還未結婚，所以她成了第一位以未婚獨身的身分即位的女天皇，而且是歷代天皇中唯一由母親傳位的繼承者。

新皇即位不久，藤原不比等為了進一步鞏固自己的政治地位，迫不及待地就將自己的女兒安宿媛許配給自己的皇太子外孫，這個女兒是他與文武天皇的乳娘橘三千代所生。橘三千代對於藤原不比等來說，是個很重要的人物，除了父輩餘蔭，據說他和他的子嗣能平步青雲，這個女人的影響力起了很大作用。

除了不俗的美貌外，元正天皇同樣擁有出眾的智慧，是一個頗有涵養的天皇，即位後不久，她迅速掌握了平衡於實權派藤原不比等與執政之間的方法，在秉承其母元明天皇的政治基礎上，同樣做出了一系列執政方略。於即位第二年，令藤原不比等等人在《大寶律令》的基礎上編寫《養老律令》，進一步完善了律令制度；此外大化革新時期的班田制，到此時凸顯了其局限，在繼續推行的過程中遭遇了困難。由於人口增長，政府分發的口分田嚴重不足，又加之農民為了躲避賦稅的負擔大量外逃，使很多田地撂荒。為了解決這一問題，先後實行裁減兵員，減免農民債務，獎勵耕種等措施，頒布了鼓勵開荒種地的《三世一身法》，規定新開墾的荒地，可傳為子孫三代私有；開墾被撂荒的土地可以一生擁有。法令大大鼓舞了農民的積極性，使農業迅速發展起來。

在這期間，日本史書《日本書紀》編纂完成，這是開始於天武天皇年間，由天武天皇的兒子舍人親王主編，多人參與，歷經四十多年而寫就的。差不多與此同時，野心勃勃的右大臣藤原不比等病逝了，不過藤原家並沒有因此沒落，因為還有他安插在皇室裡的子子孫孫，他的血液還流淌在皇室。藤原不比等病逝後，元正天皇任命既是自己堂兄又是自己妹夫的長屋王為右大臣，和藤原氏一樣，長屋王的父親高市皇子也是壬申之亂的功臣，這樣一來，長屋王作為皇親的代表成為了政界主導者，由此形成了皇室與藤原家族對立的兩派，這也許是元正天皇牽制藤原一族的策略。

西元七二四年，元正天皇結束了九年的天皇生涯，讓位給自己的侄兒首皇子，即聖武天皇。儘管在政治上非常成功，但元正天皇的個人生活卻是一場悲劇，由於身為天皇，她無法下嫁，一生未婚，最終在孤獨中死去。

元明、元正天皇拉開了奈良時代的帷幕，打開了日本發展的新局面，她們執政期間，日本的政治趨於穩定，經濟發展迅猛，農業也得到了迅速發展。在她們的推動下，日本還加強了對中國文化的學習與吸收，因為此時正是中國的盛唐時期，中國的影響力輻射東亞各國，與阿拉伯帝國東西相映，當時的日本正處在封建制度剛剛確立、中央集權正在鞏固的階段，所以唐朝完備的政治制度以及先進的科技文化，就成了日本學習的首要對象。而這種學習交流，主要通過派遣遣唐使（**均是日本通曉經史、才幹出眾的第一流人才**）來完成。整個奈良時代，日本與唐朝的交往極為頻繁，多次派出遣唐使去中國學習，其中有一次派出的遣唐使竟有六百五十一人之多。唐朝先進的技術和知識通過遣唐使陸續傳入滲透，極大地推進了日本社會文明進步，直到今日，我們仍然能從日本的傳統建築，服飾等中看到唐文化的影子。

延伸閱讀

「蓄錢敘位令」即是規定凡是儲蓄貨幣並將貨幣捐給政府者，根據貨幣數量晉升位階，如無官位者捐錢五貫（**即五千枚銅錢**），就可獲得最低官位。

此後，政府又採取了用錢支給季祿，畿內及其周圍各國用錢納調等一切措施，鼓勵用錢，但由於商品經濟尚不發達，除了畿內等地以外，錢幣流通不廣，交易仍以物物交換為主。

延伸閱讀

《古事紀》使用的是改造漢字而成的日本文字，即「萬葉假名」，奈良時代用「萬葉假名」寫成的文學作品還有《萬葉集》。不過，一些具有較高史料價值的作品仍然用漢文寫成，如模仿中國史書的體裁、並引用了中國和朝鮮半島文獻寫成的《日本書紀》以及記載當時日本風土人情、地貌環境等的《風土記》。

長屋王之變

西元七二四年三月三日，體弱多病的首皇子在皇室與藤原一族的矛盾中即位了。這位生在皇室卻可憐的皇子六歲時父親就去世了，不久母親藤原宮子（藤原不比等之女）也得了精神疾病而無法照料他。不僅如此，大概因為疾病的原因母子常年不能見面，首皇子孤獨地在父系和母系之間的矛盾中長大，直到三十一年後，藤原宮子病癒，他才見到自己的母親。

首皇子即位稱聖武天皇，年號天平，即位同一天就任命皇族代表長屋王為左大臣（大概是元正天皇的意思），此舉讓藤原氏一族大為緊張，唯恐長屋王的勢力升至其之上。藤原一族的擔心也不是不可能的事情，我們知道長屋王的父親高市皇子曾在「壬申之亂」中立下大功，作為高市皇子的長子，長屋王自然也得到了祖父天武天皇的寵愛。除此之外，他還是元明天皇信任的女婿，元正天皇重用的妹夫，從血統上來說，長屋王是不折不扣的皇族，權力看似根深葉茂。

對於朝中唯一能牽制藤原一族的長屋王的權勢，已在朝廷身任要職的藤原四兄弟（即南家藤原武智麻呂、北家藤原房前、式家藤原宇合、京家藤原麻呂）感到不滿，將其視為眼中釘，欲除之而後快。長屋王成長於皇室之家，受過高等教育，是個正直且多才多藝的人，但卻不曉人情世故，官場如戰場，看不見的刀光劍影即是錯綜複雜的人際關係，察言觀色溜鬚拍馬更是必備能力，僅此一條，長屋王就有可能在權勢競爭中落敗。

據說聖武天皇即位後，欲下詔封自己的母親藤原宮子為正一位大夫人，這本是新皇登基，以表自己孝心的做法，是一件再正常不過的事情了。然而長屋王偏偏不識時務，在這個時候指出這個稱號違反先例，按先例只能稱「皇太夫人」，口頭上可稱「大御祖」，要聖武天皇撤回這道已經宣布的詔令，這無疑讓聖武天皇的皇威掃地，很沒有面子。可想而知這件事情不僅令聖武天皇對他不滿，也讓藤原氏一族心懷怨恨，更為他日後喪命埋下了禍根。依藤原一族的野心，我想這事件多半是由他們挑起的，聖武天皇不過是聽信了讒言。

在藤原不比等在位前，長屋王與藤原家的恩怨就存在了，只是那時候藤原四兄弟還礙於郎舅關係（**除了是元明天皇的女婿外，長屋王還是藤原不比等的女婿**），雖有暗鬥卻未明爭，雙方還沒有撕破臉。從這件事以後，藤原四兄弟與長屋王之間徹底撕破了臉，對立關係進一步激化。

這件事未得逞後，藤原氏一族又希望立藤原光明子為后，藉此鞏固自家的勢力。因為皇后在其天皇丈夫去世後，可以作為過渡性的天皇即位。也因為如此，立皇族出身者為后是當時日本的常規，因而長屋王據此反對立藤原光明子為后，目的在於遏制藤原一族過於強大的權力。不過這一次聖武天皇像是和他對著幹一樣，執意要將藤原光明子立為皇后，兩人為這事相持不下。西元七二七年光明子生下皇子，取名為基皇子，聖武天皇對她大加獎賞，當即把基皇子封為皇太子，喜愛之情溢於言表。

這以後，憑著聖武天皇對長屋王心存芥蒂，藤原一族給他羅列了一些莫須有的罪名，惡化了他和聖武天皇之間的關係。不過一個「根深葉茂」的皇族是不那麼容易就被扳倒的。現在藤原光明子誕下皇子，並封為了皇太子，藤原家的人也跟著得勢了。西元七二八年八月，朝廷新設中衛府，藤原房前任大將。緊接著，對授刀舍人寮進行了改編強化，五衛府中大伴氏、佐伯氏的勢力受到壓制，兵權被藤原氏所掌握，卸去長屋王的得力支持者，下一步目標直指長屋王。

藤原家得勢的時間並不長，同年九月，年僅一歲的基皇子夭折了，這讓藤原一族擔心自己的地位受到動搖，而聖武天皇與縣犬養廣刀自又生下了與藤原氏沒有血緣關係的安積親王，這樣一來連皇太子之位也可能落入安積親王之手，連帶著藤原氏的外戚地位也就不保。長屋王有意諫言聖武天皇立安積親王為皇太子，這一舉動讓藤原一族對他動了殺機，密謀剷除長屋王，保全自己的地位。

次年二月，聖武天皇在元興寺召開大法會超度愛子的亡靈。據說偏偏就在這時，長屋王卻用手中的玉笏打破了做法事的僧人腦袋，從而引起騷亂。長屋王深受儒家思想影響，是個知書達理的人，怎麼會無故打破別人的頭呢？更何況他本人還是個誠心的佛教徒，只怕這又是藤原一族的「欲加之罪」，藤原氏等人進而挑撥離間說基皇子是長屋王給詛咒死的，這下徹底激怒了聖武天皇，於是長屋王的末日終於來臨了。

僅僅兩天之後，也就是七二九年二月十日，一場針對長屋王的行動終於拉開帷幕。這一天早朝，有兩位官位低下的人誣告長屋王私學左道（異端之術），欲傾國家。聖武天皇居然聽信了這兩位官階低下的人的誣告，當天晚上，即派兵固守三關，以防長屋王逃跑，隨後藤原宇合帶領重兵包圍長屋王宅。

第二天聖武天皇就派遣舍人親王、藤原武智麻呂等對長屋王進行逼供。欲加之罪何患無辭，長屋王連申辯的機會都沒有就被定了死罪，還殃及自己的正妃吉備內親王以及四個已成年的兒子。第三天長屋王被逼迫在自己的王宅中服毒自盡，妻子吉備內親王和四個兒子也都自縊而死。緊接著，長屋王的「餘黨」也都被流放了。

長屋王死後，權力由皇族轉入藤原氏手中，藤原一族在朝中再無有力的反對勢力。西元七二九年八月十日藤原光明子正式封為皇后，成了非皇族出身的第一位皇后。藤原一族加官晉爵，藤原武智麻呂位居大納言兼大宰帥；藤原房前任參議、中務卿、中衛大將；藤原宇合任參議、式部卿，藤原麻呂任參議、兵部卿，分別掌管文武官吏的人事關係。兄弟四人在議政官中佔了半數，確立了藤原四子體制，由此而掌握了實權。

人算不如天算，在長屋王死後的第八年，西元七三五年，天災肆虐，疫病又在九州地區流行，兩年後，畿內地區也開始流行疾病。人們深受貧困饑餓之苦，藤原四兄弟感染疾病相繼死去，大部分政府高官也在這次疫病中相繼去世，只留下鈴鹿王、葛城王（**即橘諸兄，光明皇后同母異父的兄弟**）、大伴道足三人。聖武天皇急忙任命長屋王的弟弟鈴鹿王為知太政官事，第二年封橘諸兄（**繼長屋王之後成為皇族勢力的代表**）為左大臣，重用從唐朝回來的玄昉和吉備真備（**同期的阿倍仲麻呂則留在了長安**），以穩定政府局面。

這期間，民間傳說因為長屋王的怨靈作祟才導致了天災頻發，疫病橫行。在極為相信鬼神怨靈的王朝時代，聖武天皇為求得心安，也只有來個「百官共同祈福消災」了，並封賞長屋王倖存的兄弟姐妹。受過長屋王生前恩惠的大伴子虫趁機斬殺了誣告者，卻並未獲罪，恐怕上至天皇下到百姓，每個人都心知肚明長屋王是冤死的，更加確定了「長屋王之變」純屬誣告。

再強大的權勢也抵不過天災地變，在災害面前，興盛一世的藤原家族意外地跌落了。藤原四兄弟相繼去世後，藤原家在權勢鬥爭中開始處於不利地位，又加之朝廷內反藤原氏勢力崛起，橘諸兄遂以誹謗親族的理由將藤原宇合之子藤原廣嗣貶官，藤原廣嗣對此強烈不滿。為了恢復藤原氏的勢力，他上書彈劾，要求罷黜反藤原氏的要人玄昉和吉備真備，被當時掌權的橘諸兄判為謀反，聖武天皇對此下令召回藤原廣嗣。

藤原廣嗣抗旨不遵，於西元七四〇年與弟弟藤原綱手在九州以清君側為名舉兵叛變，對朝廷不滿的豪族和百姓也捲入叛亂，聖武天皇火速派兵前往平亂，僅歷十幾天藤原廣嗣就兵敗被處死，藤原廣嗣的弟弟們也大多受牽連而被流放。此事件是藤原氏族在後來家世中落的重要原因之一。

聖武天皇企圖從災害中擺脫出來，再次遷都至難波京，對此官、民都強烈反彈，最終又遷回平城京。歷經氏族對立、天災頻發、疫病肆虐、叛亂等政治危機後，體弱多病的聖武天皇倍感疲憊，開始沉迷佛教，並不顧反對皈依佛門，下詔修建國分寺、東大寺盧舍那佛像，無心打理朝政。在國無君王的情況下，姑姑元正上皇代為理政，由橘諸兄、藤原仲麻呂（**藤原武智麻呂次子，精通漢學和算術**）等人執行政務，由於有光明皇后的信任和支持，藤原南家進入了興盛時期。

先人已去，皇親國戚間的明爭暗鬥卻依然洶湧不息，進入了新一輪的角逐。西元七四四年三月七日，有資格繼承皇位的安積親王因腳氣病猝死，有觀點認為是被藤原仲麻呂所毒殺。他的姐姐不破內親王勢單力薄，命運岌岌可危（**之後被剝奪了皇籍**），而另一個姐姐井上內親王因從小被選送伊勢神宮未受什麼影響。聖武天皇的嬪妃不多，子嗣也較少，僅與光明皇后生有阿倍內親王（**孝謙天皇**）、基皇子（**已死**）；與縣犬養廣刀自生有井上內親王、不破內親王、安積親王。

安積親王死後，聖武天皇的繼承人中再無男性子嗣，阿倍內親王成了日本歷史上第一位女性皇太子，這未嘗不是藤原氏家的計謀所致。若如此，可見當時藤原式家的叛亂在一定程度上動搖了橘諸兄的權力，藤原南家得以乘機崛起，權力在朝中可謂如日中天，翻手為雲覆手為雨。

西元七四九年八月十九日，對皇權感到疲憊的聖武天皇正式讓位給女兒阿倍內親王，成為日本歷史上最早的男性太上天皇。讓位五年後，崇尚佛教的他迎來了大唐高僧鑑真大師，也就是這一年，他與長年疾病纏身的母親藤原宮子死別。不過讓人奇怪的是，兩年後在已立太子的基礎上，他卻留下讓天武天皇之孫道祖王為皇太子的遺言，乘風歸去了。這不得不讓人再度懷疑阿倍內親王即位是藤原仲麻呂的計謀。

延伸閱讀

「長屋王之變」是日本改革效法唐制不徹底所帶來的後果，古之日本崇尚學習中國文化，但是令人驚奇的是沒有效法「科舉制」，沒有科舉制也就沒有辦法培養出穩定的官僚士大夫階層。因此，日本律令制度的基礎依舊是仰仗地方豪族和富裕農民。

日本的貴族以世襲的方式做官，無須經過考試，又有自己的經濟基礎，因此天皇產生不了和中國皇帝一樣強大的皇權，整個體制實際上還是天皇與豪族的聯合執政。在前面提到，為了推行革新誅殺權臣蘇我氏的時候，也是依靠大豪族中臣鎌足等的協助才完成的，同時這也造就了中臣鎌足後代藤原氏的崛起。

延伸閱讀

西元七四三年，因天災、疫病的打擊，民眾大量死去，耕地撂荒，為了再度提高百姓的生產積極性，振興農業，繼《三世一身法》後，聖武天皇在位期間又實施了《墾田永年私財法》，法令規定只要在身分地位在允許的限度之內，開墾的土地就可以永久私有。進一步確定了土地的永久私有權，這一政策變化，改變了土地國有制，使其向私有轉化，也成為動搖律令制根本的一環。一些豪族和大寺院抓住這個機會擴大自己的私有地，逐漸形成了莊園。

風流天皇阿倍

西元七四四年，聖武天皇唯一的兒子在陰謀中死去，只留下三個女兒，其中不破內親王之後遭免籍；另一位井上內親王則從小遠離都城，關於這位命運大起大落的內親王和她的丈夫，我們在之後的敘述裡會詳細談及；而阿倍內親王在母親光明皇后和表兄藤原仲麻呂的策劃下登上了皇太子之位，期間師從右大臣吉備真備學習漢學，五年後正式即位，謚號孝謙，年號天平神護。

關於孝謙天皇的政績，史料中少有記載，我們亦無法得知她對日本的發展有沒有做出貢獻，記載最多的是她無疾而終的兩段戀情，後人多熱衷於她的這些風流韻事，而忽視她的政績。

據說孝謙天皇非常崇拜唐朝女中豪傑武則天和韋皇后，時下唐風開放，女人獲得自由，受當時氛圍影響，孝謙天皇有心做個女強人，在其執政過程中憑藉女人獨有的手腕有效統御群臣，從上而下無不俯首稱臣。不過，雖身為天皇，她也有柔情的一面，不甘心重蹈元正天皇孤老終生的覆轍，與表兄藤原仲麻呂談起了地下戀情，後來乾脆藉口宮殿維修搬到了藤原家中，公開與其同居。藤原仲麻呂有了小姨光明皇后和表妹兼情人的孝謙天皇的寵信，勢力迅速崛起，與聖武天皇時重用的皇族代表橘諸兄形成對立。顯然，此時的橘諸兄不是仲麻呂的對手，橘諸兄被密告（**藤原仲麻呂所為**）在酒席上誹謗朝廷，不久後被迫辭官，抑鬱而死。不過，他的兒子橘奈良麻呂就不那麼幸運了，他想為老父親復仇，但藤原仲麻呂先發制人以謀反罪將其處死。連帶打壓的還有橘諸兄的政黨。清除政敵後，這一夥人又進一步廢除了聖武天皇遺言中立的皇太子道祖王。

但可惜的是，好光景總是轉瞬即逝。孝謙天皇的滿心柔情最終卻付與了流水，據說到她中年之時，時值女人感情最脆弱的年紀，卻被她最寵信的表兄藤原仲麻呂冷落，這讓她心灰意冷，無心朝政，陷入抑鬱之境，長年的抑鬱招致病魔纏身。而此時唐朝高僧鑑真和尚來到日本為她授戒，她忽然在佛學中找到了寄託，一氣之下竟學老父親當年皈依佛門的作為，在西元七五八年讓位給大炊王（淳仁天皇）後遁入了空門。我無法猜測出一個遠古男人在上千年前的心思，他到底有沒有好好愛過她？還是別有居心地愛過她？或者她僅僅是他手中掌權的一顆棋子？這一切都隨時代變遷而消聲於奈良皇城的庭院裡了。

不知是凡心未了還是心生報復，據說這位女上皇出家後又遇見了生命中另一個男人，一個叫道鏡的和尚。也許是她的失落之情溢於言表，讓道鏡有了可乘之機，他抓住這一空隙大獻殷勤，獲得天皇的寵幸。心灰意冷的阿倍如枯木逢春，以為遇見了自己的真命天子。也許是在道鏡的鼓動下，又也許是她本無真心退位，這位退位的天皇，重燃了從政之心，改稱為稱德天皇後又重新復出。

在孝謙上皇寄情於青燈黃卷中，與道鏡纏綿期間，雖然大炊王（既淳仁天皇）接替她做了天皇，而實際掌握政權的卻是他昔日的情人藤原仲麻呂。因為當時廢除皇太子道祖王另立太子之時，藤原仲麻呂力排眾議強力推薦立大炊王為皇太子，大炊王才得以繼承皇位，此後大炊王又娶藤原仲麻呂的孫女為妻，並住在藤原仲麻呂的府邸，雙方關係頗為親密，從此藤原仲麻呂以絕對的權力權傾朝野，後來還做了太師，權力達到頂峰。

藤原仲麻呂全面掌權後，推行了「官位效仿唐風政策」，實行了他爺爺藤原不比等制定的養老律令，同時輕徭薄賦，緩解聖武天皇後期頻繁遷都，修建東大寺大佛等造成的財政浩大開支。這期間，西元七五八年，唐王朝爆發了安史之亂，藤原仲麻呂主張支持唐王室平叛，欲派人送去牛角作為武器原料。同年六月，光明皇太后駕崩了，藤原仲麻呂失去了有力的後臺，按照慣例，皇權就徹底落到了孝謙上皇手中，而此時的孝謙上皇有了新的寵臣道鏡。

復出的孝謙上皇想要重新掌權，就難免和昔日的舊情人在權力角逐中相見，這種矛盾使得他們成了名副其實的冤家。藤原仲麻呂對她與道鏡間的關係頗為不滿，可能讓大炊王以天皇之名加以告誡，這讓孝謙上皇大為惱火，使得雙方關係陷入對立。由於失去了光明皇太后的支持，藤原仲麻呂漸漸在角逐中敗下陣來，不久孝謙上皇就以稱德天皇名重新掌權，或者她從始至終就沒完全交出手中之權。即位後她宣告「由今開始，不論是通常的祭祀、賞罰、國家的大小事，皆由朕行使」，由此政治權力轉移到稱德天皇手中。

苦心經營半輩子的藤原仲麻呂不甘失敗，利用手中的兵權於西元七六四年九月二日起事，大炊王可能出於明哲保身的目的而沒有參與藤原仲麻呂的叛亂行動；另一種可能是他的行動已經被稱德天皇控制。因此大炊王對於藤原仲麻呂來說已經失去了利用價值，此間他欲擁立天武天皇的孫子鹽燒王（不破內親王之夫）為皇太子。沒用多長時間，稱德天皇就乾淨俐落地平定了藤原仲麻呂的叛亂。戰敗的藤原仲麻呂攜帶妻兒欲乘舟逃走，同年九月十八日，藤原仲麻呂及其妻兒被捕後遭斬首，同黨也一併問斬或者流放，想當天皇的鹽燒王也被捕遭殺害，他的妃子不破內親王免遭連坐，雖死罪可免但活罪難逃，被削免了皇籍。不過五年後，在稱德天皇離世的前一年，她被以詛咒天皇的罪名趕出了都城，後又因其子叛亂被流放到了淡路國，多年後又轉移流放到和泉國，並在那裡結束了自己顛沛流離的一生。

藤原南家也因此衰落了。在這次平叛中，藤原北家的藤原房前之子藤原永手立了大功，藤原式家的藤原宇合之子藤原良繼、藤原百川也在此次平叛中立了大功，由此漸漸擺脫了其兄藤原廣嗣的陰影，開始相繼在朝中得勢。後來，子嗣單薄的藤原式家因為得勢的藤原種繼被暗殺後，從此中落，藤原北家便進入了一枝獨秀的時代。

緊接著，叛亂爆發後的第二個月，稱德天皇的軍隊就包圍了大炊王的居所，稱德天皇以「與叛賊藤原仲麻呂關係緊密」為理由宣布廢除淳仁天皇，以親王的待遇放逐到淡路國，所以淳仁天皇又叫淡路廢帝。此前唐朝發生的安史之亂（**安祿山叛亂**），讓稱德天皇心有餘悸，在加強戒備之餘，又擔心發生復辟之事，就暗中派人殺害了在淡路國的淳仁天皇。

掃除障礙後，稱德天皇不顧眾人反對，重用新情人道鏡，行僧綱政治，改國號為「神護景雲」結束了奈良時代。讓他管理朝政，儼然為輔政大臣，她說：「朕為出家之天子，應有出家之大臣為輔。」出此之言，大概是被「愛情」沖昏了頭腦吧。不久，她嫌給道鏡的寵信還不夠，又封他為法王，和她享受差不多同等的待遇，連帶他的親戚們也被封任顯要，比如他的弟弟就做了內豎省長官（**相當於錦衣衛的首領，管理皇室衛隊和兵器總庫**），這是何等的信任才將自己的身家性命都交付他。

不過，據說「野心和尚道鏡」不滿足於此，和日本神道教的主神官密議，授意其上奏：「八幡大神有旨，倘由道鏡來即天位，天下必然太平。」稱德天皇果然相信，在得逞後，命天皇的親信女官前來聽旨。最適合的親信女官法均（**本名和氣廣蟲**）年老體衰，因路途遙遠，禁不起勞頓，只好再由法均找個代表，於是選定了她的弟弟，年輕力壯的和氣清麻呂去跑一趟。

和氣清麻呂到了道鏡處，道鏡再三叮囑，要照主神官的指示回去彙報，臨行前，清麻呂到道鏡的師傅義淵法師那裡去辭行，這位老法師深知徒弟的陰謀，恐其亂了朝綱，對和氣清麻呂說道：「倘若道鏡真的即了天位，老僧無顏見人，只有學伯夷、叔齊（**商末孤竹君的兩個兒子，封建社會裡把他們當作抱節守志的典範**）恥食周粟，絕食而死了。」和氣清麻呂大受感動，叩拜而去。

回去後，和氣清麻呂並未按道鏡吩咐彙報，而是將實際情況告知法均，法均又將實情告知天皇，可是天皇並未採信，反而將法均姐弟判罪流放，實在是冤枉之極。不過據說他們在流放途中，被藤原永手一族秘密救了下來。

道鏡雖逃過一劫，但如果道鏡當天皇，就破壞了「萬世一系」的傳統秩序。根深蒂固的新舊貴族勢力紛紛聯合起來反對道鏡，比如右大臣吉備真備、出身藤原北家的左大臣藤原永手等，他們買通了主神官，讓他向稱德天皇謊報神諭是偽造的。這樣一來道鏡當天皇的企圖便失去了神諭的依據，天皇也不便犯眾怒。

這件事發生一年後，西元七七〇年八月，稱德天皇身患重疾，彌留之時，左右兩派大臣為立新皇爭論不休。右大臣吉備真備有意擁立天武天皇庶出之孫文室淨三；藤原永手一族欲立時年六十二歲的白壁王。最後，以在動盪政局中長袖善舞的藤原永手一夥獲勝告終，吉備真備也被迫告位。

未過幾日，一生未婚、無兒無女的稱德天皇依依不捨地捨下情郎道鏡，告別了人世。對此有人猜測，天皇之死是藤原一族陰謀所為。天皇一死，藤原永手迅速將道鏡和他的弟弟抓捕，並流放到下野國（今栃木縣）的藥師寺，據說幽禁兩年後，這位被後人稱為「妖僧」「淫僧」的昔日寵臣淒涼地追隨天皇而去，死後以庶人身分埋葬，墳墓至今可見。

天皇與道鏡的風流韻事並未隨當事人的消逝而煙消雲散，它給後代留下了紛紜的傳說。有人認為和尚與天皇通姦之說，是儒教風潮在日本興起後對身為女帝的稱德天皇的蔑視造成的，實際並沒有具體的史料支持，是別有用心的人製造的醜聞；又說帝王晚年生活腐敗和專制是封建時代許多帝王統治都帶有規律性的現象，是不足為奇的……道鏡也無企圖謀奪皇位的具體證據，儘管有「八幡神託事件」，但並沒有被採納作為其圖謀皇位的具體證據。我們無法採知這些實情，權且僅把它當作茶餘飯後的談資吧。

延伸閱讀

西元七五六年藤原仲麻呂在《養老律令》的基礎上，為減輕人民負擔，採取了一系列措施：為了減少班田農民逃亡，雜傜減半，規定中男的年齡由十七歲以上改為十八歲以上，正丁的年齡由二十一歲以上改為二十二歲以上；為了平衡米價，還設置了常平倉；另外，國司的任期也由四年改為六年。之後，為了進行民政巡察，還向全國各地派遣了「問民苦使」，並根據調查報告減輕了六十歲以上老丁的人頭稅。

同時推行唐風政策，改組官名（**太政官改為乾政官、太政大臣改為太師等等**）。淳仁天皇即位後藤原仲麻呂受賜「惠美押勝」之名，獲賜封三千戶、功田一百町，並下敕令宣布押勝可以私鑄錢、放高利貸及使用惠美家印。七五九年，因為新羅對日本的使節無禮，藤原仲麻呂下令準備征伐新羅，動員了軍船三百九十四艘、兵士四萬七百人，制定了遠征計畫。這次遠征因為後來孝謙天皇與藤原仲麻呂關係不和而沒成行。

老皇子白壁王

西元七七〇年十月，稱德天皇無嗣而終後，六十二歲的白壁王在藤原永手等人的擁護下即位了。眾位看官可能會心生疑問，這位年老的白壁王是誰，他憑什麼當天皇呢？這位白壁王是天智天皇之孫，也是上文開篇提到的那位命運大起大落的內親王——井上內親王（**聖武天皇與縣犬養廣刀自所生長女**）的丈夫。

白壁王能當上天皇，據說在很大程度上得益於他的妻子井上內親王，並不僅僅因為得到了藤原永手等三人的擁護而已。白壁王八歲喪父，二十九歲才初次為官，由於沒有有力的後臺，官運一直平平，直到七年後娶了井上內親王為妃後，官階才遞增迅速。最重要的是，白壁王在鎮壓藤原仲麻呂之亂中立了大功，從而贏得稱德天皇的信任。可這和皇位繼承者也搭不上關係，天皇的繼承者向來注重出身和血統，白壁王雖為天智天皇之孫，但現在卻是天武天皇系的皇子皇孫們統領天下，說到皇位繼承，那也應該是天武天皇的後代們。不過轉折也正在這裡，我們知道稱德天皇去世後，沒有後嗣，而多次政變中的政治清洗，更是使得天武天皇嫡系男性皇族斷絕，但是白壁王之妻井上內親王卻是天武天皇的嫡系孫女，她與白壁王所生的他戶親王是天武天皇嫡系血脈中唯一的男性，正是因為這個原因，白壁王以過渡繼承的形式被藤原永手等擁上了皇位。

白壁王即位後，是為光仁天皇，封井上內親王為皇后，他戶親王為皇太子。井上內親王是聖武天皇的長女，出生的時候父親還是皇太子，五歲時依據占卜結果被作為天皇的代表選送伊勢神宮奉仕。年幼的她就這樣遠離都城，告別了父母，一個人孤獨地在那裡度過了整整十七年的漫漫時光，日子雖然寂寞但卻遠離了政治鬥爭的漩渦。不過平靜的時光在七四四年的時候被打破了，她的弟弟安積親王突然死去，親弟弟的離世讓身在異鄉的井上內親王倍感人世無常。在她最孤苦無依的時候，白壁王娶了她，不知是出於同情還是出於愛。而後井上內親王似乎得到了上天的眷顧，命運有所好轉，七六二年的時候，不知何故她得到稻十萬束的賞賜。兩年後，她的妹妹不破內親王就因叛亂（**藤原仲麻呂之亂**）牽連被削免了皇籍，她並未受到波及。在七六八年，再得到稱德天皇的賞賜。雖比起其死於「腳氣病」的弟弟和削免皇籍顛沛流離的妹妹來說，井上內親王要幸運許多，但在當上皇后後仍然難逃捲入政治鬥爭的厄運。

說到這個時代的政治鬥爭自然少不了要提到藤原氏，縱觀數次政治事件，他們往往是這些事件的始作俑者。擁立白壁王的功臣藤原永手在新皇即位的第二年就死去了，剩下藤原式家的兩兄弟——藤原良繼和藤原百川，遂成為政壇上一手遮天的人物。在這兩兄弟中，又以藤原百川更為大膽，他在七七二年製造了一次政治事件，其矛頭直指後宮之主——皇后。

本來井上皇后的皇后之位應該說是穩如泰山的，因為其子他戶親王已經封為皇太子，即是下一任天皇。但他戶親王好像並不為權傾朝野的藤原氏一族所用，或者還有些對立，這讓藤原氏非常不滿，為了鞏固自己家族的權力，以絕政治後患，他們必須擁立一位為己所用的皇太子。為此，藤原百川不惜採取手段要換掉太子，這首先第一步就是斷其後盾，將他戶親王的母親從皇后之位上拉下來。井上皇后母子遭逢厄運，還有另一個原因，據說是因為知道藤原一族暗害異母妹妹的秘密所致。

藤原百川選中的替換太子人選就是後來成為桓武天皇的山部王。山部王的出身本不及他戶親王，他的生母是朝鮮半島百濟王族的後裔高野新笠。按當時日本人的觀念，本土氏族的身分要高於外來的歸化氏族，更何況他戶親王的母親還是皇后，出身於天皇家族，身分地位顯然都要比山部王的生母高出許多。這樣看來，山部王本是沒有繼承皇位機會的，在得到藤原百川的支持後山部王喜出望外，對藤原氏言聽計從。

關於山部王和井上皇后之間的恩怨，民間還有一段豔情的傳說。據說某一天，閒來無事的光仁天皇和井上皇后下棋取樂，籌碼是誰輸了就得為對方找一位情人侍奉。最後井上皇后以高超的棋藝勝出，光仁天皇雖心有不甘，但有言在先只好兌現籌碼，把自己與百濟國美女所生的兒子山部王賞賜給井上皇后。年紀輕輕的山部王厭倦於服侍老女人井上皇后，因而生出懷恨之心，又遭藤原百川挑唆，因而參與叛亂，意欲把井上皇后母子拉下位。當然，此等淫言穢語大多並不能當真，縱觀中外概莫如是，敗者大抵都要背負類似莫須有的劣跡。

不管如何，庶出的山部王按慣例本無機會問鼎皇位，不過背靠藤原百川這棵出生權謀世家的大樹，也並不是什麼困難的事情。七七二年，藤原百川策劃了這起政治陰謀，他指控皇后和太子欲置光仁天皇於死地，暗中用巫蠱之術對光仁天皇施以詛咒。在古代，巫蠱之術是皇宮內院裡極其避諱的事情，一旦有涉及者必死無疑，即使是被詛咒者真的不信，但也覺得下咒者其心可誅。光仁天皇聞此，立刻廢了井上皇后將她打入冷宮，他戶親王也被削去皇太子之位。第二年，在藤原百川的建議下，山部王就這樣順理成章地成為了皇太子。不久後，井上內親王和她的兒子他戶親王於同一天暴病身亡，死因非常可疑。由此天武天皇的皇統完全斷絕。讀至此，你不必蹊蹺於光仁天皇為何對自己相伴幾十年的老伴做出如此輕浮的判定，這大概也是為了保全自己的天皇之位吧，從某種程度上來說，藤原一族將他擁上了皇位，他也用「服從」來報答他們的功勞。

井上皇后和他戶親王死於非命後，據說都城接連發生各種奇怪的事件，人們議論紛紛，傳言是井上皇后母子的怨靈作祟。成為皇太子的山部王心有懼怕，在之後為井上內親王及他戶親王舉行了隆重的改葬儀式，並且恢復了井上內親王的皇后之名，稱吉野皇后。

雖然白壁王人到老年才位及皇位，在處理家庭事務上又有失情義，但老驥伏櫪，在位期間勵精圖治，致力於整治混亂的朝廷秩序，面對地方豪族勢力興起，天皇權威低落的現實，他試圖加強中央集權；否定稱德天皇時期的佛教政治，整頓寺院綱紀；針對財政空虛，國民貧困的現象，緊縮財政，嚴禁奢侈，省役節儉，裁減冗官，改革兵制等。

但七八一年二月，光仁天皇的長女能登內親王先行一步去世後，垂垂老矣的天皇痛失愛女，心身俱衰，同年四月以生病為由讓位於皇太子山部王，即之後的桓武天皇。由此，皇位在「壬申之亂」後一世紀，又從天武天皇一系重新回到了天智天皇一系。此後由桓武天皇的子孫君臨日本，直到現在。

平安時代之桓武天皇

西元七八一年四月三十日，四十五歲的山部王接受老父親光仁天皇的讓位就天皇位，年號延曆，即桓武天皇。歷史行進到這裡，即將結束奈良時代，進入下一個里程——平安時代，而這個時代啟程的導火線居然是日本歷史上鼎鼎有名的「怨靈事件」。

讓人費解的是，對藤原式家言聽計從的光仁天皇在讓位時，做了一個奇怪的決定，那就是立自己的另一個兒子早良親王為皇太子，桓武天皇當時已有自己的子嗣，將來完全可以「父傳子繼」，這個決定，殊不知埋下了日後兄弟二人為爭皇位而成仇的火種。雖然如此，桓武天皇迫於老父親的壓力，還是在即位第二天就立同母弟弟早良親王為皇太子。

說起早良親王的一生，實在是一個悲劇。在他十一歲時，父親可能出於保護他的原因，將他送到了奈良的東大寺出家。我們知道，那時候政治事件頻發，很多皇室子弟在政治清洗中喪命。按當時人的普遍觀念，一旦出家意味著遠離塵世、萬事皆休，不可能染指皇位，這樣一來就擺脫了爭權的嫌疑。

這位皇子年輕有為，在二十一歲時就成了平城京七大寺之一的東大寺住持。這樣恬淡而悠閒的日子過了十年，他以為一輩子也許就這樣日復一日地過去了，做夢也沒想到，他年歲已高沒有資格成為天皇的老父親後來竟然成了天皇，他的身分也由住持躍升為親王，得了個「親王禪師」的別稱。若非被父親指定為皇太子，他其實可以成為與世無爭的高僧，壽滿天年。不過，他的父親可能是老糊塗了，在成功將他推出政治鬥爭的漩渦後又將他推向風口浪尖，就在自己的另一個兒子桓武天皇登基的當年，他要求早良親王還俗，並將他立為桓武天皇的皇位繼承人。

這樣一來，勢必拉開了皇位爭奪的暗戰。

而在此時，將光仁天皇推上皇位的功臣藤原百川和藤原良繼相繼去世，在朝廷嶄露頭角、急速走紅的是藤原百川的侄子藤原種繼，也是藤原式家的後人。和桓武天皇一樣，他的母親也是外來移民（**其母一族自稱是秦始皇後裔，日本著名的渡來人一族**），或許是由於身世背景類似，藤原種繼受到桓武天皇的恩寵，剛上任不久就榮升為中納言。

早良親王身邊的支持勢力除了佛寺勢力外，還有重臣大伴家持。此人除了是個政治家外，更是一位有名的詩人，是反藤原派的中心人物。事實上，大伴家持代表的是舊氏族勢力，他們在朝堂上和桓武天皇、藤原種繼所代表的渡來人勢力針鋒相對。從大化革新時代開始，左大臣和右大臣，舊氏族和渡來人之間的爭鬥就是日本政壇上司空見慣的事情。

為了削弱舊氏族和僧侶等舊有勢力的影響，西元七八四年，桓武天皇即位的第三年，他聽從藤原種繼的建議，決定離開貴族和大寺院等守舊勢力盤根錯節的平城京，將都城遷往山城國的長岡（今京都市），在那裡籌建新都，重新構建自己的政治力量。

翌年六月，桓武天皇命藤原種繼負責建造長岡京，藉此機會，命大伴家持到東北地方當鎮守府將軍。名義上是鎮守府將軍，而事實上卻是一次不歸的流放之途。眾所周知，當時東北地區是蝦夷之地，而所謂「蝦夷」，指的是不服從中央朝廷管理，獨立自主的諸多部落。桓武天皇派遣時年六十七歲高齡的大伴家持到這種蠻荒之地任持政務，無疑就是死路一條。「天隨皇願」，大伴家持終因操勞過度，八月末就病死在蝦夷之地。

諷刺的是，僅在大伴家持死後的一個月，九月二十三日夜晚，藤原種繼在視察長岡京工事現場時，從隱秘處飛來兩枝利箭，穿過茫茫黑夜射穿他的胸部，他從馬背上跌落下來失去了知覺。第二天，四十九歲的藤原種繼因傷勢過重，步了死對頭的後塵，到陰間繼續他倆未完的爭鬥去了。

藤原種繼遇刺身亡後，桓武天皇痛失寵臣，勃然大怒，立刻下令徹查此案。一經審查，沒費什麼工夫，嫌疑人很快就鎖定為大伴氏等人，在天皇的督促下凶手馬上就抓到了，經過拷問他們一致供認已死的大伴家持是該案的主謀。大伴家持因此在死後被除去官籍，其子遭受連坐流放的懲罰，已招供的人也被當作首惡處斬，其餘涉及人員（**多是早良親王身邊的支持者**）數十人皆被流放。

早良親王也難逃其咎，在處理完他身邊的臣子後，此次事件的苗頭終於對準了他，桓武天皇下令廢去他的皇太子之位，將他囚禁在乙訓寺。據說早良親王聲稱自己很冤枉，為了證明自己的無辜，絕食抗議了數十天，但親哥哥桓武天皇不予理睬，依然堅持將他流放到淡路國。

悲恨交加的早良親王不得不走上顛沛的流放之路，在河內國高瀨橋附近，終因過度衰弱和抑鬱成疾而死在流放的途中。桓武天皇接到弟弟的死訊後，不為所動，依然不肯收回詔令，早良親王的屍體就那樣以罪人的身分被運到淡路島草草埋葬了。於此，大部分後世學者認為這是一起冤案，是桓武天皇假借藤原種繼暗殺事件，在朝廷內進行的一場排除反對黨的整肅活動。

僅在早良親王悲怨而死一個多月後，桓武天皇就立自己的兒子安殿親王為皇太子。歷經三年的暗鬥以早良親王的死而悲劇告終，桓武天皇終於掃清障礙鞏固了自身政權。此後，桓武天皇開始專心營造新都、征服蝦夷、重整律令等國家大事，不過，更多的是被「怨靈事件」折磨得煩不甚煩，日子並未因障礙的消除而安寧。

奇怪的是，自從早良親王死後，桓武朝就開始諸事不順，進入多事之秋。

早良親王死後第二年正月，國內發生地震；第三年冬，長達五個月的時間裡，畿內滴雨未落；由於前一年滴雨未下，引發了次年春天大旱災，桓武天皇心急如焚，四處遣人求神祈雨，終於降下雨來。一波剛平一波又起，五月，桓武天皇的妃子藤原旅子（**藤原百川之女**）去世，年僅三十歲，同年十月，颱風大作、大雨傾盆，民宅損毀嚴重。

在其弟去世四年後，桓武天皇的霉運依然沒有好轉，他的生母高野新笠一病不起，雖然請來眾多僧人祈福，病情未能好轉，在當月皇太后就過世了。僅僅不到半年，他的皇后藤原乙牟漏（**藤原良繼之女**）一病而亡，享年三十一歲。

而這一年的九月，皇太子安殿親王也得了重病。身邊親人相繼離世，令桓武天皇異常恐慌，急忙命令京都七寺的僧侶念經祈福，安殿親王的病仍然不見起色。而近畿一帶又疫病流行，水旱交替頻發，到了冬季又爆發痘瘡流行病。到了第二年，發生日食，天災疫病不見收斂，伊勢神宮又被盜賊侵入，遭遇大火。

在親人相繼離世、天災疫情頻發後，桓武天皇終於承受不住接踵而至的打擊，慌了手腳，下令占卜多災緣由，用那個時代的思維思考（**在古代這些都算作天皇無德的證據**），占卜的結果也許是顯而易見的，對他不安的心來說更是一個沉重打擊。據說占卜的結果是：這一切均是早良親王的怨靈作祟。

桓武天皇本就惴惴不安的心，此時更為害怕，加上他的皇位又是通過逼死前皇后井上內親王和廢太子他戶親王得來的，種種不幸之事疊加在一起，讓他堅信這一切不順是三大怨靈共同作用的結果。為了求得心理上的安慰，桓武天皇派人去淡路島整修早良親王的墳，在墳墓四周挖掘了護墳壕，更嚴禁在附近殺生，希望藉此平息早良親王的怨靈。同時決定再次遷都避禍，這次遷往的是平安京（今天的日本京都），取此名大概是希望此地能帶來平靜和安寧吧。新都彙集了當時宗教家、咒術者、陰陽師的意見，設計成封殺所有怨靈的咒術空間。

頗費了一番周折後，桓武天皇等不及新都竣工，在西元七九四年便匆忙遷往新都，奈良時代由此結束，平安時代也就此拉開序幕（**至西元一一九二年鎌倉幕府建立前的四百年期間，史稱平安時代**）。平安時代以後，平安京仍是日本的都城，直至明治維新時都城才遷往江戶（今日本東京）。如此看來，拜「怨靈事件」所賜，頻頻遷都的日本古代，也總算有了相對固定的都城。

於此，桓武天皇仍然不放心，兩年後，又在都城相對應的位置：鞍馬山建立鞍馬寺，將鴨川的上賀茂與下鴨二神社，封為王城鎮守寺院與神社，在號稱為鬼門的東北方，配置了陰陽師。

可是，早良親王等人的冤靈彷彿還不肯就此甘休。

西元七九六年，也就是延曆十五年的時候，因天降大雨洪水氾濫導致大和山山體滑坡，此後又年年五穀不登，饑民遍野。到了延曆十九年三月，富士山火山噴發。桓武天皇備受心理折磨，同年七月，他下詔追封早良親王為崇道天皇，移葬大和國並建立神社祭祀；追認廢皇后井上內親王為皇后，墓稱山陵。

早良親王的怨靈從此成為桓武天皇的一塊心病而伴隨他終生，直到他死後，他的後繼者們對此事仍心有餘悸。寫至此我不禁會想，如果光仁老天皇沒有將早良親王立為皇太子，天災人禍是否就會少些呢？很顯然天災是不可阻擋的，人禍倒是可以避免，大自然從不以人類的意願而改變，即使是巫術。

雖然如此，桓武天皇在位期間仍然積極維護法制，治理地方政治。西元七八六年制定國郡司考績條例十六條，用以考核地方官吏政績，打擊貪官污吏，在此期間打破用人禁區，任用有才能者為郡司，大力裁減編外國司、郡司。

實施已久的班田收授制度已漸漸不能適應社會發展的需求，天災頻發，老百姓收成驟減，交不起賦稅；另一方面由於人口增加，班田減少，大部分人分不到田地，更由於《三世一身法》和《墾田永年私財法》的實施，使得土地大量聚集在豪族和寺廟手中，公地變私地，在實施上存在著一系列問題。為了減輕百姓負擔，桓武天皇遂將班授時間從六年一班改為十二年一班；實行貸稻制（相當於貸款買房，屬於提前消費，不同的是，我們今天貸的是款而不是稻），將利率從百分之五十降至百分之三十；改革良賤制度，西元七八九年承認良賤之間通婚為合法，所生子女為「良民」。良賤制度修改是從法律上取消奴隸制度的一個重要步驟，在此基礎上，到醍醐天皇統治時期終於明文規定廢除奴隸制。

在軍制方面，大化革新以後實行的徵兵制隨著中央集權制的衰落也日趨鬆弛，公地公民制在瓦解，公民兵制已行不通。延曆十一年（西元七九二年）桓武天皇乃廢除邊境以外各地的徵兵制，而代之以從郡司子弟和富裕者中招募的「健兒制」。

文化方面，桓武天皇提議編纂《續日本紀》。此外，派往大唐的僧人最澄（日本天台宗之祖，天台宗是創立於中國的佛教宗派）和空海（日本真言宗之祖）由大唐回到日本。桓武天皇庇護二人，支持天台宗、真言宗等新興佛教取代當時舊有的奈良佛教（南都六宗），以此削弱舊有勢力對政權的干擾和影響。

另外，自西元七八九年起，桓武天皇三次用兵東北蝦夷地區，收效甚微，最後一次任命坂上田村麻呂為征夷大將軍。延曆二十一年（西元八〇二年）田村麻呂率軍四萬出征，確保了北上川中游膽澤之地的穩固，在此築膽澤城設鎮守府；隔年又在膽澤城以北築志波城，從而鞏固了這個地區的封建統治。

總之，桓武天皇時期，雖遭受「怨靈事件」困擾，但並未使發展停頓，通過桓武天皇的改革，封建國家的經濟軍事實力有所增強。

延伸閱讀

班田制動搖：因土地不足，不能如數班田。養老七年（西元七二三年）將受田年齡提高到十二歲。延曆十一年（西元七九二年），六年一班改為十二年一班。班田農民分得的土地不僅數量不足，而且大多是貧瘠土地。

其次，手續繁雜而不能按期班田。班田受太政官管理，造授口帳和校田帳是一項大工程，完成後經太政宮核定批准實施。當時行政能力低下，完成這一程序需要數年時間，所以班田不能按期進行，對新增的受田人口也不能班給口分田。

另外，沉重的徭役負擔和公私高利貸的盤剝，使班田農民貧困不堪。每當青黃不接時，農民被迫接受國家貸稻（**公出舉**）和私人貸稻（**私出舉**），這種剝削不僅不能使農民維持再生產，反而更加貧困。山上憶良在《貧窮問答歌》中寫道：「爐灶斷青煙，釜蛛絲斑。奈何無米炊，相對泣無言。」這就是當時班田農民的生活寫照。因此，人們謊報戶籍，常把男子報為女子，正丁報為次丁，以此逃避徭役和兵役。當不堪忍受時，便逃亡他鄉。班田農民逃亡，大量土地撂荒。政府採取獎勵開墾土地制，逃亡的人們本渴望開墾荒地成為自耕農，但多數無力開墾，少數開墾幾畝地也被當地寺社、富豪兼併掉了，大部分人因此不得不進入貴族和寺社的領地，這些領地後來變成莊園，逃到這裡的奴隸和農民成了莊民。

藥子之變

桓武天皇死後，多病的安殿親王即位，史稱平城天皇。這位體弱多病的天皇在位僅三年就因久病不癒而讓位給同母弟弟神野親王了，也就是嵯峨天皇，自己則隱居在平城京做了上皇。立神野親王為皇太子是桓武天皇生前的意思，他擔心兒子安殿親王身體虛弱，其子嗣又小，恐皇位繼承不在嫡系，故做了這樣一個決定。嵯峨天皇剛即位，就冊立平城天皇的兒子高岳親王為皇太子。按說，如此看來皇位交接進行得非常溫和，也非常順利。想不到在這之後卻因為一個女人，兄弟倆竟生出一些變故來。

據說平城天皇還是皇太子時，就和自己的岳母藤原藥子（**藤原種繼之女**）關係曖昧，這讓桓武天皇大為惱火，下令放逐藤原藥子。不過等到平城天皇一即位，就把老父親的命令拋在一旁，又將藤原藥子召回朝中並委以重任，掌握宮廷內部大權。

平城天皇退位後，藤原藥子的權力可能受到限制，於是心有不甘，夥同自己的哥哥藤原仲成攛掇平城上皇廢黜嵯峨天皇，恢復統治。在藥子兄妹倆的介入下，平城天皇再次違背其父遺志，下詔將都城從平安京遷往「怨靈橫行」的平城京，以圖掌握政權。於此近代一些學者認為，發生此次變故的原因不在藥子，而在於嵯峨天皇登基後實施的一系列新政，這些新政遭到了許多人的不滿，更奇怪的是久病不癒的平城上皇在此時也奇蹟般地好了，因此對嵯峨天皇新政不滿的人就開始聚集在他的身邊，形成了一個對抗勢力。

不管事實如何，但這次變故是真實存在的，由此雙方之間的一場較量無可避免。

西元八一〇年九月六日平城上皇下詔遷都平城京，此舉是加深兩股勢力對立的關鍵。一向病快快的平城上皇詔令一出，令嵯峨天皇大感意外，他一邊假意表示順從遷都，並任命自己的親信坂上田村麻呂、藤原冬嗣（**藤原北家**）、紀田上等人為造宮使，除了用此麻痺對方，更是用此等人的勢力牽制對方。遷都詔令一下，畿內人心浮動。嵯峨天皇抓住動亂時機，先發制人，於九月十日派使節固守各要道關卡，並派兵逮捕藤原仲成，罷免職務將其監禁於右兵衛府，與此同時剝奪了藥子的官位。

得知嵯峨天皇的舉動，平城上皇怒不可遏，不聽群臣勸諫，決定親赴東國舉兵，於是平城上皇與藤原藥子一起乘輿前往東國。嵯峨天皇得知消息後命令坂上田村麻呂（**征夷大將軍，後被日本傳統文化尊為戰神**）阻止平城上皇往東行進。就在這一天夜裡，藤原仲成被射殺。

當平城上皇和藤原藥子一行風塵僕僕地到達大和國添上郡田村時，方得知前往東國的去路已被兵士把守，明白已無勝算，又雙雙返回平城京。九月十二日，無功而返的平城上皇回到平城京，剃髮出家，三個月後藤原藥子飲毒自殺。隨後他的兒子高岳親王的皇太子之位被廢，史稱「藥子之變」。嵯峨天皇並沒立自己的子嗣為皇太子，而是立大伴親王（**之後的淳和天皇，即平城天皇、嵯峨天皇的異母弟**）皇太子，大概是怕授人以話柄吧。

對於「藥子之變」的主謀是藥子的說法，近年的歷史研究又有了新的觀點，認為這是嵯峨天皇的一個陰謀。嵯峨天皇擔心僅比他大十二歲的平城上皇會對他的皇位構成威脅，為了徹底鞏固自己的皇位而導演了這一歷史事件。而限制藥子權限僅僅是一個誘因、一個圈套，除此之外，還有人認為藥子只是其兄藤原仲成的利用工具。

這些因素都是促使「藥子之變」發生的原因，正是這些錯綜複雜的因素，才讓權力鬥爭從來不會以單一的形式存在。身在權力的漩渦裡，誰都想佔據主導地位，哪有不想力爭上游的人。

但有一點是可以肯定的，為了維持以天皇為中心的中央集權制，面對人浮於事的政府機構，財政困難的情況下，平城上皇和嵯峨天皇均效法父親桓武天皇的政策。相繼減政裁員，勵精圖治，如平城天皇在位時就廢除了冗官，停止了朝廷每年定例的活動，改善了中、下級官僚的待遇等政治、經濟等方面的政策變動，使民力休養生息；嵯峨天皇試圖重建律令制（**中央集權基礎**），對原有的律令進行了修改。修改後的法令稱為「格」，實施細則則稱為「式」。

此外，嵯峨天皇對政府機構進行了大規模整頓，設置了原來「令」裡沒有規定的官職：「藏人」和「檢非違使」。藏人侍於天皇左右，掌管機密文件，傳達天皇詔令；檢非違使執掌京都軍事、警察、審判事宜。這兩個原屬臨時性的官職後來改為常設，置藏人所和檢非違使廳，權限越來越大（**埋下了外戚傾權的禍根**）。在實施這一舉措的同時，嵯峨天皇替換了平城天皇時代的要員，我想這才是導致二人對立，以致平城上皇另立朝廷相對抗的關鍵。

不論如何，「藥子之變」後，嵯峨天皇在位時維持了政治上的穩定，積極效仿唐風，根據遣唐使菅原清公的建議，下詔改革禮儀，命「男女衣服皆依唐制」，連曆法、節令也積極仿效中國。在穩定的基礎上迎來了宮廷文化的一段繁盛時期，史稱「弘仁文化」。

平城上皇出家後，非但沒有遭到勝利者嵯峨天皇的繼續迫害，反而作為「太上天皇」（**當時還**

沒有法皇的稱號）滯留在平城京，接受嵯峨天皇的朝拜。其子嗣（包括已廢太子高岳親王）仍擁有四品親王的身分，待遇維持原樣，龐大的皇室成員產生的龐大花費讓本來就捉襟見肘的財政陷入困境。從西元八一七年連續七年蒙受旱災，又由於班田制已瀕臨崩潰，財政收入遞減，為保證財源，在旱災快要結束的時候，嵯峨天皇便不得不修正《墾田永年私財法》，放鬆了大土地的國有限制，促進荒田開發，並設置公營田、勅旨田。

令人遺憾的是，雖然從桓武天皇開始到嵯峨天皇後諸代天皇也進行了一系列政治改革，但班田制的崩潰仍然不可避免。到此班田制已難以推行，徵課庸調已無意義。桓武改革之後，京畿地方連續十七年間沒有舉行過班田，而從西元八二八年班田到下一次班田（西元八八一年）更整整經歷了五十三年的歲月。於是在此之後，一種新的租賦徵課方式——「田堵制」便出現了。

如此一來，無可避免的財政困難使得嵯峨天皇想退位之時，被藤原冬嗣（藤原北家）提出了反對諫議。因為如果嵯峨天皇退位後和平城上皇享受同等待遇的話，高額的費用支出將使將使得本就困難的財政雪上加霜。

當時的皇子內親王人數眾多，因此裁減皇族人數成了必要，大部分皇族在賜姓後，降為臣籍。源氏便源頭於此，嵯峨天皇的兒子被賜源姓，據說《源氏物語》裡的主人公原型即是嵯峨天皇的兒子之一。

在「藥子之變」十三年後，嵯峨天皇終於「厭倦」皇位，不顧寵臣藤原冬嗣的反對，讓位於弟弟大伴親王（之後的淳和天皇）。不過退位後的嵯峨上皇並沒閒著，大興土木營造冷然院和嵯峨院，給財政造成了更大負擔。不僅如此，還在兒子正良親王（仁明天皇）即位後經常以「皇室之長」的身分干預朝政，甚至不顧眾人反對，立外孫兼侄兒的恒貞親王（淳和上皇和嵯峨上皇之女的兒子）為皇太子，掌握了朝廷內的絕大權力，埋下了日後變亂的火種，步入類似他戶親王、早良親王奪位的陰霾。

延伸閱讀

田堵制就是讓較殷實的農戶每年承包一定面積耕地的經營，擔負納租責任。承包的單位稱「田堵」（**亦作田刀、田頭**），實行耕作的承包人稱為「負名」。承包者每年春天要向國家申請，並訂立契約。田堵制的採用，一方面表明在班田停止後國家力圖通過這種方式來阻止土地歸農民所有，繼續維持土地國有制；另一方面又表明國家在某種程度上承認了八世紀中期以來班田農民鬥爭的成果，即承認了農民對實際耕作的土地的佔有。「田堵」一詞似乎就是來源於土地佔有者在其所佔土地的周圍築堵（**牆**）的習慣。由於規定契約一年一換，這種土地佔有方式並不穩定。隨著田堵制的推行，政府徵課租賦已不再按照公民戶籍上的人頭，而是按照登記在土地冊上的田堵實際耕種的土地面積徵收。

承和之變

藥子之變後，大伴親王取代了被廢的高岳親王成為皇太子，並在嵯峨天皇退位後即位成為淳和天皇。但據說這一切並不是他本人的意願，甚至早在父親桓武天皇去世時，大伴親王還進諫要求降為臣籍，但被當時還是皇太子的平城天皇慰留，繼續保留皇籍。這樣看似充滿親情的舉動，在歷史描述骨肉相殘的皇室爭鬥中非常罕見。不管如何，大伴親王最終還是做了天皇，在位期間任用良吏，整頓地方政治，並改革土地政策，致力於增加稅收，還命人開始編纂《令義解》和《日本後記》，是表面上比較平穩的時代。

雖然做了天皇，但大伴親王心裡仍然不踏實，他的恐懼來源於他沒有有力的豪族作為政治後盾，擔心自己及兒子恒世親王（**和異母妹妹所生之子**）會像他戶親王、早良親王一樣，捲入皇位繼承之爭而死於外戚謀劃的陰謀中。因此即位後，他並沒有立長子恒世親王為皇太子，反而冊立了哥哥嵯峨天皇的嫡子正良親王為皇太子，即是之後的仁明天皇，這期間恒世親王英年早逝。但讓淳和天皇沒想到的是，侄兒仁明天皇即位後，嵯峨上皇越俎代庖又立他的另一個兒子恒貞親王為皇太子（**淳和天皇和侄女所生之子**）。這讓做了上皇的他倍感不安，在臨終前託孤於親信藤原吉野（**藤原式家**），但在他去世後，他的不安在承和之變中變成了現實。

而將淳和天皇的擔憂變成現實的人，就是以外戚身分開攝政先河，此後成為日本歷史上第一位正式太政大臣的藤原良房。他不僅一手導演了承和之變，之後還策劃了火燒應天門等事件。

藤原良房何許人也？他就是鼎鼎有名的藤原北家藤原冬嗣的小兒子。在奈良時代末期、平安時代初期，原本繁盛的藤原南家和藤原式家，在數次政治鬥爭中敗下陣來，從而被漸次排斥在了中央政治圈外，而藤原北家卻利用兩敗俱傷之機發展壯大起來。進入平安時代後，由於藤原冬嗣受到嵯峨天皇的重用，從藏人頭一直升到左大臣（相當於朝廷首席執政官）的高位。藤原冬嗣為了進一步鞏固政權將其女藤原順子嫁給正良親王（即後來的仁明天皇）為妃作為回報。嵯峨天皇也將自己的女兒源潔姬嫁給藤原冬嗣的小兒子藤原良房，這樣的恩寵，使得藤原北家的勢力在平安時代初期重新崛起。藉著和天皇家聯姻的手段，取得外戚身分，鞏固權勢向來是藤原家掌權的重要原因。

另一方面，作為奈良時代最大的權門貴族，藤原家族自大化革新以來，一直受到天皇政府的優厚賞賜，以接受「職分田」、「位田」、「職封」、「位封」和臨時賞賜的名義獲得大量土地、勞力和財富。這是藤原家政治發家的經濟基礎，加之擅於玩弄權術打擊他氏，奠定了藤原北家之後成為平安時代政治舞臺的主角基礎。

基於這樣的背景，和藤原北家沒有嫡系親緣關係的皇太子恒貞親王的地位就變得岌岌可危。為了達到掌握更大權力的目的，藤原良房一心想讓自己的妹妹順子所生的道康親王成為皇太子。恒貞親王對藤原良房的野心早有所察覺，不願捲入政治權力鬥爭的漩渦，於是多次向仁明天皇表明辭去太子之位的心意，但卻被仁明天皇和嵯峨上皇力勸而未能如願（大概嵯峨上皇也察覺了皇權落於外戚之手的危機，畢竟恒貞親王才是嫡系皇室最親近的血脈，而非大臣之女所生之子）。

恒貞皇太子的危機，終於在已逝父親的擔憂裡變成了現實，這一天還是來了。在仁明天皇統治的第九個年頭，即西元八四二年七月，勢力單薄的恒貞親王眼見就要徹底失去僅有的靠山：嵯峨上皇長眠病榻數月，即將咽氣；而他的父親淳和上皇已於去年五月間過世。

感到大事不妙的皇太子恒貞親王被迫為自己的前程打算，他派親信伴健岑拜訪平城天皇的長子阿保親王，並透露出「嵯峨上皇病情日深，眼見國家變亂將起，將奉太子之命事先往東國早作打算」的意圖。殊不知伺機而動的藤原良房早有所準備，派人暗中監視了皇太子恒貞親王及其親信的一舉一動。阿保親王也許參與了當時父親往東國招兵擊敗嵯峨天皇派勢力的謀劃，現已年近五旬，不復當年雄心壯志。迫於壓力和尋求自保的他出賣了恒貞親王，隨即將談話內容封書進呈嵯峨上皇的皇后橘嘉智子。橘嘉智子為保護自家勢力立即招見了藤原良房，並將阿保親王的密呈傳奏給仁明天皇。

等到同年七月十五日，長病不起的嵯峨上皇一駕崩，第三天，恒貞親王的親信伴健岑及橘逸勢就被近衛府拘禁了，經過審判兩人分別被流放到隱岐和伊豆。陷入困境的恒貞親王為表無心繼承皇位的決心，再上辭表，要求辭去太子之位，降為臣籍，又被仁明天皇慰留下來。箇中原因，想必是仁明天皇也曾想立嫡系皇室的人為太子，藤原良房也會藉此良機，以此為藉口剷除立道康親王為皇太子的障礙。

於是，到了二十三日的時候，恒貞親王終於以「謀反」的罪名被廢，支持勢力大納言藤原愛發、中納言藤原吉野、參議文室秋津以下六十餘人被連坐流放。藤原愛發算起來還是藤原良房的叔父，而藤原吉野出自式家，他們都是恒貞親王派的實力人物，經過此次事件被藤原良房一舉剷除了。由於這一事件發生在仁明天皇統治的承和年間，史稱承和之變。

通過這一陰謀掃除障礙後，僅在同年八月四日，藤原良房憑藉雄厚的勢力終於得償所願，成功將自己的外甥道康親王正式立為太子，更給自己鋪平了邁向權力中心的道路，同年八月藤原良房取代了藤原愛發的職位成為大納言，為自己進入權力中樞奠定了堅實的基礎。

在承和之變六年後，西元八四八年，藤原良房升任右大臣。兩年之後，仁明天皇退位，道康親王即位為文德天皇。權力欲望無限膨脹的藤原良房並不滿足於此，西元八五〇年他脅迫文德天皇立自己女兒明子所生的惟仁親王為太子，這孩子當時僅九個月大。西元八五七年二月，藤原良房受封為太政大臣。翌年八月，文德天皇突然駕崩，年僅九歲的惟仁親王即位，稱為清和天皇，身為天皇外祖父的藤原良房得以總攬政務，成為實際上的攝政。

此後，藤原良房不斷剷除朝中異己勢力，在承和之變後又謀劃了火燒應天門等事件，排除了大伴氏、紀氏等自古以來堪與藤原氏比肩的中央豪族，進一步鞏固了藤原氏的獨專地位。西元八六六年藤原良房正式「攝行天下之政」，開非皇族而攝政的先例。

延伸閱讀

大伴氏和紀氏都是日本自古以來的豪族，當藤原氏的先祖中臣氏還只是在宮中擔任祭祀占卜的小官時，大伴氏、紀氏就已經是天皇身邊不可或缺的重臣了。對於藤原氏的崛起和壯大，這些沒落的豪族自然是心有不甘。故此，在歷朝政治勢力爭鋒相對的例子裡都少不了他們的影子。承和之變後，伴氏（**淳和天皇後，大伴氏為避大伴親王名諱改為伴氏**）對藤原良房打壓其他豪族的做法十分不滿，與紀氏等同病相憐的豪族逐漸形成了一個反對藤原良房的小集團。藤原良房藉這次處理火燒應天門事件的機會，徹底地將這兩個舊貴族勢力排除出中央政權的核心，鞏固了藤原氏的統治地位。

攝關政治

西元八五八年，年僅九歲的惟仁親王尚在懵懂年紀就被外祖父藤原良房推上了皇位，也就是後來的清和天皇。隨後藤原良房以天皇年幼不懂朝政為由，以天皇外祖父的身分總攬朝政，自任攝政。皇位傳至此，中央集權的天皇政治（律令政治）已經變得危機四伏，加之公地公民制遭到破壞，班田制實施困難，莊園興起，天皇的統治已經變得風雨飄搖。在之後漫長的歲月裡，這個從大和國以來一直由皇室壟斷的職位就這樣落入外戚的手中。

當上攝政大臣的藤原良房又自作主張，把他十八歲的侄女高子嫁給九歲的外孫清和天皇做皇后。不過，藤原良房攝政、清和天皇在位時的「貞觀時代」還算清明，史稱「貞觀之治」。藤原良房去世後，其養子藤原基經比他的父親更加囂張，不僅左右朝中大事，更是干預天皇的在位。西元八七七年，他脅迫清和天皇退位，立九歲的太子繼位，是為陽成天皇，自己以舅父的身分繼續攝政。在政治上無所作為的清和上皇，為解憂愁只好避入空門，一心研究佛理。三年後，才三十歲出頭就離開了人世。

八年後，藤原基經又以身體有病為由把剛剛懂事的陽成天皇趕下臺。被趕下臺的陽成天皇在歷史記載中以「暴君」形象留世，有不事朝政，走馬鬥雞，荒唐暴虐之說。之後藤原基經擁立自己的表兄、五十五歲的時康親王為光孝天皇（仁明天皇之子）。暮年登基的光孝天皇曾任過地方官員，有一定的政治閱歷，卻不僅不為恢復天皇權力做一番努力，還對藤原基經感激不盡，下詔讓藤原基經「攝行萬政」作為報答。除此之外，他還把自己的二十九名子女全部賜姓源氏，降為臣藉，未立太子，以示在立嗣問題上也完全聽從藤原基經的安排。如果你對此感到不解，那麼當你了解繼位前光孝天皇的處境後，你就不會對他的做法感到驚訝了。光孝天皇在即位前只是普通地方官員，生活異常拮据，經常向親友借貸以致債臺高築，無法清還，債主們整日上門討債，讓他好沒面子。他當了天皇後，動用公款，用國庫的錢才把債還清。這樣一個無權無勢又年歲漸老的人，被突然擁為天皇，對擁立者當然是充滿感激之情的。西元八八七年，光孝天皇駕崩，臨終前他囑咐兒子要銘記藤原基經的恩情。按其遺囑，他二十歲的皇子源定省繼位，即宇多天皇。

宇多天皇即位後既感激藤原基經的擁護恩情，也攝於藤原基經的威勢，即位不久即下詔：「其萬機巨細，已統百官，皆先關白太政大臣，然後奏下。」這就是「關白」一職的出處，於是「關白」成了天皇之下，百官之上的最高官位。藤原基經從當年天皇年幼的「攝政」，變為天皇年長後的「關白」。直至十一世紀末的兩百多年時間裡，藤原家族獨攬「攝政」和「關白」之職，史家稱其為「攝關政治時代」。這種攝關政治在形式上為輔佐天皇而存在，但實際上卻奪走了天皇的權力，在政治上佔據著絕對的優勢，不但擅權當政，甚至決定天皇的廢立，所以「攝關」凌駕於天皇之上，在當時的日本形成一種特有的政治體制。

藤原基經死後，厭倦了受制於人的宇多天皇也曾試圖抵制藤原氏的勢力，恢復天皇的權威，他任用有識學者儒士菅原道真為右大臣。準備付諸實際行動的時候，遭到藤原氏的強烈反對，為此他們不惜編造謠言陷害菅原道真。宇多天皇不以為信，並採納了菅原道真的建議停止派遣遣唐使團。此時藤原基經的兒子藤原時平權勢日增，加之權貴們對菅原道真的改革多方抵制，宇多天皇無力從中周旋。於是西元八九七年，他把十三歲的兒子敦仁皇太子交給左大臣藤原時平和右大臣菅原道真，讓他們加以馴導，自己則在仁和寺剃度出家。

敦仁皇太子不久後即位，稱為醍醐天皇。藤原時平和菅原道真間的矛盾日益加深，西元九〇一年，藤原時平誣衊菅原道真想要密謀廢立，因而策動醍醐天皇將菅原道真貶黜，趕出朝廷。出身平民的菅原道真沒了宇多天皇的庇護，被貶到九州，三年後抑鬱而死。朝廷大權再次落入藤原氏手裡。據說宇多上皇聞知後，也曾來到宮中想為菅原道真求情，但皇宮被藤原家的親信派兵把守，宇多上皇在宮門外等了一夜，連自己的兒子醍醐天皇也見不到，只好黯然離去，從此再也不過問世事。

醍醐天皇時代是日本從唐風文化向和風文化轉型的時代，宮廷貴族文化開始形成，所以後世文人學者將這個時期視為理想的聖代。

在菅原道真死後六年，不幸的事接二連三降臨在藤原時平家。西元九〇九年，年僅三十九歲的藤原時平死於盛年；西元九二三年，藤原時平的妹妹所生的皇太子夭折。習慣了把世間災異看作怨靈作祟的人們把這些事件理所當然地歸結於菅原道真的冤魂作祟，醍醐天皇為求安寧連忙為菅原道真恢復名譽。可是西元九二五年，藤原時平年僅五歲的外孫剛剛被立為皇太子就死去了。這一來，醍醐天皇疑神疑鬼，變得精神緊張。九三〇年夏天，幾個朝廷大臣在雷雨中被雷擊死。醍醐天皇受驚嚇得病，只好讓位給新太子。

這位新太子就是村上天皇。和之前的情況不同的是，這位太子即位時已經是二十歲的青年，有自己的想法，他一心想要恢復天皇的往日權威。這時候，藤原北家當家的是藤原忠平，此人沒有其先輩們的野心，直到晚年才開始控制朝政。不過村上天皇的皇后卻不是一盞省油的燈，她的骨子裡流著藤原家的血，她仗著娘家的權勢（父親是右大臣）干預朝政，排除異己。天皇的妃子、皇子連連死亡，之後，她立自己兩個月大的兒子為太子。到她的父親死後，村上天皇起用異母弟源高明為右大臣，皇室勢力才有所加強。

西元九四九年，藤原忠平去世，村上天皇藉機廢除了「關白」一職，動搖了藤原家族的專權。但是，藤原家族的勢力早已打下堅實的根基，而特權莊園的迅速擴張則夯實了其經濟基礎。作為最大的莊園領主，藤原家族已經擁有了此時天皇政權根本無法撼動的地位。

到了藤原道長當攝政的時期，藤原家族的勢力達到了頂峰，先後有四位天皇與他的女兒結婚，三個外孫繼位天皇。此時日本的政權基本全部集中在藤原家族手裡，攝關家族權傾朝野，天皇朝廷流於形式。

這一切，還得回溯到飛鳥時代持統天皇統治之時。持統天皇廢除了丈夫天武天皇任人唯親、排除外戚的家族式政治制度，復立左右大臣，這樣一來，又重蹈歷史覆轍，造成了現今外戚權傾朝野的局面。往更深一層說，是因為日本古代沒有類似「科舉制」的人才選拔制度，依靠官位世襲制維繫政治體系，造成權力集中在一些豪族手裡。沒有「科舉制」也就沒有培養出為己所用的官僚士大夫階層，因此，日本律令制度的基礎依舊是仰仗擁有強大勢力的豪族勢力，整個體制實際上還是天皇與豪族的聯合執政，才造成豪族傾權屢屢得逞的後果。

藤原道長在三十餘年的時間裡享盡了榮華富貴，他的府邸比皇宮還要富麗堂皇。難怪他曾在晚宴中吟誦了一首和歌：「此世即吾世，如月滿無缺。」日本著名古典小說《源氏物語》和《榮華物語》所描寫的正是藤原道長醉生夢死的生活。西元一〇二七年藤原道長死後，藤原家族開始了沒落。

延伸閱讀

「攝政」，是指在日本古代律令制度下任命一名攝政官代替年幼天皇或女帝執政的政治制度。「關白」一詞出自《漢書》，係「稟報」之意，在宇多天皇時期變為官職之名。二者合稱為「攝關」，用通俗的話來理解攝政、關白相當於中國古代的攝政王、丞相。在天皇成年之前的攝政官稱為「攝政」，在天皇成年後的攝政官稱為「關白」。藤原氏便開創了日本史上「關白政治」這一特殊政體。

由於攝政官的職權具有「一人之下萬人之上」的性質，因此通常由皇族成員任職，著名的聖德太子就是日本首任的攝政官。

延伸閱讀

攝關政治時期，中國唐朝政局動盪不安，加之遣唐使耗費巨大，日本遣唐使終止了外交活動。此後兩百多年間，日本充分消化唐朝文化，形成了平安時代的所謂「國風文化」，日本文字在此期間進一步簡化，形成了所謂「平假名」，人們開始用更加簡便的假名寫作日記、詩歌，和歌也進一步發展，形成纖細、精巧的風格。其代表作品是紀貫之編成的和歌集《古今和歌集》，其後此書逐漸成為各級官僚必看的案頭書，漢文至上的意識也隨之逐漸淡化。

院政時代

藤原道長死後，其子藤原賴通接替了攝關之職。確切地說，在父親死之前，賴通二十六歲時，在父親的輔佐下便已接替了父親讓出的攝政之位，成為最年輕的攝政。仰仗著父親是朝廷一把手的權勢，賴通小小年紀之時就成了童殿上，十二歲時官已敘至正五位下；十五歲時便敘位從三位，達到公卿的水準，之後又累官至大納言；其後又官至左大臣。在藤原道長最為風光之時，在位的是後一條天皇，他是藤原道長的親外孫，同時也是道長的女婿。為了讓朝政實權不旁落他人之手，藤原道長在外孫十一歲時，安排他和自己的女兒藤原威子通婚，也就是說，後一條天皇娶了自己母親的妹妹為妻。

藤原賴通的妹妹威子成為後一條天皇的皇后，另一個妹妹藤原嬉子則成為後朱雀天皇的妃子，為藤原賴通完全繼承父職，並手握實權長達五十二年之久打下了基礎。

在父親死後，藤原賴通作為後朱雀天皇及後冷泉天皇統治期間朝政第一人，在五十二年間擔任攝關之職，建立了藤原氏全盛時代。

不過，好景不長，藤原賴通雖「攝政」三代天皇，把持朝綱五十二年之久。然而他的繼女藤原嫄子在嫁為後朱雀天皇的妃子後，只生下兩名內親王便去世了，後冷泉天皇在位時，賴通又把自己的獨生女藤原寬子立為皇后，卻仍未生下皇子。

另外，一百七十多年來以藤原氏為代表的官僚貴族集團的統治已完全失去進步性，政治上腐朽，生活上墮落。他們追求富麗堂皇的宮殿、神社和當作別墅用的佛寺、奢華的節日儀式、遊宴、裝潢貴族身分的文學和音樂。對於滿足這種奢侈生活來說，來自國家的龐大收入猶感不夠，於是便大搞賣官政治。對於能夠出錢承包工程的人，按其出錢多少賣給國司及其以下相應的官職。如此一來，藤原氏攝關家的腐朽統治在社會上積蓄了普遍的不滿。仕途無門、長期受壓的中小莊園主們更是滿腔憤懣，渴望變革。

藤原賴通的女兒們沒有生下可以繼承皇位的皇子，失去了天皇外戚身分的藤原家也失去了擔任攝政、關白的資格；加之其自身腐朽墮落，這兩個原因是導致藤原氏在全盛之後走向衰敗的主要原因。在後冷泉天皇駕崩後，尊仁親王即位了，稱為後三條天皇，這是自宇多天皇以來一百七十年間，唯一和藤原氏沒有血統關係的天皇。三十五歲壯年即位的他熬過了二十五年之久的皇太子時代。因為沒有藤原氏的血統，令他自幼就和生母一起備受藤原氏的欺壓，成為皇太子後的二十多年裡，地位也並不穩固。因此後三條天皇一即位，就在心裡發誓不再充當藤原家族的傀儡，暗暗嘗試打破藤原攝關家族對朝政的壟斷，致力於恢復已中斷一個世紀的天皇政權。

支撐藤原氏家權勢的根基，除了聯姻，就是其雄厚的經濟基礎，即遍布日本各地的私家莊園。私家莊園與攝關家族保持著經濟效忠與政治庇護的利益關係，而這種狼狽為奸的利益關係，損害的正是中央集權的天皇朝廷的財政基礎。因此想要恢復天皇政權，就得奪回流失的財政根基——土地，於是莊園改革就成了後三條天皇的改革入口。反藤原氏的各種勢力也集合在後三條天皇的周圍，這位天皇在位只有四年，但卻為攝關政治畫上句號奠定了基礎。

首先，後三條天皇打破門第限制，起用地位較低的中下層貴族參與朝政，改變了藤原氏獨霸朝政的局面；其次，於西元一〇六九年，著手整頓莊園，他在中下層官員的支持下，準備對藤原賴通的莊園加以限制，二月二十二日頒布了內容較為嚴厲的《延久莊園整理令》，並設立專門的機構「記錄莊園券契所」，任命親信擔任審查官員，嚴格審查各莊園領主的莊園文書，發現證書不全，便沒收莊園，藤原賴通家的莊園當然也不能倖免。

藤原氏攝關政治畢竟持續了兩百多年，如百足之蟲死而不僵，攝關政治已成條例，此時的天皇並不能隨意貫徹自己的旨意。況且後三條天皇家還有幾個老婆是藤原家的女子。於是在朝政上無法完全施展手腳的後三條天皇即位四年後，就讓位於其子白河天皇。

不過後三條天皇退位後並沒閒著，而是繼續與藤原氏的勢力抗衡。他設立院廳，任命院廳官員，試圖以院廳取代攝政、關白政治的體制，實現還政於皇室的願望。

後三條天皇的整治雖然收效並不明顯，但在一定程度上也壯大了皇家的經濟基礎，打擊了藤原氏攝關家的權威。尊奉攝關家為「領家」的莊園主們看到天皇權威有恢復的趨勢，便見風轉舵紛紛與攝關家脫離關係，轉而把莊園「寄進」給天皇，因此天皇的院政打擊了攝關政治。然而本質上與攝關政治並無什麼區別，都屬於「莊園領主」的政權。那些莊園主為求自保轉而追隨天皇為自己的新「領家」，這樣一來歸附天皇的中、小莊園主及其武士集團，成為天皇政權繼續改革的政治依靠。

西元一〇七三年，後三條天皇去世後，白河天皇正式即位掌握實權，繼續父親未完的奪權事業。西元一〇八六年，為了徹底擺脫攝關家的控制，白河天皇讓位於年僅八歲的掘河天皇，自己以「上皇」的身分繼續掌管朝政四十年。這種明修棧道、暗渡陳倉的政治手腕，試圖以金蟬脫殼之計帶走實權架空攝關家，從此開始了「上皇執行天下政」的院政時代。雖然朝政執行程序仍然維持原樣，但上皇掌握著最後的抉擇權；另外上皇亦掌握著官吏的任命、敘位大權。此後鳥羽天皇和後白河天皇也如法炮製，以上皇身分行使院政權。

為了進一步掃蕩攝關家的基層勢力，抑制莊園的發展，朝廷多次發布「莊園整頓令」，但收效甚微。在十一世紀後半至十二世紀初，形成了所謂的莊園公領制，官僚貴族以分割公地而建立莊園的現象非常普遍。針對這種情況，朝廷又推廣「知行國」制度，把國的支配權授予個別貴族、公卿或寺社，准其享有該國租稅課役等收益。實行知行國制的最初目的在於抑制公地私有化，可是結果卻背道而馳，成為公地私有化和莊園化的重要途徑。

院政時代持續了將近一百年，共經歷了白河上皇、鳥羽上皇和後白河上皇三代。三位上皇都具有強烈的專制性格，隨著上皇權勢的日漸強大，「院廳下文」和「院宣」也更具有權威性。然而藤原氏攝政、關白的勢力並沒有徹底被架空，他們雖然比之前略遜一籌，但基本上還是和院廳行使著雙頭政治，這種雙頭政治導致統治階級內部矛盾更加複雜化和尖銳化，局勢更為混亂。

一方面，無論是院廳還是攝關家，其腐化奢靡的生活不但絲毫不見收斂，反而日顯張狂。公地私有化嚴重，畿內百姓肩負著沉重的貢賦壓迫，反抗此起彼伏，「盜賊」也因此横行。另一方面，為了制衡攝關家的勢力，院廳始終倚靠新興的源氏和平氏兩大武士集團，各種錯綜複雜的矛盾最終釀成了西元一一五六年的「保元之亂」和西元一一五九年的「平治之亂」。反而為武家干預政治提供了條件。

延伸閱讀

從攝關政治時代起，上皇的居所稱為「院」，因此上皇「執天下政」的時期，世稱「院政時代」。上皇的辦公機構稱為院廳，院廳中的官員稱為「院司」，院司多由天皇的親信擔任。院廳發出的文書稱為「院廳下文」，上皇的指令稱為「院宣」。

延伸閱讀

自藤原道長算起，藤原家到第七代時，分為近衛家、九條家，其後又分為鷹司家、二條家、一條家，這正是所謂的「藤原五攝政家」。現代日本人中冠藤原姓的，其實並非真正的藤原貴族後裔。攝關制度一直持續至江戶時代末期，但隨著武家政治的興起，在鎌倉時代以後的攝關職位只能作為虛銜授予五攝政家的公卿。這期間只有豐臣秀吉能成為支配天下群雄的「天下人」、有實質性權力的關白、太政大臣。而其他的攝政關白其實並無什麼政治勢力，尤其在戰國時代，攝關們經濟都很窘迫，只能靠批改和歌、連歌或抄寫古籍賺錢。

莊園和武士的興起

說起日本莊園的興起，就不得不回溯到西元七二三年和七四三年，天皇朝廷為鼓勵開墾撂荒的土地而頒布的《三世一身法》和《墾田永年私財法》。因為正是這一系列的政策變化，改變了土地國有制，使其向私有轉化，也成為動搖律令制根本的一環。雖然這兩項政策激勵了農民的種地動力，使得他們的生存境遇在一定程度上得到了改善。然而這兩項政策的最大受益者卻是貴族、大寺院和神社。這些人不僅有權有勢，還擁有較為先進的農業生產工具，為了擴大自己的私有領地，他們利用新政策大肆圈地，私有莊園就這樣開始形成。

莊園主們並不滿足於有限的開墾荒地，為了繼續拓展自家莊園的規模，仗著自己的權勢瘋狂侵吞私有地周邊的國有口分田和農民自行開墾的土地。這些私家莊園有的由莊園主自己管理，有的委派親信管理。管理莊園的人稱為「莊長」，租用莊園土地的農民稱為「名主」，所耕種的土地稱為「名田」。莊園主佔有大量土地，支配著土地的使用權，更支配著當地的政治、經濟和社會生活。

在這些「蛀蟲」的蠶食下，國有大片公地逐漸被支解淪為私有莊園土地。為了保障國庫收入，天皇朝廷想方設法堅守不斷減少的國有土地，比如規定莊園主必須向朝廷交納田租，為了防止偷租和漏租，同時還委派檢田使和徵稅使進入莊園檢田，按田收租和徵調勞力。

為了對抗朝廷的政策，保護自己的既得利益，自九世紀初開始，莊園主開始千方百計向朝廷申請免交賦稅，為自家的莊園爭取「不輸」的特權。而朝廷為阻止土地的私有化，則在十世紀初頒布了《整理莊園令》，試圖沒收非法的莊園。因此，莊園主們在爭取「不輸」權的同時，還阻止朝廷的檢田使和徵稅使進入莊園，爭取所謂「不入」的特權。

除此之外，莊園主還想出交「保護費」的辦法，將莊園在形式上進獻給比自己更有權勢的貴族、寺院和神社，美其名曰「領家」，每年給「領家」送去一定的年貢當酬謝費。當朝廷加大了對莊園的管理時，「領家」又將莊園進獻給更高一級的皇族或高官，稱其為「本家」。十世紀之後，藤原氏再度成為最有權勢的家族，因而也成為當時最大的「本家」。這種層層進獻的莊園稱為「寄進式莊園」，也由此形成了領主等級式的土地所有制。

因此，莊園制的發展呈現出兩種特點，前期為墾地型莊園，後期為寄進型莊園。墾地型莊園一般由領主直接管理；寄進型莊園，由作為本家的豪門貴族掌握莊園的所有權，由進獻人經營管理，本家從莊園的土地中撥出一定數額的土地給管理者作為俸祿，其餘土地則按照契約每年向本家交納年貢。莊園以「本家」為核心，建立了管理、組織生產、交納年貢和勞役的一套統治制度。租種莊園土地的莊民在莊園中處於最底層，除了交納實物地租外，還有力役地租，負責莊園的警衛、運輸等日常雜務勞動，另外還要耕種領主的「直轄田」。莊民在遭受經濟剝削的同時，政治上也受到嚴格控制，違反莊規就要受到嚴酷的制裁。莊園經濟以莊園為基礎，以農業和家庭手工業相結合，自給自足，整個莊園是很少同外界聯繫的實體。

不甘心坐以待斃的天皇朝廷為了收回原屬於國有的土地，加大力度調查莊園土地來歷，以各種理由將莊園土地劃歸國有，這加劇了雙方的矛盾和衝突。為了抗拒官府的調查和搜刮，也為了互相爭奪權勢和領地，一些強大的莊園主、莊長和名主先後組織起以本族人為骨幹的私人武裝力量。同時還把手下的農民聯合起來，組成所謂的「郎黨」隊伍，形成一個包含宗族、主從關係的武裝組織。這些「郎黨」平時種地務農，當莊園與外界發生衝突時，便聚集起來保護莊園。

隨著時間的推移，「郎黨」日益制度化，一部分人漸漸脫離土地，成為專職看家護院的打手，即「武士」，其組織稱為「武士團」。在武士團與本家、領家的保護下，莊園最終獲得了「不輸不入」的特權，在政治上脫離朝廷的控制，成為名副其實的「獨立王國」。剩下的公地大部分轉為皇家或公家機關的莊園。莊園領主取代了政府向莊民徵稅、賦役，並擁有司法、管轄的權力。

獨立特權莊園的出現，在很大程度上破壞了天皇朝廷的經濟基礎。為了鞏固財政，天皇朝廷雖屢次對全國莊園進行整頓，但大多數時候均無果而終。之前的班田制已經名存實亡，到十世紀初期逐漸消亡。到十一世紀中葉，三分之二的土地已經淪為莊園所有，隨之而去的還有權力，政權開始越來越多地落入貴族高官和大神社、寺院的手中，天皇朝廷也被逐漸架空。

寺院也不甘落後，組織起了更為強大的武士團，其勢力足以與衰弱的天皇朝廷和新興的莊園對抗。到了十一世紀末，這些寺院武士團成了日本的主要武裝力量，成了天皇朝廷最大的威脅。可以說武士的興起與莊園制的發展和中央集權制度的瓦解息息相關。

而早期的莊園爭奪也演變成了後期的武士爭鬥，在這個過程中，弱肉強食，勝利者收編了失敗者的隊伍，逐漸發展壯大，形成了控制某一地區的武士集團。由天皇朝廷派到各屬國的地方官們，見此現象也紛紛效仿，組織起自己的私人武裝，以壯大自己家族的勢力，隨後變成了割據一方的武士頭領，也稱之為「武家棟樑」。

新興的武士不僅是豪族的武裝力量，也是中央朝廷和攝關家爭取和依靠的重要力量。因此武士的勢力迅速成長，甚至凌駕於中央權力之上。而武士道精神也開始出現，從其產生之日起，武士道就成為日本古代社會居於主導地位的道德規範，統領著日本的民族精神。

到了十一世紀，日本社會形成了兩大武士集團，即桓武天皇的後裔平氏和清和天皇的後裔源氏。他們在離開皇室後移居地方，勾結和籠絡當地富豪，從而形成強勢的地方勢力。十一世紀中葉，實力雄厚的武士首領「源氏」就以「天下第一武勇之士」的身分出入朝廷。到了十二世紀初，源氏家族中擔任重要官職的人數已超過了藤原氏攝關家族，與此同時，平氏家族也在朝廷中贏得了舉足輕重的地位。

莊園制的形成和武士集團的興起，使得天皇朝廷的律令制土崩瓦解，財政陷於癱瘓，從而使日本形成了新的經濟、政治格局。

延伸閱讀

武士道的精神淵源可以從日本神道教和佛教，以及中國儒家之道中窺出相似之處，但其內涵核心卻又和中國佛教和儒家之道背道而馳，甚至是一種反叛。在儒家思想的基礎上，武士道更傾向於日本的神道教。

神道教除了敬善者，亦崇拜凶神惡煞，沒有善惡之分，因而武士道在人格上往往呈現出極端的兩重性：自狂而又自卑；信佛而又嗜殺；注重禮儀而又野蠻殘暴；追求科學而又堅持迷信；欺壓弱者而又順從強者……武士道要求武士看透生死，為主君毫無保留的捨命獻身，它是日本武士階級必須嚴格遵守的原則。這種思想在一定程度上契合中國儒家「君要臣死，臣不得不死」的君臣之道。但儒家的核心思想講究「仁義」，有君臣之義、父子天合的人倫觀念，在「忠」的前提下還有「恕」作為補充。沒有武士道君臣之間那麼偏激，這也是日本在脫離中國文化影響後，成為尚武而非尚文國家的因素之一。

三大集團角逐

院政制度在堀河、鳥羽、崇德三朝變得流於形式，院政和攝關之間的矛盾也越加尖銳，加之幾個權勢巨大的寺院干預其中，使得這種矛盾更加激化。為了維持院政統治，皇室日益依賴地方武士集團，導致了權力下移到武士集團（**平氏和源氏**）那裡。因此此時的日本，出現了院政、攝關、武士三大政治集團鼎立的混亂局面。除了三大政治集團之間的矛盾衝突外，在院政集團內部、攝關家族內部、武士集團內部也存在著巨大的權力衝突。

從西元一〇七三年白河天皇掌實權，開闢院政時代以來，以上皇身分統治日本長達四十多年之久。為了鞏固自己的權力，他把自己三十二歲的妹妹嫁給自己十三歲的兒子堀河天皇，可憐的堀河天皇被迫娶了自己的親姑媽為妻。若說他的一生是個悲劇，那麼他的兒子鳥羽天皇的一生更是巨大的悲劇，不僅年幼喪母，還年幼喪父，由爺爺白河上皇撫養長大，好不容易等到娶妻的年紀，又娶了自己的姑媽（**白河上皇的養女**）為妻。最要命的是，據說這個姑媽還是爺爺白河上皇的秘密情人，結婚第二年，孩子就出生了，就是之後的崇德天皇。逐漸洞悉人事的鳥羽天皇懷疑這個孩子不是自己的骨肉，很可能是爺爺白河上皇的孩子。因為實權掌握在爺爺手裡，鳥羽天皇也就「樂於」有涵養，沒有因此與白河上皇翻臉，反而維持著與姑媽的夫妻關係。西元一一二三年，白河上皇令鳥羽天皇禪位給五歲的顯仁親王繼位為崇德天皇，這樣一來，權柄仍然握在白河上皇的手裡。

西元一一二九年，控制政局長達四十多年的白河上皇終於壽終正寢，鳥羽天皇也終於開始了自己的院政時代。把失去白河上皇保護的崇德天皇牢牢控制在手裡。西元一一三九年，他把自己與另一位妃子所生的兒子體仁親王送給崇德天皇做養子，三個月後立為太子，其後架空崇德天皇，立三歲的體仁親王為近衛天皇，又脅迫崇德天皇在讓位聲明上面寫「天皇讓位於皇太弟」直至藉故將他廢除。

當上天皇的體仁親王並不幸福，體弱多病的他從一出生就形同虛設，不過是宮廷鬥爭的工具罷了，這位可憐的孩子在十七歲時就死了。體弱多病而又悲催的近衛天皇死了不要緊，要緊的是他這一死，皇室內部為皇位繼承的問題發生了強烈的鬥爭。

崇德上皇希望自己復位，或是讓自己的兒子重仁親王繼位；而鳥羽上皇痛恨崇德上皇這個來歷不明的私生子，意圖讓另一個兒子雅仁親王繼位（**之後的後白河天皇**）。皇室的矛盾也引發了攝關家和武士集團間的矛盾。藤原氏內部為了皇位繼位問題出現了對立，關白藤原忠通支持雅仁親王，而左大臣藤原賴長擁護崇德上皇。結果手握實權的鳥羽上皇佔了上風，成功將兒子雅仁親王擁上皇位，為後白河天皇。失敗的崇德上皇對此心懷不滿，試圖伺機而動。

崇德上皇那點心思早被鳥羽上皇洞悉，為防患於未然，鳥羽上皇召集外郡方面的武士進駐畿內，選拔平氏首領平清盛和源氏首領之子源義朝等十人擁護新皇，這樣一來在各種矛盾中扶搖直上的兩大武士集團平氏和源氏也被捲入這次權力爭鬥中。

西元一一五六年，就在後白河天皇即位這一年的七月二日，鳥羽上皇駕崩。崇德上皇乘機開始行動，準備滅掉弟弟奪回皇位，他一面通知藤原賴長起事，一面召令其最為依仗的武家源氏首領源為義準備開戰，但矛盾的是源為義之子源義朝卻加入了後白河天皇的陣營，因他之前被鳥羽上皇編入了立誓效忠新皇的十名武士之中。

後白河天皇偵察到哥哥崇德上皇企圖謀反之事，果斷聯合武士平清盛、源義朝等先發制人。激戰中，支持崇德上皇的左大臣藤原賴長被流矢射中而身亡，大勢已去的崇德上皇落荒而逃，跑到仁和寺當了和尚，後被流放到外地。此後的八年裡，他多次要求回京城居住，都未獲批准。西元一一六四年，崇德上皇在淒涼、窮困中鬱鬱而終。此次政治鬥爭因發生在「保元」年間，故被稱為「保元之亂」

保元之亂後，後白河天皇盡力強化政權，推行保元新制和莊園整理等。兩年後，後白河天皇讓位給守仁親王（二條天皇）開始自己的院政時代，之後的二條天皇、六條天皇、高倉天皇、安德天皇與後鳥羽天皇五代都由後白河上皇院政所操控。或許這正是歷史的巧合之處，先後兩位白河上皇都成了院政時代統治時間最長的上皇。

歷經「保元之亂」後，政局並沒有穩定多久，在亂世中角力的三大集團，你方唱罷我登場，輪番導演著一系列的政治鬥爭。

在「保元之亂」中為天皇立下戰功的源義朝，不滿受封官位低於平氏家族首領平清盛，而投靠攝關家的藤原信賴。西元一一五九年，源氏與藤原家趁平氏離京參拜神社之機，聯手囚禁了上皇、天皇，並殺掉了天皇的親信，引發了「平治之亂」。

平清盛驚聞畿內源氏叛亂的消息後，立刻率兵回京，擊敗源義朝、誅殺藤原信賴。源義朝在逃至尾張時被手下殺死。源氏一族只餘下源義朝的兒子源賴朝流放伊豆（據說是因為長得貌似平清盛繼母夭折的兒子，在繼母求情下才躲過一劫），以及少數幾名幼子寄放佛寺。打倒源氏之後，平氏勢力急劇膨脹，確立了霸權地位。然而，源氏的故事並沒有從此終結，十三歲的源賴朝，為今後源氏的再度興起埋下了希望的種子。

平氏不但借「平治之亂」滅了對手源氏，還因平亂有功受到後白河天皇的信任和重用。其首領平清盛在朝廷中的地位如日中天，從升任正三位參議到大納言、內大臣，並打破朝廷慣例，未經升任右大臣和左大臣的程序便直接升任為正一位太政大臣，也因此成為從一介武士到位極人臣的第一人，官職之顯要毫不遜色於昔日的攝關。

平治之亂後，平清盛本來支持後白河上皇的兒子二條天皇親政，不過在其妻平時子的異母妹妹平滋子與後白河上皇生下憲仁親王後，平氏一族就希望憲仁親王能夠繼承天皇之位。平氏一族的做法引起了二條天皇的不滿，一怒之下，藉故將平滋子的哥哥平時忠處以流放之刑。雖然大舅子被處罰，不過深謀遠慮的平清盛對此並未有所表示，而是依然維持著和後白河上皇的親密關係。在二條天皇因急病過世後，平清盛終得償所願和後白河上皇聯手冊立憲仁親王（之後的高倉天皇）為皇太子。

為了鞏固自己的勢力，平清盛把自己的直系親屬均安排進朝廷重要的職能部門擔任要職，並仿效日本歷史上權傾朝野的豪族蘇我氏和藤原氏與皇室聯姻的方式，企圖掌控大權。他將女兒平德子嫁給高倉天皇做皇后，在德子一生下皇子時，就迫不及待地將尚在襁褓中的小皇子擁上皇位，並將高倉上皇架空，使其被迫離開院政。至此平氏大權獨攬，放眼朝廷內外，再無與之抗衡的勢力。平氏一族盛極一時，不但獨佔朝中的重要官職；在全國各地擁有多達五百多座莊園，並且因為推動日本與中國宋朝之間的海上貿易而賺取暴利。

大權在握的平清盛武裝力量集中在畿內、西國，為了加強對各地莊園的管理，拓展勢力，他把自己的親信分派到一些貴族莊園做「地頭」。不過武士的地位並未隨平清盛的青雲直上而有多大的改變，依然是卑賤的打手，並不受貴族們尊重。平清盛代表的是權貴們的利益，並不是為其打下江山的武士，因而武士們對平氏專權漸漸失去擁護之情。

隨著平氏權勢的擴張，其統治日漸橫暴，加之平清盛勢力的過度擴張，讓以後白河上皇為首的院政勢力受制為之感到不滿，也逐漸加深雙方之間的對立。

西元一一七七年，後白河上皇的近臣們密謀打倒平氏，因告密者告密而計畫失敗，反倒給平清盛藉機剷除異己創造了機會，藤原家遭受重創，佛寺勢力也得到了懲罰，史稱「鹿谷陰謀」。不過平清盛最終還是沒有直接向上皇興師問罪。西元一一七九年，以上皇為中心的勢力再次展開反平氏的活動，平清盛率兵攻入畿內，軟禁了後白河上皇，廢除了院廳，罷免攝政、關白等貴族的官職。

在「平治之亂」後，備受打壓的源氏一族一直暗中積蓄力量，試圖東山再起。源賴政因之前被鳥羽上皇編入擁立新皇的武士隊伍，被族人視為叛徒受到排擠，後假意投靠平氏「臥新嘗膽」尋機起事。西元一一八〇年，日本各地反平氏的鬥爭此起彼伏，包括皇族勢力、攝關及佛寺、武士勢力均對平氏專政不滿，此時已七十七歲的源賴政乘機起事，擁立後白河上皇的三兒子以仁王，以新皇之名號召全國討伐平氏，由於不善於用兵和準備倉促，起事以失敗告終，源賴政為掩護以仁王自刺身死，而以仁王卻仍然無法逃脫亂箭穿胸的命運也命歸黃泉。

源賴政雖然失敗了，但發出的詔令卻如風般傳至各地，不滿平氏專權的地方武士聞風而動相繼起兵。當年被流放至伊豆半島的源氏後代源賴朝，在二十年的流放生涯中，與地方豪族北條時政的女兒結婚，在關東地區形成了強大的勢力。同年八月，源賴朝與岳父起兵，一開始並不順利，在石橋山一戰中慘敗。但不久後，源賴朝堅韌的性格和冷靜的分析扭轉了戰局，反敗為勝，在多路起義兵的攻擊下，平氏大軍不堪抵抗，在富士川之戰中敗給了源賴朝。

四面楚歌的平清盛徹底陷入絕境，於西元一一八一年病死。西元一一八三年，源氏剷除了北陸地區的平氏勢力。緊接著，源賴朝受後白河上皇之命出兵剿滅平氏，在一之谷要塞大敗四萬平氏大軍。西元一一八五年二月，源賴朝之異母弟源義經、源範賴在長門國（今山口縣）成功掃除平氏殘餘勢力。從此繁盛一世的平氏家族衰亡。

延伸閱讀

平清盛，日本平安時代著名武士，是日本武家政權的鼻祖。平清盛作為日本首位掌握政權的武士，不僅控制了西日本半壁江山，而且積極開展對宋貿易，積聚了大量財富，並獲得了外戚的顯耀地位，使平氏政權盛極一時，開了武家政權的先河。

鎌倉幕府

歷史的發展如長江後浪推前浪，永不回頭的漫漫長河裡，從來不乏後來者，也從來不乏興盛衰亡者，潮漲潮落，亂世誰主沉浮？不由得讓人感歎萬般角逐只如過眼雲煙。戰敗的平氏就如消亡在沙灘上的前浪，給源氏的再度崛起騰出了位置，作為帶領源氏集團最終消滅平氏的領導源賴朝，注定會被以傳奇的形式載入史冊。這個在當時左右日本政局的霸主，用自己的才智和對權力的執著，擺脫了階下囚的命運，也改寫了源氏家族的命運。

取得成功的源賴朝並未像中國的起義者那樣，接管皇室的京都政府，而是選擇繼續留在偏遠的鎌倉建立自己的根據地。在關東致力於建立和鞏固自己的政權，這就是日本歷史上鼎鼎有名的鎌倉幕府創建的開始，鎌倉也成為此後武家政權的政治中心。

首先，在西元一一八〇年，源賴朝在鎌倉設置負責軍警權力的「侍所」；其次，西元一一八四年設置負責行政管理的「公文所」（**後改稱政所**）；隨後，又設置專司刑律的機構「問注所」以及在地方（**各國**）設置「守護」（**御家人中職位最高的職位**）一職，其後慢慢形成了一套具有武家政權特點的組織機構。

在鎌倉幕府構建政治機構的初期，因為沒有完善的政治制度，為了盡快穩定局面，源賴朝不得不對舊勢力做一些妥協，朝廷仍能利用國司等官職行使部分權力。因此當時的日本依然沿襲著傳統的雙頭政治體制，這種現象被稱為「公武兩政權」。既然沒有把朝廷徹底消滅，那麼朝廷和幕府之間的鬥爭也就難以避免了。

源氏一族的壯大，以及另立政府的行為，令後白河上皇和大貴族們感到不安。於是這夥人千方百計想要破壞新政權的建立，削弱源賴朝的勢力，以穩固自己的統治地位。最好的辦法就是從內部瓦解敵人。在剿滅平氏戰爭中屢建奇功，威名顯赫卻向來被哥哥看不起的源義經（**源義朝側室之子**）就成了後白河上皇最好的人選，他重用源義經造成源氏兄弟反目，矛盾進一步加深。

西元一一八五年十月，後白河上皇命令源義經召集九州、四國的武士討伐源賴朝，但是各地武士無人回應，反倒讓源賴朝抓住這個機會進行反撲。他統率大軍攻襲京都，迫使源義經從京都逃至奧州，投靠在曾經收留過年幼無依的他的藤原秀衡那裡（**時任鎮守府將軍，是以奧州為中心的奧州藤原氏的第三代**）。

為了挾持上皇發布自己的命令，以管理自己目前權力觸及之外的範圍，源賴朝並沒有處置始作俑者——後白河上皇。但是可憐的源義經卻受到了哥哥無情的追捕。

西元一一八五年十一月末，源賴朝強迫後白河上皇承認自己在鐮倉等地設置的守護、地頭的合法性，並要求將這一制度擴大到全國。每一國設置守護以保障治安，設置地頭以檢查租稅的繳納。鐮倉幕府的統治得以合法化，也就徹底掌握了日本的軍政以及財產大權，權力觸角幾乎延伸至日本社會的每個角落。

西元一一八九年，源賴朝依仗著自己強大的軍政實力，命藤原秀衡交出源義經，藤原秀衡對此充耳不聞。然而在藤原秀衡死後，其子藤原泰衡卻向源賴朝軟硬兼施的懷柔政策投降，逼死了源義經。不料事後源賴朝又以殺害源義經的罪名，親率大軍消滅了奧州藤原氏，控制了奧州。通過此役，源賴朝徹底確立了他在日本的霸主地位。

西元一一九二年，後白河上皇去世，院廳勢力瀕臨分崩離析，後鳥羽天皇在勢如西日的境況下親政。親政不久，為了拉攏源賴朝，他便將軍人最高的頭銜「征夷大將軍」封給源賴朝，源賴朝也正式拉開了幕府統治日本的帷幕。日本從此進入軍人專權時期，天皇政權至攝關政治再度淪為傀儡，幕府也隨之成為實際的政治中心。

鐮倉幕府掌握著自己組建的政權組織機構，和平氏集團不同的是鐮倉幕府是武士的利益代表人。源賴朝在伊豆的流放生涯裡，因為身居地方，非常清楚社會上對平氏的不滿，也深知地方武士的苦衷和所求，作為武家首領的幕府將軍與「御家人」以互利的形式結成了主僕關係。御家人是源賴朝的武士家臣，擁有自己的小型私人軍隊，也是各地的領主、莊長或名主。

為了讓御家人效忠自己和鞏固自己在全國的統治，幕府將軍任命御家人為「守護」（**派到各國衙領的代表，維持該國治安管理**）或者「地頭」（**派到各莊園的監管人，負責鎮守賦稅和軍糧**）。一方面保證他們祖傳下來的領地合法化；另一方面授予在戰爭中立功之人新的領地，或代其向朝廷申請官位。作為回報，御家人平時要擔任京都、鐮倉的警備工作，發生戰爭時，則要自備武器率領自己的私人隊伍隨將軍出征。

在建立幕府後，源賴朝欲攀權力頂峰，打算將女兒嫁給後鳥羽上皇，試圖通過這種方式以外戚身分介入朝廷。但當時掌握朝政的攝關家的源通親從中阻攔，切斷了源賴朝與皇室聯姻的路，將政治格局維持在朝廷與鐮倉幕府對立的局勢上。

實際上，雖然源賴朝在一定程度上統治了日本，但地方（各國）貴族及大寺院、神社的勢力仍然強大，不容小覷，他們與幕府派到地方的守護和地頭之間分庭抗禮，在此後漫長的歲月裡，雙方常有衝突。因此進入鐮倉幕府時代的日本，在各種勢力的權力爭奪中，仍處於動盪不安的局勢。

延伸閱讀

「幕府」和「將軍」一詞都來源於中國，本指將帥在外行軍作戰時搭建的營帳，後亦泛指軍政大吏的府署。不過中國的將軍們開幕建府，一旦攫取了天下的權力，很快就會改朝換代，從未出現過朝廷仍在，實權卻連續許多代都掌握在幕府手中的事情，因此中國雖有幕府，卻沒有幕政。日本歷史上共經歷了鐮倉幕府、室町幕府、江戶幕府三個幕府歷史時期。

承久之亂

西元一一九八年十二月，源賴朝參加相模川橋落成典禮後，在歸途中從馬背上跌落下來，從此一病不起。翌年正月，這位飽受流放之苦在亂世中崛起的霸主去世了。十八歲的長子源賴家繼承了將軍之位，這位少年雖有滿腔雄心壯志，但卻缺少其父的政治才能，因而也缺乏對御家人的統御能力。上任伊始，為了鞏固自己的地位，樹立自己在武士中的權威，他以初生牛犢的方式排擠幕府元老，在茫然中又貿然倚重岳父比企氏，這引起了以北條氏為首的御家人極度不滿，從而引發政局動亂，也將源氏政權帶入危機之中。

西元一一九九年，源賴家的岳父與御家人之間爆發了奪權之戰，源氏政權面臨土崩瓦解。見此情景，為了守住鐮倉幕府捍衛丈夫辛苦創建的政權，已經出家為尼的源賴朝遺孀北條政子不顧尼姑身分挺身而出，於混亂的政局中以果斷的手段聯合父親北條時政在三個月內就平息了叛亂。斬殺亂黨四千多名，流放八千多人，經此一事，她獲得了「尼將軍」的美譽。

源賴家的無能讓北條政子傷透了心，想起英雄一世的丈夫，見兒子如此不成氣不禁黯然淚下，決定剝奪源賴家的繼任之權，扶立年僅十二歲的二兒子源實朝為將軍。在此過程中，北條時政以輔助將軍的名義掌握了幕府大權，被稱為「執權」。源賴家卻心有不甘，陰謀推翻鐮倉幕府，但很快便被母親和外公北條時政打敗，其支持者岳父一家被滿門抄斬。北條政子除了傷心外，更痛恨兒子勾結外戚謀取丈夫辛苦打下的江山，為了不讓丈夫的威名繼續受損，她含淚把他流放到伊豆。在伊豆的歲月源賴家過得也並不安寧，終被自己的親外公毒殺。

在北條政子的主持下，局面一度平穩下來，但好景不長，在討逆戰鬥中立了大功的父親北條時政不僅想奪取鎌倉幕府的政權，還想將幕府改立北條的名號。更讓人心寒的是，這位外公為了達到自己的目的，竟想再次派人暗殺在任的親外孫源實朝。北條政子聞訊大怒，她絕不容許任何人染指丈夫的霸業，包括她自己的父親。她立即聲討親父北條時政，北條時政迫於壓力引退於伊豆，其子北條義時繼任「執權」之職。為了擴大自己的權力，西元一二一三年北條義時殺死了統領軍事的「侍所」長官、開府元老田義盛家族，正式確立了北條氏的霸權。

西元一二一九年正月，源實朝還是逃不過死於非命的命運，被兄長源賴家之子源公曉所弒，結果是可想而知的，公曉及其兄弟都被判以殺害將軍之罪名遭處死。這其實是北條義時一箭雙鵰的陰謀。由於源實朝並無子嗣，鎌倉幕府的開創者源賴朝的正統血脈至此完全斷絕，北條氏掌握了幕府的最高權力。源氏血脈的斷絕使專權的北條義時面臨將軍無人繼任的問題，為了穩固自己篡奪的地位，北條義時希望在皇族中挑選一人繼任「征夷大將軍」之位。但是以後鳥羽上皇為首的院廳拒絕了北條義時的要求，最後，擁有皇室及攝關家血統、時年三歲的藤原賴經被北條義時立為將軍。

鎌倉幕府雖然仍保有將軍之名，但此時的「將軍」之名已經名同虛設，北條義時以「執權」的名義牢牢把控著鎌倉幕府的實權，並世代承襲「執權」之職，這在本質上和架空天皇政權的「攝關」政治並無二致。

幕府內部的爭鬥讓向來對武家政權不滿的天皇朝廷蠢蠢欲動，京都的後鳥羽上皇乘機勵精圖治試圖恢復公家權力。西元一一九八年開始，後鳥羽上皇把分散的皇室領地收歸上皇，並通過恩賜土地的方式吸引近畿地區的武士以及對北條家族不滿的御家人，對院政軍事機構也進行了調整。在「北面武士」機構之外，又設置了「西面武士」組織，不斷壯大自己的勢力。西元一二二一年五月，後鳥羽上皇向各國武士頒布討伐北條義時的院宣，正式舉兵討伐北條氏及其控制下的鎌倉幕府，時值承久三年，因而被稱為「承久之亂」。

雖然發布了院宣，但回應朝廷的武士並不多。而幕府方面，北條政子動之以情曉之以理地講述代表武士利益的幕府建立前，武士低賤的打手生活，若是失敗，武士們必將重回任人驅使的時代。在北條政子的鼓動下，大多數御家人重新集結在幕府旗下，並從鎌倉分兵東海、東山、北陸三路向京都方向進發，沿途武士紛紛加入，兵力增至十九萬。面對人多勢眾，浩浩蕩蕩而來的幕府軍隊，僅萬餘名兵士的朝廷軍隊不堪一擊，不到一個月，幕府軍就打敗了朝廷軍並佔領了京都。

取得勝利的幕府擁立了新天皇，將後鳥羽、土御門、順德三位上皇分別流放到孤島，廢除了仲恭天皇，並處死參與計畫討幕的貴族與武士。天皇被處罰以及貴族被處死的事情前所未有，因而對當時的社會產生較大影響。

幕府還沒收了參與討幕貴族及武士的領地，達三千所之多，全部併入幕府的直轄領地，並任命在此次內亂中立有戰功的御家人為新地頭，稱為「新補地頭」，也重新制定地頭俸祿標準。這樣一來，武士控制的土地大為擴大，幕府的勢力也延伸到了畿內和關西地區。

「承久之亂」使朝廷喪失了擁有軍隊的權力，皇位繼承及朝廷政治也由幕府控制，幕府逐漸取代了皇室國家權力的中心位置。為了管理京都事務和監控皇室的一舉一動，北條義時將原京都的六波羅館改為六波羅府，任命北條泰時為六波羅探題，其職責除警衛京都、監督皇室活動外，還兼有負責統帥西日本御家人以及執掌西日本的行政、司法等事務，其權力僅次於執權。

此後動亂的政局趨於穩定，幕府進入了安定時期。

西元一二二四年，北條義時去世，其子北條泰時出任幕府執權。北條泰時不僅是一名英勇善戰的猛將，更是一個頗有政治頭腦的領導，在他繼任執權不久便實行了一系列改革。西元一二二五年，為了改變「執權」一人獨斷的體制，北條泰時設置了輔助政務的「連署」一職，由其叔父北條時房擔任該職。同時為了平衡權力，北條泰時還設立了最高決策機構「評定眾」，由十一名精通政務的御家人組成，與「執權」、「連署」協商決定有關行政和司法的重大事務。

北條泰時在位期間，還制定了武家的基本法典《御成敗式目》，因其在貞永元年（西元一二三二年）制定，又被稱為《貞永式目》。《御成敗式目》共有五十一條條文，以通俗易懂的語言規定了守護、地頭的職分，以及御家人土地所有權和繼承權的具體處置辦法。這是日本第一部專門針對武士階層制定的法典，是武家的基本法度，對後世許多武家的法典，產生了深遠的影響。

在北條泰時的統治下，政局穩定，農業、手工業和商業得以繁榮發展。到了北條泰時之孫北條時賴擔任「執權」後，繼續其祖父的改革。一二四九年，為了進一步完善以「執權」為中心的政治體制，北條時賴設置了「引付眾」之職，協助審理文書及司法裁判。為了加強北條氏的統治，北條時賴廢除了藤原家族出身的將軍，擁立順從幕府的皇族親王為將軍，並抑制北條旁系家族的勢力，將所有權力集中在北條嫡系家族手中，實行嫡長子世襲「執權」制，被稱作「得宗專制」，這一制度也在此時得以鞏固。

延伸閱讀

鎌倉幕府時期，日本農耕技術較前代有了明顯的進步。人們試著水稻和小麥輪作，這樣一年就可收穫兩次，這是日本農業史上一件劃時代的大事。農業生產工具的改進也增加了糧食產量；手工業越來越細化和專業化；手工業的發展帶動了集市的發展，參與貿易的買賣人後來成為商人，在市場定居下來，在發展的過程中，出現了專門以物資管理為職業的掮客——「問丸」，以及同行業的公會「座」；同時，交換的發展引發對貨幣的需求，也就出現了相應的匯兑業務，以及高利貸商人。手工業和商品貨幣經濟的發展，加速了日本自給自足的莊園自然經濟的瓦解，使階級關係也發生了新變化。

元日之戰

日本處於鎌倉幕府統治的時候，中國的大部分領土由強大的蒙古汗國控制著，雖然南宋還佔有半壁江山，但勢力已日漸衰弱。當時的日本莊園經濟正在商品貨幣經濟發展的衝擊下瓦解，政局相對穩定，處於相對強盛的階段，而那時的元蒙（**西元一二六〇年成吉思汗之孫忽必烈成為蒙古國王，後遷都燕京，改國號為元**）統治者則沉溺於南征北戰的勝利中，將高麗併入直接統治的管轄地後，就將征服的目標指向了日本。

西元一二六四年，忽必烈派遣兵部侍郎黑的和禮部侍郎殷弘分別為國信使和國信副使，帶國書出使日本，試圖通過和平方式讓日本承認屬國地位，向元朝納貢。這一年風浪太大無法出行，黑的一行就折了回來。翌年黑的再次領命出使，行至高麗，因不熟悉海航，最終由高麗王遣人代替黑的出使日本。因國書要求日本效仿高麗來朝「通好」，否則將對日本用兵，鎌倉幕府以「書辭無理」拒絕接受。幕府「執權」北條時宗令大宰府備戰，加強九州沿海要地的戒備。

其後，西元一二六九年和西元一二七一年忽必烈又兩派使者出使日本，均遭幕府朝廷拒見。當時元朝（**前身是蒙古帝國**）稱雄於大半個歐亞大陸，與元朝建有外交關係的國家遍及兩大洲。日本的不合作態度，是元世祖忽必烈所不能允許的，在遣日無果的情況下，西元一二七四年忽必烈終於發動了征日戰爭。

這一年十月三日，忽必烈任命忻都為征東都元帥，洪茶丘和劉復亨為左右副統率，率領由約一萬五千名蒙古及女真兵、兩萬漢軍、五千名高麗軍及六千七百名水手組成的征日大軍，乘九百艘戰船從高麗合浦出發，攻陷了日本對馬島和壹岐島，在北九州博多灣登陸，數百名日本武士喪生。

雖然日本武士作戰剽悍勇猛，但面對元軍的團隊作戰方式，日本武士個體應戰的方式不堪一擊。當開戰的鑼鼓響起，助威的殺聲響徹雲霄，日軍戰馬受驚跳躍打轉，當武士好不容易撥轉馬頭衝向元軍的時候，已經被元軍射中。日軍調整作戰技術，集體進攻時，元軍又採用包圍戰術，所有出戰步兵排列成隊，日軍逼近時，元軍佇列從中間分開，待日軍闖入兩端合圍予以消滅。元軍個個驍勇善騎、力大、不懼死、善於進退。元帥據高處指揮，進退擊鼓，士兵按鼓聲行動。在後退時，鐵炮發射鐵彈，所至之處慘叫連連，被擊斃者極多。日軍雖積極應戰，仍處於不利地位。

但天有不測風雲，激戰至暮，節節敗退的日軍撤至大宰府水城，元軍因副統帥劉復亨受了箭傷也撤至船上。不料當夜狂風暴雨驟至，狂風暴雨摧毀了元軍兩百多艘兵船，淹死士兵達一萬三千餘人，損失慘重，征東都元帥忻都無心戀戰，匆忙召集餘部連夜撤退回國。第一次戰爭就此結束，在日本史上被稱為「文永之役」。

由於南宋戰場的牽制，元世祖忽必烈無暇繼續對日作戰，於是又再派使者出使日本，但是均被幕府「執權」北條時宗斬殺，並加強沿海要塞的警戒。忽必烈聞知使者被斬殺的消息後異常憤怒，決定再次出兵日本。

西元一二七六年，在滅掉南宋後，忽必烈進行了更大規模的對日作戰準備。在高麗境內設立征服日本的行省，由高麗王和出征日本的統帥共同管理。西元一二八一年，在精心準備下，忽必烈決定兵分東南兩路夾擊日本，東路軍由忻都、洪茶丘率領，共四萬人，從朝鮮半島高麗合浦出兵，經過對馬島攻入北九州的博多灣，日本軍隊防守嚴密，未能攻破防守實現登陸；而江南軍由范文虎等將率領，共十萬大軍，戰船三千餘艘，從定海出發，七月末，東南兩路大軍會合。兩路大軍統率間矛盾重重，不能統一作戰意見，導致會合後沒有及時發起總攻。等好不容易統一作戰計畫時，一場巨大的颱風再次襲來，元軍損失十餘萬軍隊，戰船半數沉沒，元軍再次被迫撤退。日本史稱這此戰役為「弘安之役」，由於不熟悉氣候，元朝第二次東征日本也以失敗告終。

這之後，雖然元世祖忽必烈心有不甘，欲再次東征日本，但礙於群臣反對和對東南亞戰爭的牽制沒能成行。又兩度派遣使者前往日本，均未到達即返回。元朝和日本政府間處於僵持狀態。西元一二九四年正月，忽必烈去世，征日計畫也隨風而去，不了了之。

但兩國間的民間往來卻並未受限，商業、文化往來頻繁，基本每年都有日本商船前來沿海城市貿易，雙方貿易種類繁多，瓷器、銅錢、香料以及日本所產黃金、扇子、刀具等。文化交流則以佛教為主，來華日本僧人很多，除了遊歷中國山川、名城，還與中國僧人、文士結交，回國後往往成為中華文化傳播的主導者。

延伸閱讀

東亞未納入元朝統治的地區只有處於東亞邊緣地帶的日本和東南亞部分地區，因為這些地區比較偏遠，征服進行得頗為不順利，以致蒙古統治者很快就失去了征服這些地區的興趣。而日本得以倖免的原因更在於大海的阻隔，兩次暴風雨對元兵戰船的襲擊成了元兵失敗的主要原因。崇拜大自然的日本人託了颱風的福，於是把這種自然現象說成是「神風」，這也是「神風」的由來。

另外的因素則是，在幕府領導下的日本軍民進行了頑強抵抗，元朝征日的侵略行為也損害了利益，受到漢族的種種抵制。這種抵制也是促使元軍走向失敗的重要因素。

鎌倉幕府衰落

鎌倉幕府雖然在「神風」的庇護下，有效阻止了元軍的進攻，但兩次大規模應戰耗費了幕府大量人力和財力，軍事和財政的衰弱使鎌倉幕府開始走向衰落。

和承久之亂不同，抗元戰爭後幕府沒有得到沒收自政敵的土地，故而無法使獲有戰功而紛紛來到鎌倉要求恩賞的御家人得到滿足，從而破壞了由「奉公」取得「恩賞」的這個幕府和御家人關係的基礎，這引起了為贏得最終勝利而做出巨大犧牲的御家人的強烈不滿，由此御家人對幕府產生了極大的不信任。

在這種情況下，一些御家人為彌補戰爭給自己造成的經濟損失和恢復自己的實力，就加緊侵佔「公地」，並透過十三世紀中期開始採取的「地頭請」和「下地中分」的辦法蠶食莊園，加速了地頭、莊官等既脫離「本所」、「領家」，又脫離幕府，形成獨立的封建領主。此外，幕府實行武士遺產的分散繼承制，很多御家人的土地越分越小，逐漸失去了生活來源。為生活所迫，一些御家人典賣了自己的土地，有的甚至向高利貸借款陷入惡性循環，由此走向破落。

為了維護幕府統治，防止其政治軍事支柱繼續削弱，幕府決定幫助生活困頓的御家人，西元一二九七年，鎌倉幕府頒布了《德政令》，實施了一系列措施。包括將典賣的土地無償歸還御家人，不予承認高利貸借條，將財產的分散繼承改為由長子一人繼承。這些旨在改善御家人生活的措施雖然暫時起了一些作用，但並沒有從根本上解決御家人趨於貧困的問題，因為他們的收入並沒有從根本上得到增加。而《德政令》的實施引發了一系列負面影響，對此不滿的商人抬高物價，高利貸不再向御家人通融資金，也沒有人敢買御家人的土地，御家人的生活並沒有好轉，而是更加貧困。《德政令》在頒布不到一年後被迫取消，幕府的統治能力和威信因此更加喪失。幕府面對著前所未有的統治危機，御家人的貧困沒落加速了御家人制度的崩潰。

另外在幕府的下屬國中，原來派往各國的「守護」也乘機擴大自己的勢力，「守護」對本屬國的御家人握有管理之權，是御家人中最高的職位。隨著幕府的衰落，一些御家人轉而與「守護」結成主從關係，「守護」勢力的增強動搖了幕府統治的基礎。

鎌倉幕府面對壯大的「守護」勢力，以防禦異國入侵為藉口，委派北條氏族人到各國擔任新「守護」，更換各屬國的「守護」。到西元一二八五年，北條氏擔任「守護」一職人數達三十八人之多，佔了一半以上，北條氏的變相專權引起了外氏御家人的不滿，激化了幕府體制內部的矛盾。

北條時宗死後，幕府近臣代表平賴綱和外氏代表安達泰盛發生衝突，結果安達泰盛一族被全殲，史稱「霜月騷動」。經過這一事件，作為鎌倉幕府統治基礎的御家人制度開始瓦解，鎌倉幕府的統治岌岌可危。

而御家人處境的變化引發了農民的處境惡化，這也是鎌倉幕府倒臺的催化劑。御家人不論是轉為領主或破落下去，為轉嫁戰爭和爭鬥負擔，都加強了對以「百姓名主」為主的農民的掠奪，致使農村荒廢，饑饉頻發，加劇了階級矛盾，農民只得以逃散的方式來抵抗。

另一部分有實力的「百姓名主」早在抗元戰爭前就上升為武士。他們沒有和幕府結成主從關係，不是御家人。這些新興名主，在貨幣經濟較發達的近畿地方尤多，為了發展自己的勢力和對抗幕府和領主的壓榨，召集反抗領主的貧困百姓名主、逃亡的下人和下層群眾，集合他們的力量用弓矢甲冑武裝起來對抗幕府和領主，阻礙年貢的徵收，襲擊年貢運送隊，奪取年貢。統治階級把這類武裝集團稱為「惡黨」，視為盜賊。隨著農民處境的惡化，「惡黨」的活動擴大，範圍遍及日本各地，北起出羽、陸奧，南至淡路。

在「惡黨」對鐮倉幕府乘亂打劫的時候，一些不滿幕府的御家人選擇脫離幕府，漸漸獨立的一些地頭和守護，出於反對幕府、蓄養自己實力的需要，往往拉攏「惡黨」相互勾結，有的甚至成為「巨魁」。

「惡黨」的活動構成了對幕府統治的嚴重威脅。末代執權北條高時又恰恰是一個無所作為之輩，耽於遊宴，荒廢政事。至此，不論是外氏御家人或非御家人，大部分武士的心都已離開了幕府，伺機反叛。而反叛所需要的只是一面能夠把他們結合起來的旗幟。

延伸閱讀

「地頭請」，即莊園領主委託地頭來管理莊園，地頭按契約交納一定份額年貢給領主的關係。

一開始，地頭只是代名義上的領主管理和收納地租，隨著鐮倉幕府勢力的擴大，莊園不斷增多，遠方地頭的支配權擴大，年深日久，就有了逃避繳納年貢的念頭。住在京都、奈良的領主鞭長莫及，只好告到幕府，然而強龍不壓地頭蛇，幕府對地頭的行為也無法制止。雙方通過協商，莊園領主只有退讓一步，立下契約，把莊園的支配權完全讓給地頭，自己收納一部分年貢，以此來解決紛爭。所謂地頭請，就是這種莊園領主對地頭妥協的產物。

延伸閱讀

「下地中分」，指莊園領主與地頭把莊園（**下地**）折半（**中分**），各自領有所有權，互不干涉的方法。地頭請本就是一種勉強解決領主和地頭糾紛的辦法，管理莊園的地頭，並不願意平白無故地將年入的一部分交給遠方什麼事也不做的領主。

鎌倉中期，莊園領主出於無奈，索性將莊園的土地農民分為兩部分，和幕府委任的地頭斷絕關係，以解決地頭對莊園利益的侵吞。

分割的方法，一般是均等分割，有些地頭只同意按一比二的比例對分，莊園領主往往需要向幕府申請強制執行。莊園被莊園領主與地頭均分的辦法得到了幕府的承認，地頭從此真正支配了莊園，並繼續侵佔原領主所得的部分。由於地頭受守護支配，各國守護成為實際領主，形成守護領國制，由之發展為守護大名。

中興之帝

正當農民、武士均對鎌倉政權普遍不滿，鎌倉幕府日益衰落的時候，京都天皇及公卿貴族認為復興皇族政權的時機已到，各股勢力躍躍欲試，伺機而動，而這其中的核心人物則是後醍醐天皇。他就是反叛勢力所需要的那面能夠把各股勢力結合起來的旗幟。

後醍醐天皇於西元一三一八年即位，即位之時已經三十一歲了，這在自平安時代末期以來，算是比較大齡的天皇了。當時天皇一般於十歲左右繼位，二十歲左右便開始隱退。在長達十年的太子生涯中，他親眼目睹了天皇如同傀儡，只是一枚閒職，朝廷的實際權力由幕府操控。從那時候起，他就暗下決心，待登上皇位那日一定要改變此種君臣顛倒的狀況。在此期間，他學習了宋朝朱子學和佛典，從中吸取了一些治國經驗，受朱子學「大義名分」的思想影響，立志恢復天皇親政、直接掌握國家大權。

即位後，他先從上皇的院政入手，在得到後宇多上皇的同意後廢除了院政，實現親自執政的願望。他親自視理政務，設立記錄所，裁決訴訟，破格使用出生低微的有才有識之士，朝政煥然一新，王公貴族對此頗感滿意。

不過，確立皇權的根本在於打倒幕府，幕府一天不除，皇權就永無出頭之日。此時，鎌倉幕府的「執權」北條高時不事政務，幕府內部混亂，權威下降，社會各階層不滿情緒日增，御家人紛紛離叛。後醍醐天皇認為幕府權威和實力已十分衰落，正是打倒幕府的好時機。他秘密召集反對幕府的貴族、僧侶和武士，商討討幕計畫，在多次秘密集會謀劃下，討幕計畫日臻完善。

西元一三二四年，天皇準備與幕府開戰，派心腹日野資朝、日野俊基分赴各地，策動地方豪族討幕。美濃國的土岐賴兼、多治見國長、土岐賴春等應召進京，但賴春對此次討幕毫無信心，為求自保，乃向「六波羅」告密。幕府得知後立即派人到京都逮捕日野資朝、日野俊基等主謀，並送至鎌倉，而土岐賴兼和多治見國長則在事情敗露後自殺。

後醍醐天皇一看事情暴露，為保存實力，忙派時任敕使的萬里小路宣房赴鎌倉洗脫嫌疑。因交涉成功，幕府並未處置後醍醐天皇，只有將日野資朝流放到佐渡島了結此事，萬里小路宣房也因此一舉升為大納言，此事史稱「正中之變」。

通過這次政變，幕府和後醍醐天皇間互相提高了警惕。西元一三二六年三月，因太子邦良親王去世，關於冊立皇太子問題，幕府與後醍醐天皇發生了分歧。幕府堅決擁立「持明院」系的量仁親王為皇太子，使後醍醐天皇企圖立自己兒子的希望破滅。「承久之亂」以後，決定皇位繼承和上皇擔任院政的大權都操在幕府手中，此次事件讓後醍醐天皇更加痛恨幕府，再一次堅定了他推翻幕府的決心。

西元一三三一年四月，天皇的近臣吉田定房為避免朝廷和幕府的衝突，將討幕之事秘告幕府。幕府迅即逮捕了參與者，但並未危及天皇。八月，天皇突然帶著象徵皇位的三種神器離開皇居前往南部，並以笠置山為據點，號召各地勢力與幕府對峙。幕府獲悉後，遂派足利高氏（後改名尊氏）等帶兵征討笠置城。新建的據點不堪一擊，不久便陷落，天皇倉皇逃亡，途中被幕府軍逮捕。翌年三月，後醍醐天皇被流放到隱岐島，天皇的近臣日野資朝、日野俊基等人也被處以重刑。至此，天皇的第二次討幕計畫也以失敗告終，皇位也被迫讓於「持明院」系的量仁親王，名為光嚴天皇。

後醍醐天皇的討幕行動雖然失敗了，但是各地的反幕運動卻並未停息，反而越演越烈，「惡黨」橫行，久蓄不滿的御家人也相繼造反。流放至隱岐島的後醍醐天皇雖屢遭失敗，卻也並未放棄討幕的決心，繼續號召對他寄予希望的武士參與討幕。

在戰亂日益擴大的情況下，西元一三三三年三月，後醍醐天皇在伯耆國（今鳥取縣）名和氏當主名和長年的幫助下逃離了荒島隱岐，再次發詔各國討伐幕府。此時，幕府對政局的控制力日趨下降，也幾乎喪失了對家臣的控制。天皇的詔令一發，一呼百應，皇室貴族、武士、新興領主、莊園農民等不滿鐮倉幕府的勢力紛紛聚集在後醍醐天皇的旗幟下，準備討伐幕府。尤為重要的是，幕府家臣足利高氏和新田義貞相繼背叛幕府，給幕府以致命的打擊。

同年五月七日，足利高氏破京都。五月二十二日，新田義貞陷鐮倉。幕府「執權」北條高時及其全族自殺。至此，存續了一百四十九年之久的鐮倉幕府滅亡了。

西元一三三三年六月四日，取得勝利的後醍醐天皇返回京都，廢除了「持明院」系的光嚴天皇，重新即位恢復親政。翌年，仿效中國東漢光武帝滅王莽新朝後所用過的年號「建武」，實施改革，史稱「建武中興」。後醍醐天皇也因此被稱為中興之帝。

後醍醐天皇實施新政的目的在於恢復古代天皇集權制，包括撤銷威脅天皇權力的關白、攝政等職務，一切大權由天皇本人總攬，對皇室和大貴族的利益極力保護，大力封賞，致使「今六十六國內，已無賞給武士立錐之地」。這種過度重視天皇朝廷，而忽視在推翻鐮倉幕府中立下戰功的武士利益的做法，引起了各地武士的極度不滿。

而與此同時，後醍醐天皇為了彰顯皇權的威嚴，無視長年戰亂給百姓帶來的苦難，肆意向各地御家人增加稅收，徵發勞役，在京都大興土木建造宮殿，出現了「兵革之後，世局未穩，國費民苦」的亂象。沉重的負擔激起了武士和農民的不滿，於是後醍醐天皇逐漸失去了武士和農民對他的支持。

在討幕行動中立下戰功的足利尊氏雖然獲得了天皇的賜名（由足利高氏改為足利尊氏），但是並沒有獲得他夢寐以求的「征夷大將軍」名號，反倒受到後醍醐天皇的種種限制。這讓足利尊氏非常失望，他悄悄積蓄力量伺機而動。

西元一三三五年七月，北條氏旁支北條時行在信濃舉兵捲土重來，並很快攻陷鎌倉，史稱「中先代之亂」。八月初，蠢蠢欲動的足利尊氏未等天皇下詔，擅自率領五百名騎兵離開京都與其弟足利直義會合，大破北條時行奪回了鎌倉。佔據鎌倉後，足利尊氏並沒有返回京都，而是自稱征夷大將軍，另立灶台和朝廷公開對抗，這讓後醍醐天皇十分氣憤。

同年十一月十九日，天皇任命尊良親王、新田義貞為正副征討將軍，討伐足利尊氏。足利尊氏與其弟率軍大敗天皇的軍隊。期間，天皇方面也曾多次擊敗足利尊氏。然而，對天皇朝廷不滿的武士們，轉而把所有希望寄託在足利尊氏身上，紛紛前來投靠，足利尊氏再次起兵打敗天皇軍隊。

西元一三三六年五月，足利尊氏進入京都，軟禁了後醍醐天皇，擁立光嚴天皇的同母胞弟豐仁親王即位，是為光明天皇。「建武中興」由此宣告結束。同年十一月，後醍醐天皇被迫將象徵天皇權威的三神器交給光明天皇，自己則被尊為上皇。

但是後醍醐天皇並不甘心就此罷手，十二月二十一日晚，他裝扮成女性貴族乘車逃離京都，在吉野建立了新的政權，並宣布交給光明天皇的三神器為偽造品。自此形成了與京都皇室對立的局面，日本歷史上的南北朝由此形成。

建武政權失敗的因素在於這個政權的建立，絕不是單純的以後醍醐天皇為首的皇室貴族之力，也不是倒幕的武士之力所能實現的。這是由皇室貴族、武士、新興領主、莊園農民等階級的綜合力量成就的。社會各階級不滿幕府的專制統治，為尋求出路才聚集到後醍醐天皇旗幟下，主要是因為當時還沒有出現能夠代表各階級自身利益的領袖，沒有一個能夠號令天下的權威。建立在這種階級基礎上的建武政權，實際上是很難推行什麼新政的。若維護有利於皇室的政策，就會引起新興領主和武士的不滿，反之又會引起皇室貴族的不滿，因此他只能宿命地在這樣的時代背景中，做著徒勞的奮鬥。

延伸閱讀

鎌倉時代，天皇和上皇均處於幕府的控制之下。雖然如此，在幕府與鬥爭的漩渦中，皇族內部分裂為兩個派系：住在大覺寺的後宇多上皇，稱為大覺寺統；住在持明院的後深草、伏見兩上皇一派，則稱為持明院統。圍繞皇位的繼承產生爭鬥，西元一三一七年，經幕府的調停，兩大派系協商決定：輪流出任天皇，幕府也表示不再干預皇位的繼承。然而事實並非如此，幕府從來只支持順從自己政權的一方。兩派之間的爭鬥越加激烈。

南北朝之爭

眾所周知，日本南北朝的內亂當然不僅是南朝和北朝兩個朝廷的鬥爭。實際上，北朝的實際控制者是幕府，因此南北朝間的爭鬥也就成了以幕府為代表的武家和南朝為代表的公家間的鬥爭。

西元一三三八年，北朝的光明天皇任命擁立他的足利尊氏為「征夷大將軍」，足利尊氏終得以重啟武家政治，隨後他在京都建立了足利幕府（室町幕府）。幕府建立後，為了整頓渙散的武家制度，足利尊氏決定改革朝政，不久便頒布和實施了武家法典《建武式目》，由此拉開了足利幕府的統治序幕。

該法典意在重整幕府政權：減輕農民負擔；獎賞有功武士，抑制貴族、寺院勢力；禁止奢侈，力行節儉，不得受賄行賄；選用賢能之人擔任地方官，並要求豪強不得兼併私宅，以減少破產流浪者；委任效忠足利氏的有功、有才幹的將領為各地守護。它的很多條款在一定程度上反映了當時各階層人民的要求，為足利氏最終能夠擊敗南朝奠定了基礎，足利氏也試圖建立一個開明的政權。

雖然如此，南北兩朝，三種關係，兩股政治勢力間的對峙依然存在，並沒隨足利尊氏的勝利而穩定下來，戰事不斷。西元一三三九年八月十六日，五十一歲的後醍醐天皇因病去世。相傳他臨死前，一手握著《法華經》，一手撫劍，還立下遺詔：「縱令玉骨已埋南山，魂魄亦當常望北闕。」因此後醍醐天皇的陵墓也與一般的坐北朝南的傳統葬式不一樣，而是坐南朝北埋葬。後醍醐天皇死後沒多久，擁護南朝的著名武將也相繼戰死，南朝似乎氣數將盡。但是，由於足利尊氏與其弟足利直義的內訌，給了南朝苟延殘喘五十三年之久的機會。

足利尊氏和其弟足利直義本是好兄弟、好搭檔，兄弟倆同心合力打下幕府江山，在足利幕府成立之初，兄弟倆分工明確，足利尊氏作為將軍是幕府最高的統治者，執掌軍事大權，其弟掌握政務實權。但一山向來難容二虎，在接下來如何消滅南朝的問題上兄弟二人產生分歧，足利直義主張漸進統一，而足利尊氏聽信寵臣高師直的建議，主張速戰速決，這只是導火索。而實際上，足利直義對恃寵而驕的高師直非常不滿，決心除掉高師直，由此加劇了兄弟間的矛盾。

西元一三四九年，在高師直的一再要求下，足利尊氏革除了其弟足利直義的一切職務。此後高師直更為驕恣，而足利尊氏與足利直義之間的關係也因此日趨緊張。翌年，兄弟徹底反目，足利直義一氣之下帶兵投靠南朝，與北朝的實際控制者足利尊氏對立，兩派爭亂興起。其後，足利直義統帥南朝軍隊打敗足利尊氏的北朝軍隊，其間有人說和，兄弟倆藉此握手言和。第二年，足利尊氏與其子一同歸順了南朝。

但是兄弟倆和睦的好景並不長，不久，足利尊氏又與足利直義產生了衝突，西元一三五二年二月，《太平記》稱足利尊氏毒死了自己的弟弟。足利直義雖死，但支持他的武士們及其養子足利直冬繼續與足利尊氏作戰，先後數次佔領過京都。但在西元一三五五年的時候，足利尊氏扭轉了戰局取得決定性勝利，幕府此時的統治也開始逐漸穩定下來。

西元一三五八年四月三十日，足利尊氏病故，時年五十三歲，其子足利義詮繼任將軍，在執事斯波義將的輔佐下，足利義詮穩固了幕府統治，並逐步壓制住了南朝勢力。

延伸閱讀

足利尊氏（**北條守時的妹夫**）一族本是清和源氏義家嫡系子孫，自北條氏從源氏那裡得到鎌倉幕府「執權」之職後，足利氏備受屈辱。傳說足利氏先祖義家曾有遺書，希望自己的第七代孫取得天下，以雪屈辱之恨。可是，到第七代孫家時（**即尊氏的祖父**）之時，未能實現先祖遺言。一天，家時祈求八幡菩薩，願他的三代子孫中能有人實現先祖的遺願，然後含恨剖腹自殺。可見足利尊氏一族和北條氏間的恩怨由來已久。

延伸閱讀

南北朝內亂的最基本原因是「農民」，御家人處境的變化引發農民處境惡化，為轉嫁戰爭和爭鬥負擔，御家人加強了對以「百姓名主」為主的農民的掠奪，致使農村荒廢，饑饉頻發，加劇了階級矛盾。為了抵抗御家人、貴族、寺院的層層盤剝，有地緣或血緣關係的村落開始自行結合，形成有相當自治權的「惣村」，領主的支配力不斷地被弱化，階級矛盾加劇。這一原因才是內亂爆發力量的根源，同時也是這場內亂帶來的重要結果之一。

室町幕府

西元一三六七年，足利義詮去世後，同年十二月，他年僅十歲的兒子足利義滿繼任第三代幕府將軍，由軍事政治才能顯著的細川賴之輔政。足利義滿成年親政後，努力強化將軍的權力，在政治上顯示出卓越的統治與領導能力，在他的統治下，幕府達到了最強盛時期。西元一三七八年，足利義滿在京都的室町營建了富麗堂皇的府邸，並在此處執行政務，足利幕府的稱呼由此被室町幕府所取代。

足利義滿在任期間先後平定了土岐康行、山名氏清等地方守護的叛亂，幕府統治得以進一步鞏固。同時，隨著幕府內部矛盾的瓦解，南朝勢力也在經過幾次大征伐後徹底衰退。西元一三九二年，足利義滿對南朝提出統一的建議，並順利實現南北朝統一，成功地結束長達六十年的分割狀態。由此，足利義滿在全國範圍確立起幕府將軍的絕對統治權，成為室町幕府最盛期的締造者，日本也得以真正樹立稍微安定的政權。

足利義滿當政時期，將「執事」改稱為「管領」，並賦予其極大的許可權，可說是一人之下，萬人之上之職。管領之下設有侍所、問注所、政所等中央機構，「管領」負責輔佐將軍，傳達將軍對地方守護的命令。在室町幕府前期，「管領」職位由足利氏門下的有力守護細川氏、斯波氏、畠山氏三大家族輪流擔任，稱為「三管領」，直至室町幕府末期，「管領」職位才出現了私相授受的情況。

在管領的下設機構中，侍所最為重要，由赤松氏、一色氏、山名氏、京極氏四個家族的人出任，主要負責統領御家人、負責幕府警備任務，被稱為「四職」。

在地方上室町幕府在關東地區設置了「關東御所」，在九州地區設置「九州探題」、東北地區設置「奧州探題」等，這些機構的官位設置基本和京都的幕府一樣，也設有「管領」、「侍所」等職能部門，堪稱獨立的個體。其中「關東御所」勢力最為強大，由足利尊氏的三兒子足利基氏的子孫世襲鎮守。除「守護」由幕府將軍直接任免外，其他事務均由關東御所的輔臣「關東管領」處理。隨著關東御所實力的不斷加強，它與室町幕府的關係也日漸對立，至幕府中後期關東御所已經成了室町幕府最大的威脅之一。

而威脅的來源則是由於與鎌倉幕府時代的性質不同，鎌倉幕府的守護與地頭都是幕府將軍的御家人，兩者之間的關係更多的是主從關係；室町幕府時代的守護大多由足利氏同族和有力家臣擔任，更多的是相互制約的關係。而早在西元一三五二年，足利義滿的父親在任期間頒布《半濟法》，授權守護可以留下轄區莊園年貢的一半作為「兵糧米」，這樣原本屬於「國稅」的財產就流入了守護的腰包，同時他們一方面擁有裁判訴訟、處理無主田地、徵收稅款、催促兵役的權力；另一方面不斷侵吞莊園，將領國的國人變成自己的家臣團，到足利義滿時逐漸發展為守護領國的守護大名。

守護大名的武裝勢力越來越強大的時候，讓足利義滿深感不安，自己身為將軍卻沒有直接統領的軍隊。鑑於此，他特意從地方守護的武士中剝離出一部分，改編為自己的武裝力量，人數約在三千人左右。這支軍隊直接聽命於將軍，稱為「奉公眾」，平時負責護衛將軍的安全，同時也兼有負責管理「御料所」，即分布於諸分國的將軍直轄領上的守護動向的職責。足利義滿希望強化幕府體制，統制和監督各地方的守護階層，並藉此削減其勢力。

西元一三八九年起，足利義滿開始秘密謀劃征討地方財大勢大的「守護大名」，首當其衝的是鎮守東海三國的守護大名土岐康行，幕府趁其家族發生內訌之機舉兵討伐，將其貶為美濃一國的守護，史稱「土岐康行之亂」。

兩年後，足利氏的同族、最大的守護大名，領有十一國守護的山名氏清反叛，舉兵向京都進攻。足利義滿遂起兵討平山名氏清，山名氏清戰死，山名家勢力急劇衰落，史稱「明德之亂」。

在削弱了山名氏清家族的勢力後，足利義滿將下一個目標鎖定在了大內義弘的身上。大內義弘擁有六國領地，是關西地區最有實力的守護大名。西元一三九九年，大內義弘宣布反叛幕府，足利義滿親任總大將，派遣細川氏、京極氏和赤松氏為前鋒，以總兵力三萬六千人攻打大內義弘。兩軍交戰，大內義弘戰死，幕府軍隊大獲全勝。此役發生於應永六年，故史稱「應永之亂」。

在巧妙地削弱各地守護大名的實力後，室町幕府將重心轉移到財政管理方面。由於室町幕府對守護、地頭的統治並不徹底，所以其經濟主要來源於分散各地的約兩百餘處的直轄地「御料所」。為了增強經濟實力，幕府增加了向各地大名徵收年貢米和年貢錢的數量，但他們未必從命，幕府不得不在畿內的交通要道設「關所」，徵收「關錢」，在渡口收取「津料」，並且對京都內的當鋪業和釀酒業課徵稅收。所以室町幕府的財政自始至終很不穩定。為了解決經濟拮据問題，與明朝進行「勘合貿易」，也逐漸成為幕府的重要財源。

西元一四〇一年，為了恢復中斷了六百多年的邦交，從而從貿易中獲利，足利義滿命令九州探題打擊導致貿易中斷的海盜，明成祖朱棣封授足利義滿為「日本國王」，賜金印冠服，並向明朝派出使節，以屬國朝貢的形式與明朝建立了正式的邦交。西元一四〇四年，明朝給日本配發了一定數額的貿易配額，此所謂「勘合貿易」。一般情況下，明朝每代皇帝會配發給室町幕府一百道「勘合符」，這是日本商船到達中國後要出示的證件，這樣做的目的是為了區別官方貿易和倭寇船，經明朝官員查驗無誤後，方能進行交易。日本當時主要向明朝出口刀劍、扇子、銅、硫磺等，進口生絲、紗和瓷器等。明朝對貿易不徵收關稅，還承擔一些倉儲費、搬運費，日本從中獲得很大貿易利潤。

隨著貿易規模的擴大，明朝的銅錢大量流入日本，以致在很長一段時間，永樂通寶成為日本的標準貨幣，廣泛流通，促進了日本貨幣經濟的發展。貿易往來還促進了日本商業形式發展多樣化，產生了從事批發的「問屋」，各種商業行會組織「座」，城市在全國範圍內發展起來。除原來一些古老的政治、宗教中心京都、奈良、鐮倉等城市在繼續發展成為工商業城市外，同時也出現一些新興城市。

貿易在足利義滿去世後，因在任將軍足利義持反對向明稱臣而一度終止，到了第六代將軍足利義教時，迫於財政困難，又再開勘合貿易，至西元一五五一年，由於日本國內政局不穩，日明貿易最後終止。

極盛後的衰亡

足利義滿去世後，其子足利義持得以掌握實權，統領室町幕府，足利義持繼續保持了幕府的穩定發展，然而在這種繁榮的穩定下，仍然難掩幕府內部的矛盾和動盪。足利義持在任期間和死去的父親處處作對，他辭退了朝廷追封父親太上法皇的尊號，啟用父親罷免的官員，甚至終止了父親苦心恢復的勘合貿易，也許十四年有名無實的將軍生涯讓他倍感恥辱，從而對父親心生憤怨。

足利義持的作為引起了父親生前所寵愛的異母弟義嗣的不滿，與原關東管領上杉禪秀勾結，計畫推翻哥哥義持，以失敗告終。義嗣被哥哥義持逮捕，監禁於相國寺林光院，隔年正月被殺害。

然而，足利義持辛苦維持武家政治半世，卻終落得後繼無人的結局，其子足利義量雖十七歲繼承將軍之職，可是他天生命短，在職三年就病死了。在此種情況下，將軍之位落於義持弟弟義教之手。足利義教本已出家，因義量死後後繼無人，而還俗接攬幕府重任。義教有其父義滿的鐵腕作風，在任期間舉兵打敗了關東大名鐮倉公方足利持氏，再次把幕府統治推向高峰。不幸的是，在西元一四四一年，足利義教在削弱對手的戰爭中遇襲身亡。

身亡人不知身後事，其子足利義勝也是個短命鬼，在義教死後不到兩年也病死了。

另一個兒子足利義政挑起幕府的擔子，此時的幕府已不復當年繁榮之景象，開始走下坡路。為了挽救幕府的財政危機，義政積極開展海外貿易。此人文化修養很高，精通中國文化，但同時也耽於酒色，不事朝政，導致社會動盪不安，各地不斷爆發農民起義。苦不堪言的下層農民開始用武裝起義替代罷工逃走來反抗地頭、領主、守護和幕府的層層盤剝，起義的目的是希望幕府發布類似《德政令》那樣挽救御家人生活困境的政令，取消農民欠繳的年貢。另外，當鋪和高利貸也是農民不能承受之苦，希望幕府出面廢除或者減免債務壓迫來緩解生存壓力。憤怒的農民頻頻暴動，迫於壓力，地方領主很快頒發《德政令》。隨後，近畿周邊地區的農民也相繼展開起義，迫於壓力，幕府也不得不頒發《德政令》。

頻發的農民起義加劇了幕府政權的動盪，將軍權力逐漸衰落，加上義政不理朝政，幕府實權旁落重臣和實力強大的守護大名細川勝元、山名持豐（山名宗全）等手中。

足利義政早年無子，西元一四六四年以弟義視為繼嗣、以細川勝元為輔佐人；沒想到翌年其妻日野富子生下兒子義尚，偏偏日野富子又是個貪戀權勢的主兒，不顧義政反對以山名持豐為輔佐人，誓立兒子為將軍，這無疑埋下了爭權的火種。動亂的時局以幕府內部兩股勢力為中心，展開了爭奪繼嗣地位的鬥爭，使中央勢力發生分裂由繼嗣之爭上升到細川氏與山名氏兩大名的傾軋，這個爭鬥過程加速了幕府走向衰敗。

西元一四六七年，細川勝元統率十六萬東軍挾天皇、將軍與山名持豐、大內政弘率領的十一萬西軍以京都為戰場展開大戰，所涉及的西軍和東軍勢力均捲入其中。此一戰拉開了雙方長達十一年的爭鬥歲月，勢均力敵的雙方難決高下，進入僵持狀態，戰亂逐漸波及地方。直到細川勝元、山名持豐兩氏相繼病逝，士兵們漸漸厭倦了長久的征戰，雙方部隊才偃旗息鼓撤離京都，這就是在歷史上具有轉折意義的「應仁之亂」。長年的戰爭使得當時的京都滿目瘡痍，荒蕪人煙，曾經繁華的寺院、宅邸多數為戰火所毀。公卿們因為不堪生命之危險與經濟之困窘，大多逃離京都避難於地方。

而地方除了農民暴動外，「三管領家」之一的畠山家族也因繼承問題發生了武裝衝突。從中央到地方，派系鬥爭錯綜複雜，至此幕府權威完全掃地。

在此種境況下，足利義政的死更是一條分界線。足利義政死後，其子足利義尚與其弟足利義視之間的奪權爭鬥發展到了白熱化的程度，最終足利義尚獲勝。義尚繼位後，曾想重振幕府威勢，但此時的幕府已經千瘡百孔，而足利義尚還以為幕府擁有和以前一樣的實力，繼續出兵討伐近江大名六角高賴，卻於作戰中不幸陣亡。於是幕府之勢已是風前之燭了。此後日本進入了戰國時代。

至義尚後，風雨飄搖的室町幕府又立第十代將軍足利義植，他在一四九三年被細川政元流放。一五〇八年在大內義興的幫助又重新成為將軍，十三年後再次被細川高國流放，最終死在流放途中；第十一代義澄，十二代義晴均是無能之輩；十三代義輝雖然想重振幕府，怎奈此時的幕府已如風燭殘年，回天乏力，最後也只落了孤身戰死的下場；十四代將軍足利義榮只是個傀儡；十五代將軍足利義昭在重重困難中依靠織田信長上位，卻又受制於織田信長，後設計包圍網欲除掉信長，但是也是功敗垂成，最後被流放，成了室町幕府最後一位將軍。經歷了兩百多年的室町幕府滅亡。

經歷過戰爭的洗禮，也經歷了無上的榮華，像所有盛極而衰的政權一樣，室町幕府最後的滅亡是必然的，就如櫻花的開落早已預示了盛者必衰的道理。

延伸閱讀

日本戰國時代是指室町幕府後期到安土桃山時代之間大約百年間政局紛亂、群雄割據的時期，在歷史時間劃分上指西元一四六七年到一五七三年這段時期。

在這個時代，無論是幕府政治還是天皇政治都已土崩瓦解。亂世出梟雄，領主平民甚至浪人都有可能成為多國大名乃至於「天下人」，這些地方軍閥才是這個時代的主角。另外，在這段時期日本與歐洲人之間的貿易交流正式展開，天主教和火槍的流入改變了日本的戰爭形態和社會。到了戰國後期，以織田信長為首的各國大名逐漸擺脫以往的兵農合一制度，改採以現金雇傭浪人為職業軍人。同時早期各諸侯的國人貴族聯合體制也逐漸轉型成集權獨裁的軍國政體。於是大規模的會戰成為常態，醞釀著日本列島新一輪的統一進程……

戰國梟雄織田信長1

「應仁之亂」將日本帶入戰火紛飛的年代，以室町幕府「三管領」、「四職」共七家幕府元老為中心。此次戰亂襲捲了全日本的諸侯，戰亂中細川與山名兩大家族兩敗俱傷，從而導致了三管領細川、畠山、斯波以及四職山名、一色、赤松、京極等氏族相繼沒落。這些家族在地方上的實權都被守護大名所攫奪，室町幕府的原有統治體系隨著「三管領」、「四職」的衰亡而由此走向崩潰，而因此進入戰國時代。

日本的戰國時代，亦是氏族分裂、家臣背叛（**家臣攻佔主家，又立即被其部下攻打的場面頻頻上演**）充斥著武力紛爭、暴力奪權、群雄割據的時代。歷史上又稱之為「下克上」的社會變革期。比如，在經濟比較發達的中部地區，尾張、越前兩國原是守護斯波氏的領國，但其家臣織田氏和朝倉氏憑藉武力從守護手中奪去領國，躋身於群雄之列，成為戰國大名；而奪取美濃國的則是油商出身的豪族齋藤氏；領主出身的毛利氏佔領了周防國。

在「大名割據」的戰國時代，主角不是室町幕府的將軍，也不是皇室的天皇，而是這些擁有實權的的「戰國大名」，戰國大名相當於地方軍閥，在地方擁有絕對的統治權。每個有實力的大名都有剷除異己、建立全國性中央政權的野心。為了爭奪勢力範圍擴張自己的勢力，這些大名們常常發動戰爭，互相討伐。除了以武力為基礎外，這些大名也注重發展經濟，走一條富國強兵的道路。尤其到了西元十六世紀中葉，在充實了經濟、軍事實力後，戰國大名們統一日本的野心更是日益膨脹。

若說亂世出梟雄，那麼尾張的大名織田信長便是這麼一位應運而生的梟雄。這位頗具梟雄氣概的霸主藐視權威、重視人才、殘暴好殺、粗魯而無所畏懼，同時也熱愛藝術，不可一世地認為自己就是神，在他之上再無創造萬物的神。織田信長在亂世中以卓越的軍事才能和政治魄力劈開了日本紛擾的戰亂漩渦，將戰國時代的日本導向統一之路，其膽識和政治才能頗似素有「亂世之奸雄，治世之能臣」的曹操。當曹操感歎「對酒當歌，人生幾何？譬如朝露，去日苦多」千年之後，在大海彼岸的日本，與其交相輝映的織田信長也曾發出「人生五十年，乃如夢與幻；有生斯有死，壯士所何憾」人生苦短的感歎。

有趣的是，織田信長年少的時候，並未顯露出將來一統河山的才智和氣概。與此相反的是，少年時代的織田信長行為荒誕不羈、不拘小節，常著裝如乞丐，又不分尊卑，帶領眾少年上樹掏鳥窩下河摸魚，隨意取食百姓瓜果糕餅，騎馬在長街集市疾馳，惹來眾罵一片，因而被百姓嘲諷為「尾張的大傻瓜」。其作為完全不似出自名門望族，與崇尚嚴正守禮的武士之家大相逕庭，更不符合家族中人心目中保守穩健、嚴守禮儀、有大將風範的領導者形象。

不過，作為「尾張之虎」織田信秀的嫡長子，信長打一出生，就肩負著有朝一日繼承父位的重任。為了使兒子將來能擔當重任，信秀任命頗有學識的家臣林秀貞、平手政秀、青山信昌和內藤勝介四人擔任他的師父和輔佐官。據說因為信長出生在父親剛攻克那古野城的遷居途中，可說是雙喜臨門讓信秀不勝歡喜，對該子也格外看重，所以信長六歲時就成了該城的城主。

信長的先祖本為越前國的神官，後流落至尾張成為當地領主。當時尾張國名義上的統治者是守護（守護的權力從來都是由當地大小武士集團聯合支撐起來的）斯波氏，但此時守護已被架空領主卻逐漸坐大，成為大名——織田氏就在這種背景下日益膨脹起來，謀得了守護代的職權。信長的父親信秀在此間並無多大的地位，不過是家臣的家臣，守護代下三奉行之一。而後靠著敏銳的政治嗅覺以及勇猛的作戰能力，信秀很快脫穎而出，壓制了兩位同僚，並憑自己的智勇拓展了對尾張中西部的支配權，以此獲得「尾張之虎」的稱號。

戰國時代的尾張國，是連接京都和關東地區的重要隘口，所處之地阡陌相連，北有美濃國，西有伊勢國，東有三河國。因為尾張土地肥沃、物產豐富，比起舊勢力控制的畿內，武士的勢力成長更有空間，周邊豪強無不虎視眈眈。這就要求控制尾張的主君必須是一位天才的戰略家，否則虎視眈眈的四鄰可以從任意一個方向攻來，輕鬆地將這個沃土百里的「交叉點」據為己有。信秀一邊和國內的同族勢力作鬥爭，一邊還要抵禦來自他國的侵略，或者發動對他國的遠征。

在父親信秀忙於征戰擴張疆土之際，大傻瓜信長也在輕視和鄙夷的目光中長大，不覺間已長成翩翩少年郎。十三歲行過元服禮後，按當時武士之家傳統就算成年了，可以上陣打仗，更需挑起家族重擔。但是少年信長依然故我和兒時一樣不著邊際，一副吊兒郎當的浪子模樣，這讓他的老師和母親大失所望，甚而把希望轉寄於以聰明著稱的同母弟信行身上。信行與兄長信長的行為迥然相異，他品行方正、聰明懂禮深得家中眾人喜愛。母親和家臣們屢屢向父親信秀建言，請求廢黜信長的繼承權而以信行代替，不過父親信秀卻覺得信長將來是大有作為的人，拒絕了家臣們的建言，不過這也為將來兄弟同室操戈埋下了禍根。

就在信秀疲於應對內憂外患的時候，吊兒郎當的信長只帶了幾個人就到父親對手（原上司清州織田家）的所在地放火襲擊而後輕鬆脫身。其膽大的行徑令父親信秀和家臣大吃一驚，如此英勇舉動卻是曇花一現，之後的信長卻依然故我，毫不收斂年幼時的荒唐舉動，如在對他重燃希望之火的家臣心裡潑了一盆冷水。

時勢造英才，歷史的大背景總是有趣地襯托出這些應運而生的人物。就在西元一五四七年，一個叫松平竹千代的孩子被送到了尾張國成為可憐的人質，他是三河國首領的兒子，也就是此後聲名鵲起的德川家康。據說信長不顧雙方父親間打得你死我活，對這個小自己十歲的孩子相當友好，經常攜其出行一起遊玩，並教會他騎馬和游泳。這段往事後來成為兩人締結了穩固的同盟關係（清洲同盟）的一個助力。

翌年，也就是西元一五四八年，就在尾張和三河國之間打得不可開交的時候，為了緩解牽制自己的另一個冤家——素有「蝮蛇」之稱的北方美濃國齋藤道三之間的關係，也為了提高兒子「大傻瓜信長」在族人心中的地位，信秀採用了家臣平手政秀的建議，與美濃國大名齋藤道三的長女齋藤歸蝶政治聯姻。心狠手辣、精於算計的齋藤道三同意聯姻的想法很陰險，他早聞信長是個吊兒郎當的大傻瓜，等信長繼承尾張後，尾張便是自己的囊中之物。據說在女兒出嫁之日，他把一把匕首交給女兒，叫女兒刺殺信長，女兒歸蝶答道：「如果他的確是個傻瓜，我會毫不猶豫地把匕首插進他的胸膛；如果不是，可能會把這把匕首插進父親大人的胸口。」

暫時穩住美濃的信秀再一次將征戰的目標指向三河，因為三河的首領剛剛被家臣殺死，據傳說是信秀設計所致。不過信秀卻沒能得償所願，三河國這枚戰果被室町幕府將軍足利氏的同族今川義元捷足先登。又氣又憤的信秀於西元一五五二年，在尾張尚未統一以及強敵今川義元未除的內憂外患下，因病而亡。

作為信秀的嫡長子，織田信長繼承了父親的家督之位，由此正式登上歷史的舞臺。然而，已是「一家之主」的信長在父親的葬禮上表現得依然讓人失望，不但遲到還衣冠不整，更讓人意想不到的是居然對父親的祭壇投擲薰香，此舉引起一片譁然，羞愧難當的平手政秀為了勸諫弟子信長的奇行而切腹自盡。

在最忠於自己的重臣平手政秀死後，對織田信長打擊很大，彷彿一夜長大，開始著手統一尾張，不過依然保持奇裝異服，我行我素的作為。但家臣中以林秀貞，柴田勝家為首的一些人卻想廢除浪蕩的信長而擁立其弟信行。為了對抗他們，信長拉攏親信，開始了骨肉相爭。最終，信長以武力戰勝了信行和他的擁立者，其中有兩場較著名的戰鬥：「奪得清洲城」和「稻生之戰」。在稻生之戰中，信長以劣勢兵力戰勝了信行，鞏固了自己的地位。後來為了斬草除根，派人暗殺了信行，在此間林秀貞、柴田勝家看到了信長的才能和實力，臣服了信長。

織田信長的才能也引起了岳父齋藤道三的注意，在信秀死去的這兩年裡他沒有輕易出兵尾張，因為他著實摸不透尾張這個傻女婿，最讓他困惑的是自己的女兒居然沒有殺死這個大傻瓜，也沒有派出任何使者回來彙報信長的為人如何。這種沉悶讓老謀深算的道三覺得不安。他決定會會這個傳聞中的傻瓜女婿，順便試探其人虛實。

齋藤道三的心思昭然若揭，貿然會見是一件危險的事，眾家臣皆勸誡信長推託見面之事，就連濃姬（歸蝶）也勸阻信長不要前往，但是信長最終卻力排眾議慨然應約。會見地點安排在兩國之間的正德寺。此次見面，信長以出其不意的新形象出現在岳父齋藤道三面前，得體的穿著，英俊中透出不容忽視的霸氣，機智的談話，裝備優良、訓練有素的護衛隊，尤其是配備了當時極為罕見的長槍和鐵炮……其財力和魄力都讓齋藤道三刮目相看，無不折服，甚至發出「我將來的子孫恐怕只配當他的家臣」這樣的感歎。

信長透過和岳父齋藤道三的會見，憑藉其人格魅力獲得齋藤道三的賞識，不僅將尾張和美濃兩國間的關係轉危為安，更在其後剿滅織田家族內部反對勢力中獲得岳父的支持從而獲勝。不過，就在信長忙於應付眾多姓「織田」的陣營，繼續父親未完成的統一尾張大業之時，美濃國陷入了內亂。齋藤道三的兒子齋藤義龍（**據說該子是道三前上司土岐賴藝的私生子，土岐賴藝將自己的女人賜給道三的時候已懷孕。這在古代日本屢見不鮮。**）擁兵發動叛亂，據說叛亂的原因是齋藤義龍認同自己私生子的身分，為親父報仇。同時也不滿道三對尾張大傻瓜的賞識，此時的義龍既是齋藤氏的繼承者，又是土岐的復仇者。道三雖向女婿信長求救，但信長的援兵還未到，道三就已被義龍殺死了。

斬殺道三後，齋藤義龍又率軍撲向信長的陣地，兩軍發生了激烈的交戰，面對來勢洶洶的齋藤軍，織田軍動用了火槍和鐵炮才壓住齋藤軍猛烈的攻勢。

在接下來的時間裡，織田信長相繼消滅尾張下四郡的守護代清洲織田家，正式成為織田家的首領。又擊敗清洲織田家的宿敵，上四郡守護代的岩倉織田氏織田信安。終於在西元一五五九年確立了對整個尾張國的支配權，完成了父親未完的事業，統一了尾張。

延伸閱讀

西元一五四三年八月二十五日，葡萄牙船隻在探尋馬可波羅遊記裡的中國途中，因暴風雨漂流到了日本九州的種子島（今鹿兒島縣），這場暴風雨不僅第一次讓歐洲人踏上了日本列島，也將葡萄牙人的槍枝帶到了日本。戰國時代各領國的軍隊裝備也因此出現了變化，由此前的刀、劍、長槍、弓箭等冷兵器漸漸被長槍短炮等熱兵器替代。武器的改變對作戰方式和軍隊的組建產生了重大影響，織田信長正是憑藉其深謀遠慮和在軍事上的前瞻性，在戰爭中率先規模化使用長槍短炮，為自己在征戰中贏得先機。

戰國梟雄織田信長2

西元一五五九年，二十三歲的織田信長終於完成父親未完成的事業，統一了尾張。為了鞏固戰果穩定局勢，作為領主的織田信長盡量減輕農民負擔；組織豪族、商人發展經濟；潛心研製新式武器以及組建對應新武器的軍隊。新式武器洋槍（鐵炮）為重要武器，騎兵為主力，並親自參加了馬術與長槍對戰的訓練，將短槍改成三間（一間約一點八公尺）或三間半長，以適應新戰術的需要，這為以後的作戰奠定了基礎。

而此時，在周邊的三管領、四職全部沒落之後，離京都較近、而且實力最強的戰國大名當數與足利氏同族、駿河國的今川義元，今川義元號稱「東海道第一弓」，也就是在織田信秀攻打三河國的時候捷足先登的人。當時今川義元除了領有駿河國外，更吞併了遠江和三河兩國及尾張東南部地區，所屬領地不僅有著豐饒的金山、海鹽、海運收入，旗下還有剽悍忠誠的三河武士，經濟實力和軍事力量都遠勝於信長。如果將年收入全部換算成糧食來計算，今川義元的實力為七十萬「石高」（十斗為一石，稱為「石高」），而織田信長的實力則是十四萬「石高」，由此對應可徵召和供養的士卒，今川義元的常備兵數量是織田信長的四到五倍。

之前的十幾年裡，今川義元一直忙於和甲斐的武田氏及關東的北條氏作戰，直到西元一五五四年，今川氏和武田氏以及北條氏結成了姻親關係的同盟後，兩個強大的敵人由此變成了今川義元的後盾。穩定後方後，今川義元並不安於現狀，野心勃勃的他準備上洛，取代將軍之職。

西元一五六〇年，今川義元親率大軍以三河國的松平元康（**後來的德川家康**）為先鋒，驅動兩萬大軍，沿鐮倉街道西上，矛頭直指尾張（**尾張是上京必經之路**）。面對來勢洶洶的今川軍，織田家守備鳴海城的譜代家臣山口教繼聞訊急忙背叛織田，投降了今川家。平生最恨窩囊無能之輩的織田信長聞此勃然大怒，派人暗殺了叛變者。

不過，此時織田信長手下能動用的兵力不足五千人，貿然興兵對抗無疑於以卵擊石。今川軍在松平元康的率領下勢如破竹，攻下了織田軍一個又一個堡壘，群臣驚慌失措。若說臣服，信長字典裡向來絕無此二字，臣子們難掩心底驚恐。謀略如他，靜寂以待風雨欲來，於動亂中靜尋破綻，甚至在深夜舞起了幸若舞《敦盛》。此時，敵人數戰數勝，到了半夜時分不免恃勝而驕有了輕敵的念頭。而領頭羊今川義元所率的本陣行動遲緩（**據說因為義元上身長而下身短，又很胖，所以不能騎馬，只好坐轎**），又為了貪圖風涼，抄小路走田樂狹間，在受到尾張百姓的款待後，更決定夜宿此地。

所謂擒敵先擒王，靜寂以待的織田信長聞訊，心下大喜，立即率三千大軍披甲上陣，夜襲今川軍陣地。此地道路狹窄，四周是筆直的高山，有「桶狹間」之稱。織田軍如甕中捉鱉，悄悄潛入對方陣地。時值一場暴雨，彷彿天佑信長，今川軍毫無反抗之力，在睡夢中就命赴黃泉了。信長帶領部下直撲今川義元的帳篷，號稱「東海道第一弓」的今川義元雖然武勇，可惜猛虎難鬥群狼，終被取了首級。主將戰死，今川軍不戰而敗，潰逃回駿河國。這一戰是日本歷史上最著名的戰役之一，史稱「桶狹間之戰」。

「桶狹間之戰」後，織田信長從此名震日本，為奪取天下積累了實力。而今川家歷經此戰後，勢力卻日漸衰退。原先臣服於今川氏的三河國松平元康（德川家康）也得以成為獨立的戰國大名。這樣一來，昔日的合作者成了今日的對手，甲斐國的武田和駿河國的今川氏真（義元嫡男）都成了德川家康的對手。於此，德川家康和織田信長之間結成了同盟，這對昔日的童年好友成了彼此的後盾。據說當年的信長曾對小自己十歲的家康（當時稱竹千代）說：「竹千代，將來你我二人共爭天下時，我向西面征伐，而你則向東面征伐。」此番締結，保證了織田家東側領地的安全。

織田信長和德川家康結成同盟後，為了進一步穩固周邊環境，又與甲斐的武田氏進行聯姻結盟。除去了近憂遠慮之後，信長把征伐目標指向了美濃國。齋藤義龍在殺死父親道三和清除國內眾敵對勢力後，順利成為美濃國大名，致力於發展軍事和經濟，亦是一員勇將，攻打起來並非易事。不過，正在此時，齋藤義龍卻突然死去，由其嫡子齋藤龍興繼任，新任之主難調眾口，內部家臣們開始分裂。信長得以在戰場上取得優勢。其後，信長為了牽制齋藤龍興，和近江的淺井氏締結同盟，又趁美濃國內部分裂之際，派說客說降美濃國家臣。於西元一五六七年，織田信長終於步步為營攻破美濃，流放了齋藤龍興。

傳言中「取得美濃者可取得天下」，可見美濃地理位置之重要。信長取得美濃後，採用中國周朝立於岐山後，打倒殷朝一統天下的故事，將美濃國據點井之口改名為岐阜。並開始使用「天下布武」印，即以武家政治統治天下之意，正式以統一天下為目標。

西元一五六八年，早已失去權威的幕府後代足利義昭在屢尋援助試圖重整幕府權威失敗後，希望憑藉織田信長的兵力重統天下，信長出於更大的政治野心接納了足利義昭。隨後，織田信長擊敗南近江戰國大名六角氏，平定了南近江。之後又率兵攻佔京都，廢除三好氏擁立的傀儡將軍足利義榮，扶植足利義昭為將軍。同年，信長還攻打南伊勢的北畠氏，將伊勢國納入版圖。

西元一五六九年，織田信長的勢力已經延伸至京都、京畿地區及奈良等重要城市。織田信長和足利義昭的輔佐關係並沒有維持多久，翌年，織田信長開始限制足利義昭的權力並削弱他的勢力。足利義昭對此非常不滿，秘密聯合各國大名守護結成「信長包圍網」打倒織田信長，結果幾次包圍網均以網破告終，足利義昭再次被流放，室町幕府也隨之滅亡。

身經百戰的織田信長此時擁有強大的兵力，正是意氣風發、野心隨風滋長的時候。到西元一五七五年，織田信長已經征服了二十六個領國，日本半數領土盡握手中，離統一的目標越來越近。西元一五七六年，信長在近江國安土山上修築城堡，即安土城，並以此為其統治中心。

此時，能與織田信長對抗的戰國大名也已所剩無幾，只有西部的中國毛利氏，越後的上杉氏和京畿地區的本願寺。西元一五八二年，織田開始遣將西征。此間，其部下羽柴秀吉（**之後的豐臣秀吉**）在和毛利氏交戰中陷入重圍，織田聞訊率兵前去援助。

然而，世事無常，在信長行軍途中寄宿本能寺的時候，其家臣明智光秀突然反叛，對全軍大喊：「敵人就在本能寺！」於是，本能寺被包圍得嚴嚴實實，縱然織田信長與身邊隨從奮勇相拼，仍因寡不敵眾而面臨落敗。眼看脫逃無望，織田信長放火焚毀了本能寺，自己也死在了本能寺中。同時，在京都的織田信忠得知父親慘死本能寺後，率軍死守二條城，城破戰死。這就是日本歷史上有名的「本能寺之變」。

一代梟雄織田信長沒有死於沙場，卻宿命般地死於日本戰國時代屢見不鮮的「下克上」，就此結束了波瀾壯闊的一生，享年僅四十八歲。

織田信長的統一大業並未就此中斷，其部將羽柴秀吉打敗了叛徒明智光秀，繼續推進著主家未完成的統一大業。

延伸閱讀

大名是大名主的簡稱，亦是日本封建制度時期對領主的稱呼。所謂大名主，即是土地或莊園較多的領主，相當於「地主」。這些領主為了保護自己的領地，均有屬於自己的武士，相當於中國古時的護院、護衛。日本各個時代中大名的定義都有些不同，不過一樣都是統領某一個領地的地主之意。大名這個稱謂的意義相當於中國古代的諸侯。

延伸閱讀

守護是由武士出身的御家人擔任，由將軍直接任免，相當於軍事行政官。原則上是一國配置一人，任職之國內的武士聽其指揮，權限包括征剿叛亂者、逮捕殺人者及監督京都與鎌倉的警備事宜。至鎌倉時代末期，守護統治一國的地頭、御家人，侵佔莊園，有了領主化的趨勢。室町時代至南北朝後，權限更廣，守護可在某一地域獨立地行使權力，往往轉變為守護大名。

而守護代，則是指守護的代官，即代替守護行使職權。因為在鎌倉時代、室町時代守護多半居於鎌倉、室町，因此任國的事務乃委由代官代為執行。一般守護代多由有力家臣擔任，因此他們很容易利用守護權限的行使，逐漸將領內的武士予以組織化。到了室町時代中期之後，很多守護代利用下克上的力量促進自我的領主化成長，甚至因而搖身一變成為大名。例如，斯波氏的越前守護代朝倉氏、斯波氏的尾張守護代織田氏等皆為典型的例子。

豐臣秀吉1

「本能寺之變」改變了兩個男人的命運，那就是日本歷史上赫赫有名的織田信長和豐臣秀吉。一個斷命於此，一個卻聲名鵲起。

織田信長在本能寺遭家臣叛亂而殞命，意外聞此消息後，其部將羽柴秀吉匆忙和正在交戰的毛利氏議和，並以迅雷不及掩耳之勢班師回朝，行動之迅速大大震撼了京師的明智軍。在此過程中，秀吉以信長之名為號召，成功召集信長舊屬，於山崎與叛臣明智光秀展開大戰，明智光秀不敵氣勢如虹的秀吉軍而大敗。戰敗後的明智光秀在逃亡中被村民殺死。羽柴秀吉隨即控制了京都一帶，經此一役，秀吉聲名大震。

此時，織田氏內部無可避免地出現了群龍無首的分裂，主要分裂為柴田勝家（信長重臣）、織田信雄（信長次子）以及羽柴秀吉等派系。

西元一五八二年七月十六日，織田家族的重要成員聚集在尾張的清洲，討論信長的後繼人選，史稱清洲會議。與會之人各懷鬼胎，家臣柴田勝家擁護信長的三男信孝；秀吉堅持擁立信長年僅三歲的孫子三法師。兩人之間產生了不可調和的矛盾，戰爭一觸即發。翌年，雙方終於在賤岳開戰。秀吉在山崎之戰後，再一次憑藉其迅猛果敢的作戰風格贏得勝利，打敗柴田勝家。山崎之戰與賤岳之戰，奠定了秀吉繼承織田信長的堅實基礎。

西元一五八三年，意氣風發的羽柴秀吉在大阪著手修建一座超越安土城的城堡，以作為統治全日本的政權中心。城堡金碧輝煌、豪華壯麗，耗時三年，動用超過六萬的勞動力。說其金碧輝煌，一點都不為過，城內房間到處是炫目的黃金、高級茶具、名貴的綢緞。一間組裝式的茶室，其牆壁、天花板、地板均用黃金打造，其豪華程度令人驚歎。由此也可窺出羽柴秀吉野心絕非一般，更可看出暴發戶行為下隱藏的那顆自卑心。

但與此同時，因不滿於秀吉的大權在握，織田信雄勸說德川家康聯合打倒羽柴秀吉，雙方展開大戰，史稱「小牧、長久手之戰」。勇猛善戰的羽柴軍遇到驍勇的德川軍，並沒討到好處，雙方勢均力敵，經過一年激戰，雖然德川家康略微勝出，但傷亡慘重。秀吉迅疾撤兵並調整作戰方案，與織田信雄私下和談。陷入孤立的德川家康與羽柴秀吉也因此而握手言和，基於政治及戰略考慮，德川家康同意將次男秀康送作秀吉的養子（**實為人質**）。

翌年，西元一五八四年，羽柴秀吉稍作休整後，繼續出征，平定了剛統一四國的長宗我部氏以及雜賀眾等，邁向統一日本的征途。一五八五年，五十歲的羽柴秀吉認公家的近衛前久（**屬藤原家族**）為乾爹，就任關白，一五八六年受賜姓豐臣，又任命其為太政大臣，羽柴秀吉自此改為豐臣秀吉。至此，有人可能會疑問於此時已實權在握的豐臣秀吉為何會在乎公家「虛名」。實際上，當時的戰國武將，依然很在意朝廷賜予的虛有其名的官位，覺得這是無上的榮光。也是在這一年，豐臣秀吉正式確立了自己的政權。

西元一五八六年，豐臣秀吉為了進一步鞏固與最大的對手德川家康間的關係，將其妹嫁予對方，又將自己母親作為人質派往對方家，德川家康因此而上洛，此後臣從秀吉。西元一五八七年，豐臣秀吉征討南部佔有九州一半勢力的島津氏。一五九〇年，又平定關東的北條氏，征服了奧羽地方的伊達氏。就此在織田信長的基礎上完成了日本的統一大業。

除了動用武力外，在統一大業行進的過程中，豐臣秀吉還實施了一系列鞏固其統治的政策。比如西元一五八八年，秀吉開始實行「刀狩令」，加強兵農分離的政策。所謂「刀狩令」即是禁止老百姓擁有長短刀、長槍、火槍等武器。實施該政策的原因在於戰國時代老百姓擁有大量私有武器，因此武力抗爭事件頻發，加劇了社會動盪不安的因素，有時連武將們都懼怕此類事件。雖然在此前，也有武將實施「刀狩令」，但並不徹底，而秀吉的實施是全國性的。該令的實施有效防止了平民武裝造反的可能，在一定程度上起到安定社會的作用。

在一五九一年，秀吉一統日本後，開始實行全國性的「檢地」政策，經過嚴格的土地面積丈量後，將耕地與對應的使用者登記造冊，每塊田地的收穫量都統計得很清楚，農民擁有耕作權，同時必須擔負繳納年貢的義務，農民與政府之間的剝削階級（比如名主、莊長、領家等）從此消失。「檢地」過程中，統一了土地面積測量單位和容量標準。

與此同時，秀吉也注重發展經濟貿易，延續信長時期「富國強兵」的政策，尤為注重發展「南蠻貿易」（當時日本、朝鮮均援用中國蠻夷觀念，將東南亞一帶看作南蠻之地，而以葡萄牙為首的西方人，多通過東南亞進入日本，故亦被看作南蠻人）。更鑄造貨幣促進商業發展，以「樂座、樂市」管理規範商業和免除稅務。通過對外貿易和就當時而言趨於成熟的商業管理，日本獲得了大量的商業利潤。在秀吉的治理下，多年戰亂的日本呈現出暫時的國泰民安、繁榮昌盛的景象，產生了一批富甲一方的大名和商人。

但是，有一利必有一弊，隨著關口的開放，貿易的繁榮發展，吸引了大批外國人（以葡萄牙人為主）進入日本，其中不乏藉機以貿易為誘餌，採取商教一體策略，勸說大名們認可天主教，從而獲取更多利益的不法之徒。為了吸引外國人在領國內開闢港口，帶動經濟的繁榮以獲得更多的經濟收益，一些大名接受洗禮，加入天主教，也在其領國內許可天主教的合法地位。由此，天主教在日本發展迅猛，僅一五六九年到一五七九年間，信徒達到了十萬人之多，教堂兩百餘所。

西方宗教勢力的擴大，威脅到了秀吉的統治，這讓豐臣秀吉感到不安。其最大的原因是，天主教控制了越來越多的領國，如果出現類似以往信徒暴動的局勢，那將是一股瘋狂而勢不可當的可怕力量；再者，在對外貿易中，地方大名和富豪們積累了大量財富，實力迅速膨脹。於是，豐臣秀吉於一五八七年發布了驅逐傳教士的命令。不過，為了維持與葡萄牙的貿易往來，這次驅逐令並沒有嚴格執行，信教人數屢限不減，反而呈遞增趨勢。

不管怎樣，這件事情並未對雄心勃勃的豐臣秀吉造成太大影響，日本的安定以及繁榮景象，讓這位野心家自信爆棚，決心到比日本更廣闊的空間施展一番，這個目標便是「建立亞洲大帝國」。他企圖首先征服朝鮮，再征服中國，接著征服印度。不過，關於入侵朝鮮的另一種說法是，為了平息國內土地不足分封的問題，豐臣秀吉才決定出兵攻打明朝。因此秀吉向朝鮮國提出「假道入明」的請求，卻遭到朝鮮國王拒絕，使秀吉決定先併吞朝鮮，再併吞明朝。而我認為以上原因皆是豐臣秀吉出征的誘因。

於是，一五九二年豐臣秀吉召集大軍入侵朝鮮，步兵十五萬，水軍九千人，戰艦七百餘艘。該年四月，浩浩蕩蕩的大隊人馬跨過朝鮮海峽，在釜山、慶州一線登陸，正式拉開侵略朝鮮的序幕。

其實早在一五八七年，尚未統治日本時，豐臣秀吉就派使節出訪朝鮮，要求朝鮮稱臣納貢，不過遭到朝鮮的明確拒絕。

由於身處戰國時代，久經沙場積累了豐富的戰鬥經驗，秀吉的軍隊在侵略朝鮮之初勢如破竹，在兩個月內就佔領了朝鮮的京城（今首爾）、開城、平壤三大都城。其後朝鮮境內大部分主要城市均被秀吉的軍隊佔領，心急如焚的朝鮮國王馬上向明朝求救。秀吉軍幾乎未受到什麼阻力，突破朝鮮脆弱的防線欲直撲明朝邊境。如此順利，以至於豐臣秀吉得意地對外宣稱：要遷都北京，由日本天皇統治中國。

然而，莫說驕兵必敗，月盈則虧，哪裡有侵略哪裡就有反抗。就在秀吉氣焰囂張之時，戰局發生了逆轉。一方面，朝鮮各地紛紛出現人民自發組織的武裝義軍抗戰，這些面臨淪為亡國奴的人民同仇敵愾，往往英勇而不懼死，一呼百應，風起雲湧，激烈的抗戰取得雖小但多的勝利，大大鼓舞了朝鮮人民的鬥志。此外，朝鮮水軍名將李舜臣率領水軍，利用一種因地而制的新型戰艦（龜船），連連擊敗日本水軍，使得日本龐大的水上艦隊幾乎全軍覆滅，從而失去了海上控制權；另外，應朝鮮王的請求，明政府派遣援朝軍隊跨過鴨綠江，進入朝鮮抗擊日軍，在明軍的介入下，加上朝鮮本土勢力的抗擊，秀吉的軍隊攻勢遇阻，更是節節敗退。終於，在一五九三年，豐臣秀吉因軍隊損失慘重，被迫停止戰爭與明朝和談。

一五九六年九月，豐臣秀吉滿懷憧憬地迎接明朝前來議和的使者。然而，待到宴會結束宣讀國書時，始知議和實為冊封，國書中沒有秀吉所提出的七項條件（**明朝公主嫁給日本天皇、恢復勘合貿易、派遣一名朝鮮王子及大臣為人質到日本、朝鮮八道中的南四道割讓給日本、各自歸還俘虜、**

明朝與日本立誓交好、朝鮮大臣宣誓永不背叛日本），秀吉聞此大怒，並欲斬殺明朝使節，不過被家臣勸止，於是改為驅逐明朝使節。和談破裂後，豐臣秀吉決定發動第二次侵朝戰爭。

一五九七年一月，豐臣秀吉再次派遣十四萬大軍及數百戰艦入侵朝鮮，史稱「慶長之役」。開戰不久明朝再派援軍加入戰鬥，日軍攻勢再度受阻，被迫死守靠海岸的各城堡。

而翌年，在無望而進退兩難的戰爭中，這位曾縱橫亂世、統一日本的傳奇人物在千夫所指的罵聲中病死了，這個原本出生貧寒而又卑微的小人物窮其一生都在證明自己，最後仍受困於自己的身世，不得釋懷。豐臣秀吉死後，其家臣「五大老」和「五奉行」決定結束侵朝戰爭，同年底，日軍敗退回國。

豐臣秀吉發動的「文祿之役」和「慶長之役」，前後長達七年。此兩役，不僅給朝鮮人民帶來了巨大的災難，也給日本國內的人民帶來了沉重的負擔和苦難。和豐臣秀吉的願望也背道而馳，不僅沒使其政權更鞏固，反而他的政權走向了衰亡，家族也隨之衰落。

百密必有一疏，豐臣秀吉雖然對下層階級的統治有章有法，可其上層統治體系建構卻不健全。最初，只任命了五位親信分別掌管行政、司法、財政等工作，稱為「五大老」；之後，又設置「五奉行」制度，規定重大事務由五大老共同商議決定。這種因人設位的統治結構，使得豐臣秀吉死後其氏族也隨之衰落。

延伸閱讀

五大老是豐臣政權末期制定的職務，就任者是豐臣政權下五個最有實力的大名。豐臣秀吉設置五大老職務的根本目的在於，自己離世後以五大老合議制度來牽制德川家康勢力，同時輔佐他的幼子秀賴，以此確保豐臣政權可以代代相傳。但由於五大老之首前田利家的突然去世，導致德川家康無所制約而多次違反盟約，而使「五大老」變得有名無實。也使得豐臣秀吉的願望落空。

延伸閱讀

奉行是武家職務名稱，分別負責不同的政務，一般指大老以下的參政職務。這個職務的設置，是因為日本當時大名手下基本沒有文武官區別，都叫武士。而上至大名，下至領主，通常會讓自己的武士去處理政務。一個武士，既沒有什麼名氣，也沒有顯赫的戰功，讓他去處理政務，百姓和基層官僚未必買帳，所以便令其成為奉行官。

而五奉行則是豐臣政權末期制定的職務，起初豐臣政權以多人做行政奉行工作，後來從這些人裡挑出五個做奉行。亦說是隨五大老制度成立而設置的。

豐臣秀吉2

也許你會問，發跡之前的豐臣秀吉到底是怎樣一個卑微的小人物呢？

由於秀吉的出身並非顯貴，有關他早期的文獻記載並不多。根據比較可靠的史料《太閣素生記》，以及其他傳記的記載，秀吉確實出生貧寒，其貌不揚，據說因為長得像猴子一樣瘦小，人們乾脆叫他「猴子」。此外，織田信長的信中還透露，秀吉還有個外號叫「禿鼠」。秀吉中年以後，毛髮逐漸稀疏，晚年出征的時候，為了使自己更有威嚴，經常要畫眉毛，裝假鬍鬚。

豐臣秀吉八歲喪父，不久就有了繼父。無論長相還是性格，秀吉並不討繼父喜歡，小小年紀的秀吉為了養活自己只好去當幫傭。好在其身處的尾張國是個僅次於京都的繁榮之地，加之秀吉敏而好學，很快於市井中做起了類似於賣針線的小生意，在輾轉中如願以償地進入武士家（遠江國）幫傭，他的職責是幫主人拿拖鞋。秀吉工作細心而勤奮，沒多久即受到主人重視，提拔為出納管員，然而卻受到同伴們的嫉妒和屢次中傷排擠，最後不得不離開那裡，回到尾張。

然而，不幸的秀吉又是幸運的，大概是天道酬勤，回到尾張後，不甘平庸的秀吉通過努力終於進入改變其人生軌跡的織田信長家。在織田家，秀吉的職責仍然是拿拖鞋。雖然同樣是拿拖鞋的工作，但秀吉比從前做得更加用心，其目的在於引起信長的注意。在數九寒天，他將信長冰冷的鞋放進懷裡溫暖，對這樣溫暖的舉動信長也不免對這個下人另眼相看，將其提拔在身邊做事。秀吉慢慢擺脫卑賤的下人身分，並學習到很多東西，而這正是秀吉取得成功最關鍵的原因之一。像海納百川，秀吉學習所有能學習的智慧，包括敵人的智慧，為之後的道路奠定了基礎。

六年後，也就是「桶狹間之戰」時（西元一五六〇年），秀吉擔任後勤官，將後勤工作做得無可挑剔，嚴謹地配合行軍作戰，為軍隊的迅疾作戰提供了堅實的後盾，是獲勝中功不可沒的一員。同年，二十五歲的秀吉與織田家武士的養女結婚。因為是從步兵之子入贅於武士之家，所以改名為藤吉郎，另一名字為秀吉。後來，約在秀吉三十八歲時，他又從織田家的大老丹羽長秀與柴田勝家兩人的姓中各取一字，改姓為羽柴。

其後，秀吉在攻打美濃的齋藤氏時，同樣出色地完成了重要的戰術工作——建築堡壘。不僅如此，在夜襲敵陣的時候，充分發揮其軍事才能取得了勝利。美濃大捷後，豐臣秀吉成為信長麾下的一名大將，其才能漸漸顯山露水最終成為了戰國時代的風雲人物。

德川家康1

而時事於衰亡的政權中又出現了日本戰國時代的另一位霸主——既是織田信長和豐臣秀吉的盟友，又是此二人「部將」的德川家康。在之前我們偶有提到德川家康，不過著墨不多，在這一章裡我們著重來說說這個結束戰國烽煙開啟日本近三百年太平盛世的開創者吧。

縱觀日本戰國時代的霸主，無疑那是一個梟雄輩出的時代，而德川家康何以從中脫穎而出，這恐怕不僅僅是生逢其時那樣簡單。有人將此歸結於德川家康非同一般的「忍耐」，用中國話說便是「韜光養晦」的意思，我完全贊同此觀點。當時諸侯割據，大名之間爭奪政權的鬥爭十分激烈，實現統一是這一時期歷史發展的必然趨勢。德川家康於這樣的政治環境下能奪取全國政權，對當時的大局必然有著清醒的認識。在此基礎上，他「韜光」於亂世，尋找有利時機發展壯大自己，又審時度勢，因時、因地制宜，採取靈活的政策和策略順應時勢舉措得宜，為最終成就霸業提供了穩固的支柱。

德川家康不僅僅在織田信長和豐臣秀吉的「成果」上建立了德川幕府，更是將日本的幕府統治推向了高峰，有人如此總結日本的幕府政權：經「源氏種之，織田氏耕之，豐臣氏耘之，至德川氏而收其利」。如此說來，德川家康才是日本戰國時代最大的受益者。首先，我們看他怎樣在豐臣秀吉死後，取「兒」代之。

一五九八年，抱著兩次入侵朝鮮失敗的悔恨，豐臣秀吉含恨而終，臨終前他將五歲的兒子豐臣秀賴託付於「五大老」（德川家康、前田利家、毛利輝元、宇喜多秀家、上杉景勝）和「五奉行」（前田玄以、淺野長政、增田長盛、長束正家、石田三成）。希望在「五大老」、「五奉行」的輔佐下能讓兒子繼承他辛苦打下的江山，並留下遺囑讓德川家康以「五大老」之首的身分代理國政，前田利家（曾是信長的臣子，賤岳之戰後臣從秀吉，屢立奇功）擔任秀賴的庇護人。五大老、五奉行這台在秀吉時代不健全的政治機器開始運行。然而，現實再一次和秀吉的希望背道而馳，其位最後終究還是旁落他人，或許臨終之時秀吉就已料到身後紛亂之事，因為歷史在某些時候總是呈現出驚人相似的一面。

豐臣秀吉死後，剛統一不久的日本又陷入內亂中，豐臣的近臣分為兩派：以秀賴生母為精神領袖，石田三成（五奉行之首，以忠誠、仁義、足智多謀著稱）為首的近江派（又名文治派，後建西軍）；以秀吉正室為精神領袖，福島正則等武將為首的尾張派（又名武功派，後建東軍），兩派之間圍繞最終的統治權展開明爭暗鬥。

而作為「五大老」首領的德川家康，看似置身事外，卻也緊鑼密鼓地開始策劃奪權行動。尤其在一五九九年，前田利家因忙於調停兩派間互不妥協的矛盾憂慮成疾而死後，德川家康唯一的制約因素消失，就漸漸暴露出自己的政治野心。同年，他以利家之子利長企圖謀殺他為罪名（實為誣陷），又使手段脅迫利長母親前往江戶（德川家康根據地）做人質，以此收服了前田家。隨後，德川家康拉攏秀吉的正室，以此取得武功派大名的支持，並廣泛與武功派大名結親，逐漸成為武功派真正的「幕後操手」。而此時，兩大派間的對立，漸漸演變成了五大老之首和五奉行之首間的鬥爭，也就是德川家康與石田三成間的對立。

不過，與此同時，德川家康又暗地裡利用武功派和文治派間的矛盾挑起戰端，削弱豐臣家的實力。最有趣的莫過於期間發生的一段小插曲，以福島正則、加藤清正為首的武功派策劃謀殺文治派的石田三成，三成在察覺後竟逃至家康公館躲避。三成之所以敢於逃至對手的寓所避難，不是他夠膽大，而是他夠聰明，這建立在他對自己此時重要性的清楚認識上，聰明如家康，絕不會貿然在這會兒要了他的命。因為他知道不久即將爆發戰爭，家康需要他作為對立面激化雙方矛盾，促使全國大名表態站隊，以此消滅不順從自己的大名，而他的存在會使得憎恨他的大名團結在家康周圍。基於這些因素，德川家康果然庇護了他。

而短暫的「友好」關係並沒有持續多久，兩人很快就會在戰場上兵戎相見。

實際上，在德川家康解決掉同僚前田家後，就一直在尋找第二個必須處理的強勁對手。一番比對後，他挑中了「五大老」的末席——會津若松大名上杉景勝。

這傢伙也夠倒楣，或者說缺乏「忍耐」、過於驕傲，才把小事化成了大事。而事實究竟怎樣也是眾說紛紜，我們只能從僅存的資料猜測一二。但可以肯定的是，此人絕非等閒之輩，性格嚴肅而豪邁、大膽而驕傲，生於名武將之家，據說是北條氏之子，年輕即有作為，但在信長時代因不願臣服差一點滅亡，「本能寺之變」同樣改變了他的命運。在危機中，他正確地選擇了豐臣秀吉，為自己帶來了轉機。

上杉景勝之前曾是越後國的大名，秀吉去世不久前才將會津封給他，石高也由原來的九十萬石增至一百二十萬石，實力極為雄厚。又加之，在秀吉征戰朝鮮的時候，其作為籌集朝鮮之役經費的大名，並未參與激戰從而保存了實力，而這期間景勝更致力於發展領國的內政。此一著和家康的做法頗為相似，這也大概正是他被德川家康選中，欲除之而後快的原因。

說這傢伙倒楣，是因為正是領地新受之時諸事未備、百事待興，作為新上任的領國之主，景勝大規模招募工匠開始修築城池、整備道路。這本是很平常的事情，然而倒楣就倒楣在這件事上，德川家康以此為藉口斥責景勝有謀反之嫌，要景勝前來大阪城說個明白。驕傲從不輕易低頭的景勝得知此事後大感不悅，就授意重臣直江兼續寫信回覆——這就是著名的《直江狀》。從留世的《直江狀》來看，與其說是一份申辯狀，不如說是一篇挑戰書。文中不但逐條批駁了德川家康的指責，而且語多譏諷、話裡藏刀，似乎故意想要激怒家康一般。不過據近代學者的考證，現存《直江狀》很可能不是原文，而是後人偽造。因此真相就更耐人尋味了。

不管事實怎樣，但此事最後演變成了兩大派間爆發決定性戰爭的導火索。一六〇〇年七月，德川家康以此為契機發布討伐令，聯合武功派進攻上杉景勝。伺機而動的石田三成私下聯合其餘奉行以及五大老的毛利輝元、宇喜多秀家（**豐臣秀吉養子，前田利家之女婿**）及其他反對德川家康的大名密謀起兵。

在石田三成的號召下，當德川家康前往會津征討景勝的途中，以毛利輝元為名義領袖的西軍在關西組建成立，並且很快在畿內地區起兵，佔據大阪。遠在關東的家康聞訊，派遣武功派大名作為先鋒迅速折回並與之對峙，稱為東軍。西軍經苦戰攻下伏見城、大津城、又隨即進攻美濃，其間，以領地誘使織田秀信（**信長之孫**）加入西軍。折返的東軍直撲西軍所在的美濃，兩軍在美濃地區對峙。同時，狡猾的德川家康坐鎮江戶觀望局勢，一為保持自己的「嫡系」兵力；一為確認在所派遣大名的攻擊下，上杉景勝無法對關東產生威脅。在達到以上兩個目的後，德川家康便與其子秀忠率十萬大軍從江戶出發，於當年九月揮軍美濃。十五日，東西兩軍在大垣的西北關原（美濃平原的西北部）展開一場大會戰，史稱「關原合戰」。關鍵時刻，家康長子秀忠的兩萬大軍被真田家拖住，使得東軍一度陷入被動（據說這亦是家康保存自身實力的策略）。但是在德川部將們的勇猛攻擊下，西軍漸漸處於下風，最後小早川秀秋（秀吉養子）的倒戈更是給了西軍致命一擊，使得局勢發生轉變，最終德川家康的東軍取得勝利，石田三成的西軍失敗。接著家康又攻下石田的根據地佐和山城，西軍據點大垣城的守將開城投降。

同年九月二十七日，家康進大阪城覲見豐臣秀賴。此後不久，逃亡的石田三成和部下被捕並遭處決，同樣忠於秀吉的宇喜多秀家亦遭流放。此戰實質上擊潰了當時豐臣政權的支持者，年幼的後繼者豐臣秀賴身邊幾乎已經沒有足以撐起局面的輔佐者。

「關原合戰」是應仁之亂後日本最大規模的內戰，雙方動用兵力超過十萬，但傷亡並不慘重，這也是日本戰國時代戰爭的特徵。由於該戰爭的勝負影響了誰可以擁有天下，所以也被譽為「決定天下的戰爭」，此役的勝利為德川家稱霸天下奠定了必要的基礎。

一六〇三年二月，德川家康被天皇朝廷任命為「征夷大將軍」。同年，在江戶建立幕府，開啟了統治日本長達兩百六十五年的德川幕府，史稱「江戶時代」。

延伸閱讀

福島正則和豐臣秀吉是表兄弟關係，其母和秀吉的母親是姐妹。因此很早就出仕秀吉，是秀吉為數不多的親系武將之一，亦是難得的一員猛將，曾在山崎之戰和賤岳之戰中立下不俗戰功。他雖勇猛但卻是個情緒化的人，被稱作日本戰國第一叛徒，因為在「關原合戰」中加入東軍德川家康陣營，由此被人公認為是勇猛、愚蠢和無知的結合體。他的愚蠢導致本家大名豐臣秀賴大勢已去，把奪取天下的優勢拱手讓給了德川家。

德川家康 2

然而，將德川家康勝利推向奪取全國政權的，不僅僅是這一場群雄逐鹿的戰爭，關鍵在於其長久而耐心的謀劃，如其所說：「人生有如負重致遠，不可急躁。」這種長久而耐心的忍耐更將「性格決定命運」詮釋得淋漓盡致。德川家康忍耐的性格主導著他在對當時大局清醒認識的基礎上，將更多的注意力耐心地放在領國的內治上。每佔領一地就對新領地的統治加以整頓和鞏固，而不是盲目地追求武力擴大領土版圖，這是德川家康取得成功的重要因素之一。

德川家康對領國的內治包括對封建秩序的重建和鞏固。首先是採取新辦法配置家臣。比如在靠近江戶的地方，配置直轄地和封地在一萬石以下的下級家臣；萬石以上的高級家臣配置得盡量遠些。整體說來，家臣的分布密度與敵對勢力息息相關，完全是一種臨戰體制，關東的西南部略稀，東部與敵對性大名接壤的邊境地帶較密。而且進入關東的同時，家康便決定將封地換算成產量發給家臣，通過這樣的措施進一步控制家臣，也對鞏固關東新領地起了很大作用。

其次，德川家康對領地採取「分而治之」的辦法，比如在治理關東落後地區時，為了穩定秩序，其著重調整農村中的租佃關係，開始大規模檢地。其具體辦法是，在土地登記冊上表明耕種人耕種的土地領有權屬於哪個名主。這樣做既承認名主的土地領有權，使其負擔繳交年貢的責任，另一方面又承認租佃者不穩定的耕作權。這種措施對治理關東比較落後的地區非常合適，從而在一定程度上維持了租佃間的關係。

最後，德川家康和信長、秀吉一樣，十分注意發展領內的工商業。為了吸引外地商人來江戶經商，解決陸路運輸和水路交通，家康徵調人員修建了馬路，又組織人力挖掘溝渠，使船舶可以直接停靠江戶城下。此外，還指定專人管理領內的度量衡；委託從舊領地跟來的巨商發展江戶的市區建設和對工商業進行管理。在這樣的治理下，江戶的城市建設得以發展，工商業也出現繁榮的景象，外地商人紛紛來江戶經商，家康也從中獲得巨大的經濟收益。

德川家康舉措得宜的內治對其所屬關東領地的建設和鞏固，為他後來奪取全國政權提供了巨大的經濟支持和鞏固的根據地。說至此，我們再回過頭來說說其從始至終的「忍耐」。

我們不妨將回憶的目光投向一五八二年六月的「本能寺之變」，那一年躊躇滿志的織田信長以「天下人」自居，日本在其屢次征戰中趨於統一。然而天有不測風雲，也就是在這一年，織田信長在本能寺遭家臣背叛命赴黃泉。信長一死，各大名圍繞政權落入誰手的問題展開了激烈的鬥爭。而當時作為三河國大名的德川家康在幹嘛呢？兵變之時，家康正在堺市（**攝津國、河內國、和泉國三國的境界之地**）遊玩，驚聞兵變後，在服部半藏（**忍者之神，傳奇人物**）、茶屋四郎次郎（**商人**）等護送下立刻取道伊賀趕回三河。當時他身在他國，手無兵臣，內外無援，莫說救援盟友信長，能活著回到三河國就不錯了，此事件，後稱「神君伊賀穿越」。

德川家康返回三河後，正欲出兵攻打叛徒明智光秀時，卻發現已錯失戰機，在外作戰的豐臣秀吉已經火速回京搶先一步消滅了明智光秀。對此家康決定先不急於出兵，放棄進軍京都，靜觀其變，積蓄實力再尋機與豐臣秀吉一決高下，也更加堅定了轉而東進的決心。在此後，家康東進佔領了甲斐，同時把觸角伸進了信州，又與北條軍言和。至一五八三年前後，德川家康已先後把三河、遠江、駿河、甲斐及信濃南部地區納入自己的勢力範圍，成為擁有一百萬石實力雄厚的大名。如前所說，家康每佔領一地就鞏固一地，所至之處均固若金湯。

在德川家康向東行進，並致力於領國內部發展的時候，一五八四年豐臣秀吉與織田信長的兒子信雄決裂，雙方進入武力對峙階段。秀吉之於信雄，無疑於老江湖之於黃口小兒，羽翼未豐的織田信雄想要固守自己的一畝三分地，藉助外力是唯一的出路。這時候，織田信雄將求助的目光投向了德川家康。在織田信雄的勸說下，德川家康懷揣著自己的心事答應與之結盟對抗秀吉。同年，「織德」聯軍和秀吉軍在尾張國的小牧和長久手交戰（**史稱小牧、長久手之戰**），日本戰國時代最富盛名的二人皆投身其中，好比龍爭虎鬥。此戰處於膠著的狀態，輾轉一年時間，再無耗費下去的必要，秀吉抽身而出轉而攻打信雄的伊勢國，信雄隨即談和。德川家康在這場戰鬥中，雖沒敗下陣來，但卻讓秀吉對他不得不另眼相看；同時家康也清楚地看清了自己和秀吉抗衡所需實力間的差距，於是再一次發揮自己「忍耐」的特長。不久，與秀吉議和，並將年僅十歲的次男秀康送往大阪城作為人質，與秀吉保持著不敵不臣的關係。

但接下來發生的事情，不利似乎開始倒向家康。秀吉在征途中屢次獲勝，家康遣兵攻打上田城卻以多數兵力敗於城主真田昌幸少數兵力之手。此外，家臣石川數正突然投奔豐臣秀吉，而此時秀吉亦頻頻向家康遞出橄欖枝，比如將其妹嫁給家康作為正室，又將其生母送往家康所在的岡崎城作為人質。在眾多不利情況下，權衡利弊後，家康又一次「忍耐」決意臣從豐臣秀吉。

此後，作為豐臣家的家臣，德川家康既安於本分，也不忘保存和壯大自己的實力。在豐臣秀吉征伐九州時，不知何故德川家康未被徵調，如此一來使其擺脫了一次巨大的戰爭消耗。但不是所有時候，德川家康都龜縮於殼內。一五八九年，後北條氏拒絕臣服豐臣家，豐臣秀吉下令全國大名討伐北條，家康在支援戰線上立下不少功勞。弱兵難壓強敵，在掃蕩而來的大軍圍攻下，後北條氏的頭兒在被包圍一段時間後投降。

戰後，因立下不少功勞，家康轉封關東八州，此後家康改居江戶城（今東京）為居城。後北條氏可謂是家康的福星，兩年後秀吉出兵朝鮮（**文祿、慶長之役**），因留其討伐領地內的後北條氏殘黨，秀吉允許家康留守進行守備工作，沒有直接參加兩次戰役。我們知道文祿、慶長之役將霸主秀吉和其家族帶入毀滅之地，也嚴重削弱了當時主要大名的軍力和資金，而德川家康卻得以保存實力。表面看來，這似乎是命運之神在眷顧德川家康，而實際上這卻是德川家康策略得當換來的。不僅如此，期間家康在和平建設中加固了對領國的統治，積蓄了財力，壯大了力量，這成了後來奪取全國政權的重要轉捩點。

我們不妨把回溯往事的目光探究得再遠一些，回到德川家康的青少年時期，也就是人質時代。

據說德川家康的先祖松平氏發跡於三河，原本是三河地方一個小小的領主，在戰國時代卻一躍成為戰國大名，到其父親那一代時，松平氏已經是西三河的大豪族。但形勢並非一片大好，其父親所在之地被夾在勢力較強的兩個大名（**尾張的織田氏和駿河的今川氏**）之間，地位很不穩固，隨時都有被「左右」吞併的危險，這樣的處境也為德川家康從小就作為人質埋下了伏筆。

一五四七年，家康的父親與尾張的織田信秀（**信長父親**）作戰，為得到駿河國首領今川義元的援助，將六歲的家康（**當時叫竹千代**）送給今川氏當人質。但在護送途中卻出了差錯，護送人質的戶田康光早就投靠了織田氏，於是轉而將人質送與了織田氏。在尾張做人質期間，雖然遠離故土，遠離父母，日子倒也並不算太難熬，因為年幼的家康（竹千代）在這裡遇見了給他帶來快樂的少年信長。

而在此期間，家康的父親松平廣忠被自己的近臣岩松八彌暗殺。暗殺原因不管是什麼緣由，在「下克上」的戰國時代這樣的事情並不為奇。廣忠死後，一五四九年今川軍攻陷被織田信秀佔領的三河要衝安祥城，並擄獲了守將織田信廣（信秀的庶長子），今川氏遂跟織田信秀交涉，成功以信廣交換被劫走的竹千代。就這樣，八歲的家康（竹千代）又做了今川氏的人質，從八歲至十九歲這十二年間，家康作為人質住在駿河，並改名松平元信，其中的「元」是在今川家做人質時從今川義元那裡拜領的。十三歲時，娶今川義元的外甥女為妻，之後改名為松平元康（康字取自其祖父松平清康）。

時間如梭，往事如過眼雲煙，昔日尾張的大傻瓜少年織田信長已經長成了翩翩才俊，雖仍放蕩不羈，卻已然是雄霸一方的霸主了。一五六〇年，織田信長透過桶狹間之戰，打敗了今川氏，首領今川義元陣亡，信長替父報了仇，聲名遠揚。德川家康也得以擺脫今川氏的控制而獨立，並在一五六三年改名為松平元康。

作為三河國小小的大名，想要立足就得有後臺。一五六二年，德川家康與織田信長結成同盟，開始全力經營三河。當然一國之領主也並不是那麼好做的，一五六四年，由於竹之內波太郎等人的支持以及各寺院的煽動，激起了三河國全境的一向宗（佛教的一個宗派）起義。由於國內初定需要穩定，德川家康以攻心為主，武力為輔，經過半年的努力最終瓦解了起義，強化了自己的封建統治，並於一五六六年改姓德川。改此姓是為了表明自己是源氏後裔，希望有朝一日能成為征夷大將軍。如此看來，德川家康之後成為將軍，建立幕府政權絕非偶然，更非巧合。

一五六八年，織田信長進入京都，邁出了統一全國的第一步。而這時已在三河打下堅實基礎的德川家康開始採取東進政策。一說，家康的東進政策是年少時代與信長間的約定。一五七〇年他協助織田信長在姊川打敗淺井氏、朝倉氏，史稱「姊川之戰」。

前一年家康又在武田信玄（**源氏後代，信濃、甲斐守護**）的邀請下合攻今川氏。在取得階段性勝利後，雙方相鄰面積更大了，關係也日趨惡化。一五七二年，武田信玄加入「信長包圍網」（**幕府將軍足利義昭對抗信長的策略**）並成為支柱。而德川家康是信長唯一的盟友，更重要的是，武田信玄野心膨脹，此時也想奪取全國政權，為掃清進軍道路上的障礙，在種種因素的推動下，武田信玄屢次出兵攻打昔日同盟所在的遠江、三河。

一五七二年十月，武田信玄率領兩萬五千名大軍意圖進軍京都，德川家康的遠江國是其必經之路。風聞此事，德川家康率自己的五千兵馬及織田信長援軍三千餘人（**信長忙於應對京畿一帶反對勢力，兵員緊缺**）迎戰於三方原，史稱三方原之戰。當時的家康無論是兵力、戰略以及實力均在信玄之下。此一戰，雙方兵力、實力懸殊，德川家康並未創造出以少勝多的奇蹟，德川、織田聯軍大敗。據說德川家康在遭武田軍追擊時，嚇到尿褲子，若真是如此可見德川家康並非像大多數戰國大名一樣剽悍勇武。此戰令德川家康損失兵員一千六百餘人，在部下的掩護下才僥倖逃回濱松城（**當時名為曳馬城**）。

至於得勝的武田信玄則繼續西征，但攻下野田城後卻因為信玄病重突然折返，折返的途中武田信玄病逝。而傳言中，武田信玄其實早已被德川的家臣用火槍射殺了，西征的「武田信玄」是其堂弟假扮的。歷史的陰差陽錯使德川家康逃過了被滅亡的一劫。而武田信玄死後，同年，織田信長消滅了室町幕府，瓦解了「信長包圍圈」，成功地克服了「織德聯盟」所面臨的重大危機。此後織田家逐漸強盛，戰國大勢趨於統一。

家康一面與武田氏勢力對抗時，一面加強領內建設。一五七五年五月，在信玄死後，武田勝賴繼任武田家，率一萬五千人攻打德川家康的長篠城，家康派奧平信昌（**曾是信玄之臣，信玄死後臣從家康**）僅率五百人駐守長篠。不是家康輕敵，而是此時其同盟信長擊破了包圍網實力強盛，有暇顧及家康。此一役武田軍吃了敗仗，織德聯軍以鐵炮戰術重創武田軍，兩軍死傷甚多。武田軍損失了多名大將，間接使武田家衰退，是為長篠之戰。之後，在一五八一年，織德聯軍攻陷遠江的高天神城，歷時半年把武田氏驅逐出遠江。而戰敗的武田勝賴逐漸不得人心，翌年，木曾義昌（**信濃豪族，亦是一員猛將，信玄女婿**）背叛武田家，義昌的背叛對武田軍造成巨大損失。隨後信長、家康分三路入侵武田領地，武田家臣亦開始大量倒戈。武田軍不斷失據，導致織德聯軍只花了一個月就殲滅了武田家。戰敗的勝賴與妻子其後不得不切腹自盡。

這兩役，家康雖損兵不少，但從長遠來看，卻在之後爭奪全國政權的小山頭上又添了兩面旗幟。一舉兩得的是，因其戰功被信長增封駿河一國。和信長欲斬草除根的做法不同，信長在戰勝後頒布武田狩獵令，即捕殺任何與武田有關的人，家康基於自己的政治目的，暗中招降並藏匿武田家的遺臣（**後來在小牧、長久手之戰大放異彩的井伊赤備就是武田遺臣**），江戶時代的武田氏族幾乎是家康在此時所藏匿的。

這之後，盟友信長死於其巔峰之時，豐臣秀吉「花開花又落」，新一輪統一進程的任務終於花落德川家康之手。

延伸閱讀

明智光秀是織田信長重要將領。明智光秀最早出仕齋藤家，後因齋藤道三遭到其子齋藤義龍的攻殺而死，齋藤義龍亦對親近齋藤道三的明智家發動進攻，明智家被滅亡。明智光秀被迫逃亡，後輾轉出仕織田信長。

延伸閱讀

武田信玄，源氏名門之後，信濃、甲斐守護，甲斐武田氏第十九代家督。因任甲斐守護，而且具有卓越的軍事才能，被人稱作「甲斐之虎」，與「越後之龍」上杉謙信（上杉景勝之父）可謂一時瑜亮。武田氏的家寶是皇室所賜的「日之丸」旗幟（**即現日本國旗**），是現存最古老的日本國旗。

德川家康3

此前說到，德川家康透過關原之戰奠定了制霸天下必要的基礎。這一篇，我們來說說德川家康建立江戶幕府的那些事吧。

在「決定天下之戰」後，家康延續一貫作風，鞏固其在新領地的政權，積極處理政務，調配大名間的領土。除此之外，還經常到京都活動，為成為將軍做準備。從織田信長到豐臣秀吉，這是何等漫長的忍耐之途。經過漫長的跋涉，皇天不負有心人，又或許是天道酬勤，這一切終於「感動上蒼」，一六〇三年，天皇朝廷派使者到達此時家康所在的伏見城，傳達任命家康出任「征夷大將軍」的敕令。家康得以如願以償創立江戶幕府，也稱為德川幕府。與此同時，家康不忘穩住尚未剷除的另一隱患。在這一年，其將女兒嫁給豐臣秀賴（**豐臣秀吉之子**）以示友好，從這裡我們不難看出，這些年無論德川家康東征還是西戰，豐臣勢力都袖手旁觀，與其「安撫」政策應該密不可分。

為了確保德川氏（**為了成為將軍，他此前早已將松平氏的系譜改變成德川氏**）世代掌握政權，一六〇五年，德川家康退位給三兒子秀忠，自己作為前任將軍控制實權，為兒子保駕護航。此舉和之前天皇朝廷的「院政政治」有異曲同工之妙。

家康表面上在駿府城（駿河國內）隱居，但實際上仍然實權在握，在接下來的時間裡大權在握的家康並未高枕無憂，而是將注意力指向對其有潛在威脅的勢力。因此，前任統治的殘餘勢力成了首當其衝的對象。

當然，豐臣家的好日子也隨著家康的念起即將走到了盡頭。一六一四年的某一天，年事已高的家康覺得如果此時再不消滅豐臣氏，可能就再也沒有機會了，於是尋機挑起事端，試圖迫使豐臣秀賴完全臣服自己，這個事端便是「方廣寺鐘銘事件」。關原合戰時，德川家康就消滅了豐臣政權有力的支持者，豐臣家年幼的後繼者秀賴身邊幾乎沒有了足以撐起局面的輔佐者。從那時候起，懷有一統天下野心的德川家康就一直在尋找一個最終能夠消滅豐臣政權的藉口。這個「藉口」是非常必要的，因為自豐臣秀吉時代以來，德川家康就一直臣從豐臣家。要想「名正言順」改變這種狀態，德川家康需要一個合適的機會製造「藉口」。

機會終於來了。一六一四年某月，豐臣秀賴為恢復豐臣家的威望，著手修復因地震倒塌的京都方廣寺，並於殿中安置一巨大梵鐘。鐘銘由精通漢學的南禪寺主持所著，大概意思是對豐臣家歌功頌德一番，並希望流芳百世永遠昌盛下去，國家亦安康，子孫亦殷昌。這寓意美好的銘文到了德川家康那裡，就變成了居心叵測的詛咒。隨後這段銘文以「文字獄」的方式翻譯，銘文內的「國家安康」被譯成將德川家康之名諱分離，有讓家康身首異處之意；而「君臣豐樂」倒轉即「樂豐臣君」，寓意將殺死德川家康就能永保安泰，子孫永傳，豐臣氏君臣就會非常歡樂。

於此，豐臣家雖然極力解釋，但欲加之罪何患無辭，悉心謀求開戰理由的家康提出強硬的三點要求（**一說是主和派片桐且元分析後提出**）：秀賴需前往江戶參勤交代；淀殿（**豐臣秀吉的妻子，豐臣秀賴的生母**）至江戶為人質；秀賴需離開大阪改封領地。

然而，此屈辱條件不可能為當時豐臣家所接受，遂導至豐臣家內部主戰派抬頭，豐臣家積極招兵買馬，加強軍備。雖然如此，江河日下的豐臣家卻沒有大名加入支持。而另一邊，德川家康下令大名準備攻擊豐臣秀賴所在的大阪城。

德川軍步步進逼，迫使豐臣家的軍隊撤回大阪城內，不過此時德川軍也遭到豐臣軍的猛烈反攻，家康軍最終利用大炮直接攻擊大阪城，硝煙四起、斷壁殘垣。豐臣家的淀殿被迫與德川家康達成協定，協定以拆除大阪城的外城，填平城周圍一切壕溝為條件，換取秀賴等參戰諸將免於懲罰，以及秀賴、淀殿不用前往江戶作人質。戰事暫告停止，稱大坂冬之陣（**大坂為大阪舊名**）。

德川家康的條件看似寬大仁慈，而實際上卻讓大阪城成了毫無抵禦能力的虛設之城。

翌年，待到大阪城的外城拆毀殆盡，壕溝均已填平，德川家康見時機成熟再次出兵，而豐臣軍在這次戰役雖然積極迎擊，但無奈「城」已毫無抵禦之功能，德川軍相繼報捷，最終迫近大阪城。

雖然如此，在「天王寺・岡山之戰」中，家康父子曾一度陷入危機。在天王寺之戰中，豐臣軍的首領真田信繁擊潰家康部下帶領的一萬五千兵力壓進家康本陣，導致家康本陣倒退數里才穩住陣腳。這也是德川家康征戰史上，除了三方原之戰外最狼狽的一戰，甚至險些喪命，不過在後續部隊的援助下最終獲得勝利。同時，其子秀忠在岡山戰鬥，亦遭到豐臣軍的突擊陷入混亂，最終也以兵力優勢取得勝利。豐臣秀賴和其母淀殿自盡，秀賴之子在戰後不久被找到，最終也難逃被處死的命運，豐臣家正式滅亡，是為大坂夏之陣。

消滅了前任統治的殘餘勢力後，德川家康於此得以真正實現全國統一。

接下來，需要削弱的勢力便是天皇朝廷和敵對大名們的勢力，以及建立完善的統治體制。

一六一六年，幕府頒布了《禁中並公家諸法度》，對天皇及其公卿貴族的行動加以規範，顯示出凌駕於天皇之上的權威；對寺院和神社也加強了管理，規定了寺院須以學問為主，禁止總寺院下設專院和新建寺院，極力削弱大寺院的勢力；對敵對大名的領地予以沒收和削減，此舉不但削弱了大名們的勢力，更充實了幕府經濟基礎。據說德川家康沒收了八十七個敵對大名的領地，總收入量為四百一十四萬石（**一說沒收了九十個大名的領地**）；減封了三個大名的領地，總收入量為兩百零七萬石（**一說減封四家大名領地**）。其中的四分之三轉封給自己的功臣和親近大名，其餘的四分之一劃為德川氏的直轄地。在持續不斷的整治下，幕府幾乎控制了全國的大部分重要財源。

德川家康對全國兩百六十多個大名進行了領地分封，這些領地稱之為「藩」，德川幕府的政治體制也因而稱為「幕藩體制」，即以幕府為中心，統領全國各地半獨立的藩。幕府對全國各藩及藩主有絕對領導權，而各藩在幕府的統治下擁有財政、軍事、法令等自主權。

又根據與幕府的遠近關係，把全國大名分成三類：與德川家族有親緣關係的稱為「親藩大名」；德川幕府創立之前臣服於德川家族的家臣，稱為「譜代大名」；而在德川幕府創立之後臣服德川家族的大名則稱為「外樣大名」。「親藩大名」和「譜代大名」是幕府政權的支柱，有監視「外樣大名」的權力和義務。

其次，為了加強對武士的統治，樹立幕府的權威，早在一六一五年德川家康就頒布了《武家諸法度》。法度除了規定獎懲內容（**比如獎勵文武、誡逸樂奢華、等級服飾、城池修建等規定、不得私婚，防結黨**）外，最主要的是規定了大名的「參勤交代」制，制度規定大名的妻兒須常住江戶（**事實上是作為人質居於此地**），大名們按期到江戶參勤交代。往返於江戶和領地之間的耗費往往十分巨大，因此這一制度不僅可以使幕府實際上把大名妻兒作為人質加以控制，還可以大量消耗大名的財力，使之無力叛亂。

在對外事務方面，出於政治發展對經濟的需要，德川家康實行不完全鎖國政策。創立幕府後，他立即遣使朝鮮，並在一六〇八年就恢復了和朝鮮的邦交，期間又積極謀求與明朝的間接貿易，向明朝皇帝臣服獲得「日本國王」尊號。對發展與西歐各國的貿易也很積極，他聘用英國人三浦按針為外交顧問、貿易事務官，並向他學習世界知識、天文和數學。他甚至默許天主教的傳播，後來因感到危及日本傳統的封建統治，到暮年的時候又加以禁止。一六一二年，幕府在直轄地首先頒布禁教令，翌年便把這一法令推行到全國。一六一六年起，進而對朱印船（**十七世紀前期江戶幕府時代，有政府簽發的「朱印狀」得到海外貿易特許的船隻**）貿易也嚴加限制，進入閉關鎖國時代。

與此同時，德川家康還進一步推行豐臣秀吉的兵農分離政策，完善了身分制度，把整個日本社會劃分為身分世襲的士、農、工、商四個等級，每個等級內部又貫穿著縱橫交錯的主從關係。這樣，以身分制為核心，以幕府為政權的中樞，上對天皇、公卿，下至各藩大名、一般武士、僧侶、農民、手工業者、商人，形成了一套完整的幕藩體制。德川幕府主要就是靠這個體制來統治全國，維持國家穩定的。

延伸閱讀

真田幸繁家族與武田家族也頗有淵源，其父親曾侍奉過武田信玄。武田信玄死後，武田家族衰落，真田家輾轉易主。時年十四五歲的幸繁過著顛沛流離的生活，一度得到上杉景勝的賞識，後隨父親效忠豐臣秀吉。在大阪城戰役中率士兵與德川家康的大軍浴血奮戰，最終寡不敵眾而戰死。

但其顯赫的戰績在這場終結戰國亂世的戰爭中點亮了他的名字，被譽為「日本第一兵」。與源平合戰的源義經、南北朝時代的楠木正成並列為日本史中「三大悲劇英雄」。

鎖國時代

追尋日本德川幕府時代鎖國的根源，主要是幕府與天主教的矛盾所致，往深了說，實際上就是一次幕府統治者的「維權運動」，也就是德川幕府統治者維護其自身統治而實施的一項由內至外的政策。

我們知道，早在豐臣秀吉時代，天主教的傳入就讓豐臣秀吉感覺到它對其統治的威脅，最早的鎖國也就從那時候起開始了。日本最初的一塊天主教「基地」是一五八〇年肥前國大村氏捐贈，同樣出於對經濟利益的需求，這位領主把十年前開港並正在發展為日本西部最大貿易港口的長崎，與其附近的茂木一起捐贈給耶穌會，允許耶穌會在日本領土上擁有屬於教會的基地。而傳教士們為了大規模進行傳教、控制更多的領地、達到更多的政治目的往往採取強制手段，先讓國、郡的統治者信教，再讓他們發出命令迫使居民悉數入教。西方勢力的野心膨脹使豐臣秀吉感到惶恐不安，一五八七年，他改變初衷宣布了《禁教令》，開始逮捕傳教士和部分信徒。一五八八年，再次發布命令驅逐傳教士，並從耶穌會手中收回了長崎與茂木。但是傳教士並沒有離開離開日本，而是滯留於此，後來問題便留到了德川家康統治的時代。

在德川家康初建幕府時期，為了謀求經濟收益，發展政治、軍事以鞏固其統治，德川家康在權衡兩者利弊後，對天主教採取了睜一眼閉一眼的寬容態度，還積極推動日本與外界的貿易往來。但是隨著貿易的發展，從貿易中獲得巨大經濟收益的不僅僅是幕府，地方大名和富豪們也從中獲取了巨大的財富（當時只有幕府、大名和富豪們有資格從事對外貿易）。他們的實力迅速膨脹，這多少有點違背幕府試圖依靠貿易收益制衡其他藩主的目的，長此以往，幕府的幕藩體制將受到威脅。另外，天主教在興起過程中漸漸暴露出殖民色彩。西方殖民主義者表面看似傳教和經商，而實際上是利用天主教會充當其侵略擴張的工具。

更重要的是天主教的教義與日本統治階級用以維護其統治的神佛教義相衝突，天主教宣稱上帝面前人人平等，這和以將軍為最高主宰、嚴分身分等級的幕藩體制完全背道而馳；天主教否定神佛信仰，認為上帝才是天地萬物之主，應該服從上帝，而不應該服從父母、主人、君主。這對自稱「神國」的日本和被尊為「東照大神化身」的德川統治者來說，是完全不能容忍的。

又加之德川幕府統治者深恐豐臣氏遺族及反德川勢力利用天主教徒的組織力量發動暴亂（事實上這是存在的），因為天主教徒在受到權力的鎮壓時那種不怕死的行為讓幕府畏懼，深恐如此下去，天主教「把日本變為魔國」。於是在上述的種種不安全因素下，德川幕府決心採取強力措施來禁止天主教。

要想徹底禁止天主教，就得從根源上解決問題，這個根源便是德川幕府所依靠的對外貿易，更確切地說是遏制幕府對海外貿易經濟收益的欲望。這樣一來，幕府為保證其經濟收益就必須得從封建剝削體系下手，必須保護自給自足的小農經營環境，在此條件下榨取實物地租，透過貨幣經濟促進農業的再生產。幕府於一六三〇年起積極建設三都（京都、江戶、大阪），扶植特權商人，獎勵各地商業性國產物的生產，使三都起中央市場的作用由此控制了全國經濟。與此同時，開始實行全面鎖國，逐步限制並獨佔了對外貿易。

幕府的鎖國政策並不是一步到位，而是逐步展開的。一六一二年，德川幕府在繼豐臣秀吉之後發布了鎖國令的政策──《禁教令》，此次禁教令主要以幕府直轄領地（靜岡、江戶、京都、長崎）為對象。翌年，又將禁教範圍擴至全國。執行禁教之始，京都等重要城市的教堂遭到破壞，教民遭到逮捕，並強迫改變宗教信仰。同年九月，天主教大名高山右近（秀吉遺臣）及其一百四十八名教徒拒絕改變宗教信仰被判處流放；其他拒絕改變信仰的教徒被捆縛在草席裡露出腦袋遊街，婦女則裸體示眾，或送往妓院當妓女。而信徒中，武士也多，加入豐臣派的更不在少數，這使得德川幕府深感恐慌，決心禁絕天主教，以肅清反幕力量。

一六一四年，在德川幕府的高壓政策下，眾藩主懾於幕府威勢為保住身分和地位相繼出具改變信仰字據，轉而對教士和教徒全面鎮壓。藩主的家臣、武士、農民等也根據主從關係，分別向所屬上司寫下「改變信仰保證書」。

一六一六年，鎖國禁令只是禁止外船（明船除外）在平戶、長崎兩港以外靠岸。一六二〇年，禁日人搭乘外船航海及輸出武器；西元一六二二年屠殺外籍及日本教士後，次年驅逐英國人出境；一六二四年禁止西班牙人來日通商。在此後，又實行「奉書船」制度，禁止包括特許船在內的一切日本船隻駛往海外，海外日本人不許回國，歸國者不問理由一律處死。

在此番運動的鎮壓下，從一六一九年到一六三五年的十六年間，被處刑的日本教徒約達二十八萬人。刑罰極其殘忍，大部教徒被迫改變信仰。但仍有一部堅持信仰，參加稱為「組」、「講」等秘密的信教組織。這些教徒被捕處刑時，還迷信「抵抗而被殺就不算殉教」的教條，毫不抵抗地死去。由此幕府更加感到天主教的危險，越發加強禁教。一邊是強硬的鎮壓者，一邊是聲勢浩大的信仰者，面對眾徒如洪流般的信仰，不疏反堵只會讓「洪流」積蓄更具衝擊力的力量。不久，一六七三年，長崎地區就爆發了大規模的島原之亂。為了平定動亂，幕府動用了大量兵力，支出了巨額的軍費。

暴亂終於被鎮壓，在此之後幕府進一步加緊鎖國政策。一六三九年，發布了最後一次鎖國令。令文禁止葡萄牙船隻來日，命各藩檢查航行船隻，提高密告外船走私入境者三倍的獎金，並禁絕國外教會對日本教民的一切聯繫。一六四一年，將同傳教無關的荷蘭人一律轉移到長崎的出島，限制外文書籍進口，連朱印船貿易也禁止了，貿易商受重大損失而破產。鎖國後，幕府只限長崎一港准許中國、荷蘭船舶通航，獨佔了與日本的的貿易。由此日本的外交和貿易全部被置於幕府統制下。

隨著禁教而加強的外貿統治逐步嚴厲，經過島原之亂的鎮壓，最後完成了德川鎖國的體制。鎖國體制的成立意味著國家壟斷海外貿易關係的形成。

有人對德川幕府鎖國政策這樣評價：「這給日本封建經濟的發展提供了比莊園制時代略好一點的社會環境。但是德川家康所改組和強化的日本封建制度，仍然是建立在自給自足的小農經濟的基礎上。嚴格的身分制度把每個人都死死地固定在一個狹窄的框子裡，嚴重地阻礙了社會的進步。」此話雖不無道理，但從當時的時代背景和由此之後日本國的迅速發展而言，不難窺出鎖國政策在其整個社會發展鏈條中起到的及時而重要的轉折性意義是利大於弊的。

德川幕府的鎖國，從一六三九年頒布最後一次鎖國令到一八五三年美國叩開鎖國大門的兩百多年的時間裡，對於整個日本社會來說，由於堅持鎖國而使幕府得以維持兩個半世紀的獨立統一的政權。因長期的和平環境，給日本封建生產力的發展提供了有利的條件，使封建制走向成熟。正是基於這樣的基礎，才使資本主義萌芽在德川幕府統治中期自然形成，而免於受到外來勢力的迫害。到幕府末期，日本的資本主義資產和初級體系已經趨於成熟，也為之後的開國創造了非常有利的必備條件。

另一個方面，由於幕府的鎖國，日本自身的政治、文化體系也得以保留和進一步發展。日本很多著名的文化體系，例如德川幕府統治中期的元祿文化，可以說實際上是因為幕府的鎖國才得以形成。德川幕府鎖國的兩百多年中一大部分是日本由封建社會走向顛峰的時代。

而與之相比，中國的閉關鎖國政策就顯得非常失敗，由於中日兩國的不同情況，兩國的鎖國就造成了不同的後果和影響。於此，有人將此歸結於兩國不同的社會成因，歸結於中國漫長的封建社會因素，歸結於在它早該滅亡的時候仍然苟延殘喘地控制著神州大地。當時的封建制度已經至巔峰而衰亡，不可能再有任何實質上的發展，固步自封只能暴露出它的弊端。因此相對而言，中國的鎖國是拒絕先進的行為，當時中國已經出現了資本主義萌芽，社會性質上可以說並不比西方落後多少，閉關鎖國相當於將資本主義扼殺在搖籃裡，嚴重阻礙了中國工商業的發展。

而日本在中國封建社會發展至旺盛階段時，依然處於奴隸制度社會，封建制度剛剛發展而奴隸制度一息尚存，如果任由西方殖民勢力發展不進行鎖國，必將淪落為完全意義上的殖民地，不鎖國便很難維持封建自然經濟的基礎而不受殖民影響，鎖國是歷史發展的偶然亦是當時的必然。

延伸閱讀

在這個重農輕商的社會裡，隨著商人們錢袋的迅速膨脹，以大商人為首的町人勢力也隨之抬頭。漢學（**朱子學**）興盛，不懂漢學的武士其仕途黯淡。

在此背景下，德川中期興起了取代貴族、武士文化的町人文化。這種以城市工商業者生活為題材的文藝作品，反映了町人的成長和市民階層新的覺悟，亦具有反封建的自然主義和現實主義傾向。但由於奢侈頹廢的城市生活建築在封建領主及武士勾結商人、高利貸者殘酷剝削農民的基礎上，所以適合町人要求的文化具有很大的局限性。這一文化發展的高潮時期是五代將軍綱吉（西元一六四六年到一七〇九年）執政的元祿年間（西元一六八八年到一七〇七年），所以稱為「元祿文化」，但廣義上一般是指十七世紀後期至十八世紀初期的文化。

日本字的前世今生

如中國字叫「漢字」一樣，日本字也有自己的別稱，稱其為假名。大概有人會問，為什麼要稱為假名呢？這個問題的答案恰與「漢字」密不可分，關於此我們稍後再一一道來。在我一廂情願的認識裡，我覺得中國人稱為「漢人」和使用的文字為「漢字」，這樣的稱謂大概就來源於日本，就如歐美人或者東南亞人習慣稱中國人為「唐人」一樣，這與中國歷史上兩個最為鼎盛最具影響力的朝代——漢朝與唐朝不無關聯。若「漢人」和「漢字」的稱謂果真來自日本，那麼從某種意義上更進一步說明，漢文化在日本文化發展中重要的影響力。

日本在漢字未傳入之前只有語言並無文字，貴賤老少，口口相傳，前言後行，以此存而不忘。由此才導致日本的古代史變成一筆糊塗帳，一半是神話傳說——《古事記》，另一半是捏造的偽史——《日本書紀》。而這兩本分別成書於西元七一二年和西元七二〇年的日本史書均完全採用漢語書寫，可見漢文字在其民族文化承載和傳播上所起的重要性。就如思想的表達離不開語言一樣，文化的承繼發展需要一個載體，而漢字的出現正好提供了這一載體。

那麼，漢字是何時並以何種方式傳入日本的呢？通常人們「斷章取義」地普遍認為漢字是在漢朝才傳入日本的。除此之外，根據日本最早的官修史籍《日本書紀》記載：日本應神天皇十六年（即西元二八五年），朝鮮半島百濟王遣使者阿直岐前往日本進獻良馬，這個阿直岐「能讀經典」，是百濟皇太子的老師。天皇向阿直岐徵詢誰能勝任他的博士（**秦漢時指掌管書籍文典、通曉史事並負責傳授經學的官職**）一職，阿直岐向天皇推薦了對經典「莫不通達」的王仁。這個王仁，據姓名可推測為中國人士。西元二八五年，王仁帶著十卷《論語》及一卷《千字文》渡日，將這些典籍獻給日本，並成為皇太子的老師，將漢字及漢學正式在日本皇室和貴族間推廣，而此時正是中國歷史上的西晉。《日本書紀》如是記載：「所謂王仁者，是書首等始祖也。」不過經現代學者考證，王仁進入日本傳學不假，但漢字正式傳入日本的時間與上述所載時間是不吻合的。《日本書紀》成書過程採用的是民間傳說以及根據政治需要虛構歷史，並憑空多出「查無此人」的十幾位天皇，有鑑於此我們只能將其作為參考而不可採信。

實際上，一九五八年日本考古工作者們在九州南部種子島發掘的一批陪葬物中，發現了一片刻有漢字的貝製片狀物，據考證這批陪葬物大約來自西元前三世紀，大約相當於中國戰國末期。由此而知，漢字早在中國戰國後期便已進入日本。到了秦代，在「文化出口」中，當數徐福東渡事件，無論徐福是否真的抵達日本在此倒也無關緊要，但秦人進入日本確是不爭的事實。由於秦人來自秦朝便以秦為姓，秦在日語中發音為**hata**，與今天日本姓氏羽田的發音相同，一說羽田姓氏是秦人的後代。**hata**的發音在日本原意是指織布的器具，由此而知秦人帶去了當時較為先進的紡織技術，當然肯定也少不了當時中國使用的文字。不過如它不叫「秦字」一樣，想比那時已進入體制較完善、文化高度發展的中國封建社會，日本尚處於母系氏族部落的新石器時代（**即繩文時代**），在文化「對接」上還存在很大差距，因此不難斷定傳入的文字使用是相當有限和狹窄的，更談不上流傳了。

漢字之所以叫「漢」字，我推測除與漢朝的強盛有關外（**日本向來就有崇拜強者的情節**），更因為它進入日本並得以較為普遍的流傳大約始於東漢，最好的佐證便是我們在本書最初章節裡提到過的那枚西元五十七年漢光武帝賞給倭奴使者鑄有「漢委奴國王」的金印。一七八四年在今日本九州福岡縣志賀島果然出土了一枚「漢委奴國王」金印，與中國史料《後漢書‧東夷傳》所載賞賜金印的大小以及去向位置剛好吻合，這也從另一個方面印證了中國文獻的真實和可採信度。中國最早記載日本的史籍《漢書‧地理志》說，早在西元前一〇八年，漢武帝就在朝鮮半島設置樂浪郡，專供日本列島上的「百餘國」定期向漢朝貢。由此可知，當時兩國間已經有了正式的官方往來，雖然其中並未言及有代表文字蹤跡的「上表文書」，但在這個過程中漢字作為兩國交流及其重要的載體功能而隨之傳入日本也是完全合理的。

《魏志‧倭人傳》中就提及過與之相關的事，西元二〇四年，倭王以漢字所寫文書上表東漢皇帝，有人以此時距王仁到日本宣講漢籍尚有八十餘年為由，對倭國能使用漢字提出異議，並再次以《日本書紀》所載日本十七代天皇履中天皇（**大約為西元四二〇年**）時，日本才剛剛開始在各地諸小藩邦設置掌管文字的官職，這個時間與倭王以漢字上表文書的時間相差兩百年。也就是說，在倭王以漢字上表文書兩百年後，日本人中才出現可能會使用文字的人，在此前倭王向中國皇帝所呈表文，可能是由樂浪郡的中國官吏代作。這個異議我表示贊同但並不以時間差異為依據，我倒更願意相信這受限於兩國間巨大的文化落差所限，文字的滲透必然需要漫長的時間。不管怎樣，從兩國間外交往來可以確定，漢字是由漢朝正式頻繁傳入日本的，而不似戰國、秦朝以貨幣等物品上「隻言片語」的傳入，比起之前的流入，它更具影響力。在此後日本尚未有自己的「假名」文字前，漢字就成了日本書寫記錄、文學創作和國事交往等活動的重要「工具」，但由於掌握漢字技巧並非一件容易的事，早期使用者可能多為具有較深厚漢學素養的中國或者朝鮮半島上的人。

漢字雖然頻繁大量傳入了日本，但離形成日本的文字「假名」還有很長一段路要走。這也與我們在文章開篇所提到的日本字稱為「假名」的答案密切相關，此之稱謂正源於古代日本人對漢字學習應用的漫長過程。而日本字之所以稱為「假名」，正是由於它的「真名」是漢字，何以這樣說呢？我們知道，漢字未抵達這裡之前，古代日本列島上的人只有語言並無文字，凡事全靠口口相傳，這樣一群從來沒有使用過文字的人，想要學習、應用繁雜的漢字並非易事。試想，中國的南腔北調、吳儂軟語等天差地別的語言得以應用相同的符號表述自己的意思，都曾歷經漫長悠遠的歲月才得以形成對應關係，何況是完全沒有文字基礎的日本呢。

然而，早前的日本人自有學習方法，這個方法與我們初學英語時，大部分人都曾用過的方法雷同，那就是用漢字標音。舉個最簡單的例子，比如書包的英語單詞 Bag，有的小朋友方便認讀就用漢字標音為「八個」，當然有的小朋友會標為其他與之熟悉讀音相似的漢字。這大概就是為什麼我們之前所提到日語讀音「hata」，對應多個不同姓氏或者不同地名的原因吧，如羽田、波多、波田等。為了便於區別避免混淆，Bag 就成了「書包」的真名，而「八個」就成了書包的「假名」。倘若你到了日本，對漢字「望文生義」，恐怕就要犯「詞不達意」的錯誤，難怪周作人曾說：「日語中夾雜著漢字是使中國人不能深切了解日本的一個障礙。」

當然，這時候這種文字還不叫「假名」文字，但它卻是表音「假名」文字產生的發端，因為它依然使用漢字進行書寫。在這裡，用來標音的漢字完全喪失了原來的意思，如日本古書《萬葉集》詩歌：「余能奈可波，牟奈之伎母乃等，志流等伎子，伊与余麻須万須加奈之可利家理。」各位可能和我一樣，乍看以為是中國古文，細看卻完全不知所云，這就是用漢字充當音標寫成的詩。《萬葉集》裡全是這樣的詩歌，而該句的漢語意思是：塵世之中，諸凡皆空；悟知之時，越益悲痛。這種漢字在日語發音中稱為「訓讀」，是日語中漢字發音的兩大類之一。主要產生於日語口語中漢字不好替代的諸如人名和地名，就如我們在翻譯一些歐美國家人名、地名取其諧音表達是一個道理。另一種發音稱為「音讀」，所謂「音讀」即是日本人在引入漢字時模仿該字漢語發音的讀法。由於中國字進入日本是一個較長的過程，中國不同朝代的「普通話」也有所差異，這在日語中的漢字讀音上也留下了不同的痕跡。因此在現代日語中，一個漢字的普通讀音通常有兩種，稱為「吳音」和「漢音」。「音讀」的存在也是直至現在日本字中仍有大部分漢字存在的原因。在漢字傳入時，只要可以用其直接替代日語口語中意思的就直接使用。明治維新後，日本曾嘗試以假名文字全面取代漢字以便全盤西化，但結果因為其對日本文字「傷筋動骨」等各種客觀因素失敗了。

「假名」的產生除了來自漢字對日語口語的表音外，還來自於它對漢字的「改造」，變體漢字在漫長的演變中，如種子歷經日月漸漸長成果實——假名文字。它的第一個過程是漢字在應用過程中按日語思維方式排序，變成漢字做成的日語。語序改變後的漢字和實際意義上的漢語語序不同，如我們今天在影視劇中所見飾演的日本人說中文：「糧食的，有？」，而漢語的表達語序則應是「有糧食嗎？」這樣的改變大約開始於西元七世紀下半葉，不管是「音讀」還是「訓讀」的漢字皆按日語語序排列，也可說是「和漢混雜」的雛形，日文的表現形式因此而逐步形成，變成今天有別於漢語「主謂賓」結構的「主賓謂」結構。

隨後，隨著中國文化的不斷輸入，中國的詩歌也開始在日本朝野流行，產生了作詩的風尚。之前主要用以標示人名和地名讀音的「假名」在此期間開始大量使用，也就是說它不僅使用於人名和地名，更使用於詩歌寫作。「假名」到這個時候開始推而廣之，這也就意味著大部分漢字喪失原有意義，只是作為表示日語語音的符號。如我們之前提到的《萬葉集》便是最早以「假名」形式書寫的詩歌結集，萬葉取自漢語「千秋萬代」以及「詩文眾多繁茂」之意。因此，這個階段的日本文字被稱為「萬葉假名」，由於字形仍是漢字又稱為「真假名」。這樣一來，漢字雖然變得越來越像日語了，但也生出了另一個麻煩。眾所周知，漢字中有許多同音或近似音字，日語取漢字諧音標寫的時候就出現了一音因人選字不同而出現多個不同漢字的混亂現象。因此想要讓人很好的辨識文意，就得進一步改進，形成統一固定的表音漢字，即一個日語音用一到兩個比較固定的漢字標寫。這是一個反覆實踐運用的過程，這些表音漢字才最終得以趨於固定統一。

在表音漢字固定統一的基礎上，早期的日本人在使用這些漢字的過程中，因書寫字體的方法不同，又慢慢演化出平假名和片假名。關於平假名和片假名的來歷，通常的解釋是源於漢字的兩種字體：正楷和草體。

日本平安時代的男人和僧侶們在學習漢字時多用規規矩矩的楷體書寫，而在閱讀漢文時通常又要將這些漢字轉化成日語理解。我們在前面提到日語和漢語在思維、語序上有很大差別，為了快捷和方便地解讀，他們就將這些固定統一的表音漢字以偏旁或者簡略筆劃取代標寫，如用「ア」取代「阿」，久而久之這些偏旁和簡化字便形成了片假名。

而平假名則來自於平安時代宮廷貴族女人們的書寫，因此也叫「女手」。當時日本社會男尊女卑，就像男權主宰政治一樣，主流文學也是男人的天下，容不得女人染指男性的語言和文學，並嚴禁任何口頭上的交流。但這並未阻止這些生活單調乏味的貴族女人們對知識的渴求，加之貴族女性並沒有被剝奪受教育的權利，於是她們總是千方百計地暗中用書信分享、交流。為了自由交流而創造的書寫方法，另闢蹊徑成了出路，而線條隨意柔和的草體漢字如「好雨知時節」就這樣走入了她們筆下。草體本身就具有省略簡寫性質，因而不必再將字進行分割省略，如「あ」乃是漢字「安」，由此形成平假名。平假名的使用大大促進了女性文學的發展，並孕育出了世界第一部長篇小說《源氏物語》，以及清少納言的散文集《枕草子》。

這也是為什麼在日本語言、文字乃至文化有性別之分的原因，如今雖然不盛行了，但仍可在日常生活中見其蹤跡。

攝關政治時期，恰逢中國唐朝政局動盪不安，加之遣唐使耗費巨大，日本遣唐使終止了外交活動。在其後的兩百多年間，日本在充分將吸收的唐文化「化為己有」後，旨在構建日本民族自身的特性，被認為不登大雅之堂的「女手」也在此時登上歷史舞臺，人們開始用更加簡便的平假名和片假名寫作日記、詩歌，和歌也進一步發展形成纖細、精巧的風格。平安時代所謂「國風文化」也基於此而得以形成，其代表作品是紀貫之編成的和歌集《古今和歌集》，其後此書逐漸成為各級官僚必看的案頭書，漢文至上的意識也隨之逐漸淡化。但漢字一直到明治初年，仍然是公家官方用來記事的正式文字。片假名與平假名的形成，標誌著經過對漢字漫長而不懈的改造，日本終於有了屬於自己的文字，它們與漢字一起構成了如我們今天所見的特殊的「和漢混合體」文字，也再一次體現了日本民族擅於學習外來文化，並在外來文化基礎上創新的卓越才能。

幕府開國

幕府的「鎖國」政策在其封建制度發展的初期確實起到了不可忽視的積極作用，但隨著日本資本主義的萌芽以及商業的新興發展，舊的統治制度漸漸難以適應新的社會發展形勢，「鎖國政策」便成了套在日本發展步伐上的枷鎖。

任何不「呼吸」的事物必將失去「活力」窒息而亡；任何不適應社會發展需求的政治制度亦必將被新制度所替代。因此日本由「鎖國」而「開國」同樣是歷史發展的必然，「求生的本能」使得歷史發展的洪流勢不可當地通往歷史的新方向。

說起日本「開國」的因素，我們姑且把它總結為兩個因素，即內因和外因。在文章的開頭，我們已經簡要地敘述了幕府「開國」的內因：舊有的統治體系難以維繫新的社會發展形勢。也可以用一句更簡單的話來敘述：「幕府統治的危機」。那麼幕府的統治危機究竟在哪裡呢？首先，我們有必要先了解一下幕府的統治政策，再從中逐一發現其危機。幕府在政治上實行幕藩體制，有著森嚴的等級制度，上至天皇，下至平頭百姓，被分為五個等級，即天皇（傀儡）、將軍（握有實權）、大名、武士、農工商。其中天皇、將軍、大名和武士統稱為士，各等級世襲，互補通婚，日常生活各有嚴格規定，不得逾越。在經濟上重農抑商，在外交上實行閉關鎖國。另外，還有三十多萬被稱做「非人」和「穢多」的賤民，他們被排斥在士、農、工、商之外，過著悲慘的生活。

下面，我們就來逐一敘述現其統治政策帶來的危機：森嚴的等級中，農民佔了全民的百分之三十，是受封建剝削和壓榨的主要對象。他們處於社會最底層，忍受著來自上層階級的層層盤剝，過著衣不蔽體、食不果腹、居無定所的日子，為了維持生計，還不得不賣掉自己的親生骨肉。而作為幕府統治基礎的「武士階層」在十九世紀初，不論職位高低，實力大小，漸淪為貧困戶。尤其俸祿低微的武士，生活貧困不堪，為了生計不得不加入之前瞧不起的商業和手工業，對幕府統治亦漸心生憤恨。也就是說德川幕府的腐朽統治，激化了社會矛盾，使得下層人民起義規模升級，這種升級直接威脅著幕府的統治。

再者德川幕府重農抑商的政策讓商人的日子也並不好過，幕府對工商業的過度抑制引起了商人的強烈不滿，更阻礙了剛剛萌芽的資本主義發展，這更加劇了幕府統治的危機，也是幕府危機的根本原因所在。此時日本商品經濟的發展和資本主義的萌芽，引發了日本社會階級結構和等級秩序的變化，商人的地位逐漸提高，大部分武士窮困潦倒，這從根本上開始動搖幕府的統治基礎。

說到「開國」的外因，就得從一八四〇年代，以英國為首的西方國家以堅船利炮打開了古老中國的大門這件事說起。這些列強國家仗著軍事力量強大，強行把地大物博，人口眾多的中國變為他們的原料產地和商品傾銷市場。在從中嘗到甜頭後，美國把擴張的目標指向了更為廣闊的亞洲和太平洋。要達到這個目的，從其所處地理位置來看，建立中繼站成了必須。而與中國東鄰的日本，由於處於太平洋西部的航路要衝，成了最為理想的目標。

於是，一八四六年，美國東印度艦隊司令貝特爾率領艦隊抵達日本浦賀，遞交了波爾克總統致幕府將軍的親筆信，要求日本開國通商，但遭到當時實行鎖國政策的幕府拒絕。

遭到拒絕後，一心想要達成擴張目的的美國並未放棄，為了打開日本封閉的國門，一八五二年三月，美國調來美墨戰爭中的英雄馬修・卡爾布萊斯・培理出任東印度艦隊司令，準備開赴日本。有趣的是，培理此後被日本人供奉為自己的恩人，直至今日。

翌年，培理率領全副武裝的艦隊浩浩蕩蕩逼近浦賀近海，黑色的軍艦氣勢恢宏，鐵炮在陽光下閃著寒光，此番陣勢震撼了負責警衛的幕府軍隊，時年五十九歲的培理不費吹灰之力就登上了日本國土，這是鎖國以來，外國軍人首次踏上日本的國土。仗著強大的軍事後盾，培理再次遞交了美國總統要求日本開國的國書，其言外之意不言而明。這次事件，在歷史上稱為「黑船事件」。

其實，早在美國入侵前，最早叩響日本國門的是俄國。十八世紀末，俄國在知道日本國的存在後，以禮送日本漂流倖存者為名，踏上日本本土。由於德川幕府仍嚴格厲行「鎖國」政策，俄國想與日本建立通商關係的要求被拒絕，轉而向千島群島進行殖民，遭到日本的堅決抵制。一八五五年，日本撤離千島群島中的得撫島，從這一年起，得撫島就成了日本北方與俄國的實際邊界標誌，其後，雙方在這片領域亦經常發生摩擦。

日本的強硬態度令俄國方面大為惱火，據說西伯利亞當局甚至制定了遠征日本的計畫，不過那時俄國正面臨著拿破崙大軍的威脅，無暇東顧，日本也就獲得了暫時的安寧。而俄國的騷擾，促使幕府在「朱子學」後轉而著手研究海防和研究西方，大批收集荷蘭書籍，以吸收西方近代科學知識，形成新派「蘭學」。在當時「蘭學」成為當時日本洋派人物關心的學問，這些受此影響的人，後來大多成為推動社會革新的中流砥柱，為之後明治維新的到來埋下了歷史性的伏筆，也為日本的迅速崛起打下了基礎。

除了俄國外，一八〇八年英國軍艦「費頓號」掛上荷蘭國旗突襲長崎，此後，英俄船艦經常出沒日本沿海。一八二五年，幕府發布《異國船驅逐令》，命令對中國和荷蘭之外的船艦一律開炮驅逐。一八四〇年中英鴉片戰爭爆發，一八四二年清廷戰敗，被迫與英國訂立《南京條約》。消息傳到江戶，幕府深受震動，他們敏感地意識到西歐各國將前來迫使日本開國。之後幕府指示諸藩對前來日本的外國船艦供應所需的水、煤、糧，以勸離的方式替代開炮驅逐。隔年，中國的魏源撰寫的《海國圖志》在中國出版，這本書在中國未引起重視，以致出版商和印刷商都為此傾家蕩產。一八五三年，這本書流入日本，卻大為熱賣，成為日本幕末志士追求海外知識的必讀之書，亦是讓故步自封者如夢初醒，奮起追趕西方先進科學的知識之書。

這個話題扯得有點遠了，我們還是回過頭來說說培理的事吧。培理在得到幕府官員次年回覆的允諾後，信心滿滿地回美國交差去了。

培理雖已離去，但他留下的「問題」在幕府內部卻掀起了軒然大波。在一片爭論聲中，幕府內部的聲音分為兩派，抵制派和開國派。抵制派們主張維護日本國的國體尊貴，堅決抵制外敵入侵；開國派認為，和外國通商是大勢所趨，若不看清形勢，就是盲目排外，主張通過開國促進國與國間的訊息流通、貿易往來，以謀求國家開化，更加富強。

一年的時間很快就過去了，急於建立中繼站的美國方面可沒有多少耐心等候「抵制派」和「開國派」們的爭論，一八五四年，培理再度率艦開赴日本，擺出一副不開國就開火的姿態。在武力的逼迫下，日本同意局部開國，允許美國在日開放港口停泊及派駐領事館。為了讓條件生效，雙方簽訂了《日美和親條約》。該條約打破了日本「鎖國」局面，外來勢力開始向日本滲透。

美國並不滿足於既得利益，一八五八年，又強迫日本簽訂了《日美修好通商條約》。隨後，荷、俄、英、法四國也逼簽了類似條約，因該年日本年號是「安政」，故又統稱「安政條約」。這些條約的簽訂，給日本帶來了巨大的變化，使得日本滑向了半殖民地的境地。

這一歷史時期，日本和中國幾乎同時淪為西方國家的殖民地，但與中國不同的是，日本國家小而且資源少，亦並不是理想的商品傾銷市場，可掠奪的資源也非常有限。這個劣勢，在一定程度上反倒成了保護自身的優勢。而另外的因素除了之前提到的國民同仇敵愾抵抗入侵外，日本在地理位置上孤懸大洋，遠離大陸也是一個因素。在這些因素的作用下，日本才得以在東亞國家紛紛淪為殖民地或半殖民地的情況下，還能保持國土的完整，走上獨立發展的道路。

不過，在開國後，西方殖民勢力不斷向日本滲透，還是給當時的日本國內造成了不小的衝擊和損失。雖然這種衝擊在之後看來反倒成了推動日本資本主義發展的動力，但對當時處於內憂外患中的幕府來說，簡直就是一股無法抵擋的毀滅力量。開國後，歐美國家和他們的廉價工業品大量湧進日本，衝擊了發展並不完善的手工業，大批農民和手工業者紛紛破產。

而《日美修好通商條約》規定金銀可免稅輸出、輸入，而日本國內金銀比價與國際市場比價差距懸殊，列強利用日本黃金價格大大低於國際牌價，大量套購，攫取暴利，導致日本黃金大量外流，僅一八五九年下半年就高達一百萬兩。

在外來勢力的介入下，日本市場陷入混亂，物價持續上漲，生活必需品的價格高漲不落，本就貧困交加的農民和下級武士生活更加舉步維艱。在雙重壓迫和剝削下，民族矛盾和階級矛盾迅速激化，抵抗外來勢力和反抗幕府的運動屢禁不止，社會動盪不安，幕府的統治危機四伏，前途堪憂。

延伸閱讀

《日美和親條約》規定：日本對美國開放下田、箱館（函館）兩港；日本向途經開放口岸的美國船艦提供煤炭、淡水、食品及其他所需物資；日本有義務援救遭遇海難的美國船隻及人員；美國可在兩個港口設領事館，日本給美國最惠國待遇等。

延伸閱讀

《日美修好通商條約》主要內容有：日本向美國增加開放神奈川（橫濱）、長崎、新潟、兵庫（神戶）四港及江戶、大阪兩市；承認美國在開港地的居住權和公使領事駐在權；美國享有領事裁判權；通商自由，日本官員不得干涉；外國貨幣可在日本國內自由流通，內外貨幣自由交換，鑄幣和當地金銀可免稅輸出入。在這些規定中，關稅制度危害最大。

幕府落幕

在內部矛盾交困來臨前，為了化解危機，德川幕府也曾實行過三次大規模的政治改革，史稱「三大改革」。這三次改革據其所在年間分別叫：享保改革、寬政改革和天保改革。這三次改革因沒有觸及其真正的癥結所在，又因頻發的天災，均以失敗告終，幕府的三次改革失敗使得幕藩統治不可逆轉地轉入衰敗。

而緊隨其後的西方殖民勢力不斷滲透，讓本就積憂成疾的幕府政權更是危在旦夕，進入滅亡倒數計時，日本歷史將一八五三年到一八六九年劃為幕府末期。這一時期各種勢力紛紛登臺，競相演出各種悲喜劇，日本進入了歷史大動盪時期。

早在美國侵入日本前，各藩就早已對幕府失去信心，不抱希望，決定通過自我改革來擺脫困境。有遠見的大名們在自己的領地內推行自己的新政，以加強本藩的政治、經濟、軍事力量。一些藩主起用深諳經濟的知識份子，推行適應商品經濟發展的改革措施，鼓勵商品生產，統一、規範藩內市場。這種順應商品經濟發展的方式很得要領，效果顯著，其中以西南的薩摩、長州、肥前（佐賀）、土佐四藩國的改革效果最為顯著。這些區域在政治、經濟、軍事力量上的強大，為之後掀起倒幕運動打下了堅實的基礎，對幕府構成了嚴重威脅。

此時，從室町幕府到德川幕府的幾百年裡，始終處於傀儡地位的天皇開始出現在公眾的視野中。培理叩關之時，幕府當權者居然破例向皇室和藩主徵詢意見，這樣一來，在無形中凸顯了天皇的地位，也為天皇、公卿貴族以及強藩大名們的參政議政開闢了道路。

天皇的復出，使得以「明皇道而建國體」的「尊王論」再度成為旗幟，而天皇反對開國的主張又與「抵制派」（**攘夷派**）不謀而合，因此「尊王」和「攘夷」結合為「尊王攘夷」論。這面旗幟很快成為各藩下級武士網羅社會勢力、否定幕藩領主制度、反對侵略、維護民族獨立的「號召力」。各藩武士、浪人聚集京都，要求朝廷抑制幕府的獨斷專行，組織「攘夷」鬥爭。這遭到幕府方面殘酷的鎮壓，涉及其中的大名被抓，皇室公卿、家臣、武士、儒者、藩士（**日本江戶時代從屬、侍奉各藩的武士的稱呼。然而雖然一概稱為藩士，也分為上士、下士**）近百人被流放或判刑，史稱「安政大獄」。

不過，其間尊王攘夷派又生出一些變故，分化成兩個派系：尊攘派和公武合體派。這兩派是有區別的，尊攘派以下級武士為主體；而公武合體派（**意為天皇為首的公家和幕府為首的武家合體**）以藩主和上層武士為主體。兩派之間時而和諧，時而對立。

世事如此紛亂，歷經兩百多年滄桑歲月的幕府，不能為它的國家提供前進的方向，它腐朽而無能，陳舊而枯竭，失去了應有的政治功能。在內憂外患，各種勢力矛盾交織中，一場對內推翻腐朽封建幕府，對外爭取民族獨立的鬥爭近在眼前。

一八六二年九月，薩摩的攘夷派在神奈川縣的生麥村殺死英國商人。此年七月，英國軍艦藉此開進鹿兒島，炮擊薩摩藩。薩摩藩幾近毀滅，被迫接受「賠償」、「懲凶」等停戰條件。

一八六三年五月十日，長州藩亦炮擊外國船隻，實踐「攘夷」行動，並驅逐公武合體派在長州的勢力，此舉遭到掌權的各大藩主反對。同年八月十八日，在「公武合體派」的操縱下發動政變，剷除長州藩在京都的軍隊以及尊攘派勢力，史稱「八月十八日政變」。政變以公武合體派勝利告終，長州藩勢力撤離京都回到長州。

一八六四年七月，英、美、法、荷四國聯合艦隊進攻長州藩轄內的下關，在猛烈的炮火攻勢下，長州藩被迫求和。

歷經「下關戰爭」和「薩英戰爭」的打擊，攘夷派看清了自身和西方殖民者勢力的差距，明白想要抵禦西方勢力，爭取民族獨立就必須首先打倒腐敗無能的幕府。此後，攘夷的矛頭轉向「倒幕」。

一八六五年三月，長州藩討幕派高杉晉作率領以農民為主體的「奇兵隊」擊敗保守派，奪取了藩政權。隨後，薩摩藩討幕派西鄉隆盛、大久保利通等也控制了藩權。不久，這兩股力量結成討幕聯盟，成為全國討幕運動的核心。他們一反面繼續實行政治、經濟改革，以調動農民、商人以及中下級武士的積極性；另一方面，在軍事上武裝自己，購置大量的西方先進武器，與幕府軍隊對抗。在其後的鬥爭中，幕府軍隊屢戰屢敗。

在這場全民運動中，外來者英國在權衡利弊後（**怕美國吞併日本影響英國在亞洲的殖民市場，亦是為了提前拉攏將來最有可能統治日本的勢力**）改變策略，援助倒幕派；幕府方面則投靠法國，於一八六六年六月發動第二次征討長州藩的戰爭。

此時人民起義風起雲湧。長州藩聯合倒幕勢力激烈抗擊。同年九月，招架不住的幕府被迫從長州撤軍，權威更是一落千丈。

一八六七年一月，壓制倒幕派主張公武合體的孝明天皇去世，不滿十五歲的睦仁太子即位（**明治天皇**）。這時宮廷形勢開始向有利於討幕派發展。一八六七年十月，薩摩、長州、廣島三藩在京都召開秘密會議，決定實行「王政復古」，利用明治天皇，以天皇名義武裝倒幕。他們一面擴充兵力，一面秘密和天皇取得聯繫，準備發動政變，把幕府將軍德川慶喜趕下臺。

明治天皇雖年輕，又無政治經驗，但卻頗有悟性，對幕府把持朝政亦十分不滿，同意與倒幕派聯合，推翻幕府統治，於是下達討幕密詔。倒幕派因此獲得了合法的倒幕名號。

德川慶喜聽到風聲，覺察出不利形勢，決定先發制人，主動奏請「奉還大政」，以免與倒幕派正面衝突。

倒幕派怎會輕易相信統治日本長達兩百多年的幕府會輕易交出政權，一眼識破這是對方的緩兵之計。於是按照先前計畫，調兵遣將，將部隊集結在京都附近，發動政變。同時德川慶喜在大阪集結精兵，企圖反叛，戊辰戰爭由此開始（**因戰爭發生在農曆戊辰年，故稱戊辰戰爭**）。

不過，還沒等德川慶喜發兵，一八六八年一月三日，倒幕諸藩率先率兵包圍皇宮，解除德川幕府原來駐紮在後宮的警衛隊武裝。隨後明治天皇宣布《王政復古大號令》，大權全歸天皇掌握，廢除幕府，令德川慶喜「辭官納地」。以天皇為首的新政府初步成立，委派倒幕派改革人士西鄉隆盛和大久保利通等主管政事。一月十九日，德川慶喜在大阪宣布討薩表，在大阪集結全部兵力，兵分兩路，殺氣騰騰地向京都夾擊而來。

天皇方面以薩摩、長州兩藩為主力軍，在京都伏見、鳥羽兩地迎擊幕府軍，五千精兵早已佔據有利地形，架好大炮靜候幕府軍入甕來。明治天皇親自督戰。

據說夜半時分，兩軍終相遇，雙方展開激戰，幕府軍雖然人多勢眾，卻不堪一擊，而政府軍卻以一當十，非常勇猛。三天後，眼見大勢已去，德川慶喜敗走江戶。

得勝的新政府不給對方喘息的機會，迅速組派東征軍，反攻關東地區。與此同時，新政府還提出「減免租稅」、「四民平等」的口號，把農民和商人爭取到自己的一邊，壯大聲勢，因此全國性的倒幕運動空前高漲。面對鋪天蓋地而來的民眾和勇猛的政府軍，幕府軍再無鬥志，德川慶喜只好獻城投降。

德川慶喜投降後，一批頑固的幕府殘餘勢力盤踞在東北地區，以會津藩為中心與新政府繼續對抗。直至十一月，新政府依靠民眾的支持，平定了東北地區。一八六九年六月，箱館戰爭結束，戊辰戰爭宣告終結。一八六九年十二月末，歐美各國取消「局外中立」的聲明，承認新政府是合法政府。統治日本長達兩百多年的德川幕府徹底落幕。倒幕運動的勝利為接下來的明治維新打下了基礎。

明治維新

幕府的時代到這裡就結束了，像過眼的雲煙一去不返，在歷史的篇章上成了一段頗為傳奇的傳說。而日本的天皇政權在沉寂了幾百年後，奇蹟般地迎來了它的歷史新局面。時間回溯到一一九二年，自後白河天皇去世後，以院廳為首的天皇公家勢力就日漸衰落，直至今日，天皇朝廷終於又迎來了它的歷史新階段。而這個新局面又造就了日本的一代明君——明治天皇。他生逢其時，書寫了屬於一個時代、一個民族、一個國家的輝煌篇章。他的一生可以說是日本近代國家誕生的同義詞。

明治天皇的新政府取代幕府後，一方面鞏固以天皇為首的政權，另一方面為實現民族振興和建立近代化的獨立國家，實施了一系列由上而下的全面西化資本主義改革。

也就是從這個時代起，富有現實主義精神的日本民族把學習的目標從學習了近百年的中國轉向西方。中國的殖民地危機給日本帶去了巨大的觸動，這種生存危機感，是日本民族在明治維新中取得成功的內在推動力。這一股猶如山洪般強大的推動力，使得日本奮起直追，在短短的三十年，從一個又小又窮，資源貧乏的封建國家脫胎換骨，蛻變成一個在社會、經濟、軍事多方面都先進的資本主義國家。這樣的發展過程西方國家用了兩三百年才走完，這不得不說是日本發展史上的奇蹟，亦是世界史上的奇蹟。

早在討幕過程中，明治天皇的新政府就著手制定各項政治綱領和方針政策，為進行改革做好了準備。一八六八年，明治政府先後頒布了《五條御誓文》（國是方針）和《政體書》（政治體制和組織法令），從而提出了資本主義新政的基本方針。同年九月，改江戶為「東京」。十月，改年號為「明治」（年號取自《易經》，聖人南面而聽天下，嚮明而治），規定「一世一元制」，即一代天皇一個年號。在此之前，只要有祥瑞的徵兆等因素，一個天皇可以容許變更多個年號。但從明治天皇以後，一個天皇只限一個年號，因此年號也可以用來代替天皇的稱呼。十一月，天皇及政府機構從京都遷至東京，第二年，一八六九年五月定都東京，天皇政府總攬大權。定都東京後，天皇政府頒布了一系列改革措施。

一八六九年七月，為了加強天皇集權，明治政府強制各藩實行「版籍奉還」，將領地和藩民的統治權上交給天皇政府。為了避免引發動亂和更好地管理下屬各領地，天皇政府任命原來的藩主為藩知事，相當於地方官，領取俸祿生活。其中，政府要職由薩摩藩、長州藩、土佐藩和肥前藩等武士出生的藩士擔任。兩年後，又實施「廢藩置縣」政策，將日本劃分為三府七十二縣。廢藩置縣的成功讓近代日本建立起了以天皇為首的中央集權式政治體制，為之後發展資本主義經濟奠定了行政基礎。

在社會體制方面，廢除傳統時代的「士、農、工、商」身分制度，推行「四民平等」。將過去的公卿諸侯等貴族改稱為「華族」，大名以下的武士改為「士族」，其他從事農工商職業和賤民一律稱為「平民」。准許武士從事工商業，平民亦有機會擔任文武官職。

此外，為減輕因「版籍奉還」而連帶的財政負擔，政府通過公債補償形式，逐步收回華族和士族的封建俸祿，引起該階層的強烈不滿，甚而發生武裝鬥爭。亦頒布武士《廢刀令》，以及建立戶籍制度基礎的《戶籍法》。

接著，土地買賣的禁令被廢除。在「版籍奉還」後，土地不再是領主的土地，而是國家的土地，可以像商品一樣自由買賣，但持有者必須向國家繳納地稅。地主和佃農之間只有契約關係，沒有人身依附關係，破產農民可以自由地離開地主，到別的地方出賣勞動力。緊隨其後的《地租改正條例》完善了地稅改革，確保了新政府的財政收入，但卻加重了農民負擔。據統計，一八七五年，土地稅收入為五千零三十四萬日圓，幾乎等於全國稅收總額的五千零七十二萬日圓。

從地稅改革中獲取的龐大資金，為明治政府發展資本主義準備了必要的財政基礎。利用地稅改革得到的財政收入，由國家創辦了一系列新式的「模範工廠」，同時鼓勵私人創辦企業，部分上層武士也轉化成資本家。後期索性透過「官業轉讓」將許多官營的企業轉讓給與政府有密切聯繫的、享有特權的大資本家。由於政府的大力扶持和保護，從十九世紀八〇年代中期起，在日本出現了早期工業革命的熱潮。工業革命席捲一切工業部門，而以紡織業為重點的輕工業發展得特別迅速。日本最早的一批企業巨頭，就是在明治時期成長起來的。與此同時，明治政府還廢除各藩設立的關卡；統一貨幣，並於一八八二年設立日本銀行（**國家的中央銀行**）；撤銷工商業界的行會制度和壟斷組織，推動工商業的發展。這便是「殖產興業」的政策，是明治政府的基本國策之一。該政策是維新的經濟柱石，有了資本主義的經濟基礎，資本主義的政治文化才更加穩固。

明治政府的另一個國策是「文明開化」，大力提倡發展教育，培養適合時代發展的本國人才，發展自主科技。明治政府一穩定局勢，就派出了龐大的使節團到歐美考察，成員涵蓋皇族、僧人以及高級官員，其中也包括明治三傑中的大久保利通、木戶孝允等人。同時，明治政府還不惜重金引進、招聘外國專家來日任教，為日本帶來了西方文明的全新氣象。

在明治天皇本人的宣導下，取消了儒家和佛教文化的中心地位，全面引入西方的思想文化，並仿效法國制定了統一的學制。在生活習俗方面，亦大力推行西化，鼓勵穿西服、理短髮、吃西餐、住洋樓等。但仍然對西方宗教加以限制，保留了濃厚的專制思想，以及對天皇個人的神化。

「富國強兵」是明治維新的終極目標。「富國」已通過「殖產興業」取得了顯著成效，而「強兵」則在徵兵制的基礎上發展起來。一八七三年頒布《徵兵制》，規定年滿二十歲的男性均有服兵役的義務，並仿照西方國家組建了一支常備軍。

此外，明治政府亦發展國營軍火工業。到了明治時代中、後期，軍事預算急劇增加，約佔政府經費百分之三十至百分之四十五，作戰部隊動員可達四十萬人，取代了由各大名提供兵力的舊制，也宣告了武士作為一個特殊階層的終結。但影響日本幾百年的武士道精神卻在日本民族的血液裡根深蒂固，以新的形勢延續下來。教育機關甚至以天皇名義頒布《教育敕語》，灌輸忠君服從等精神，這個「敕語」不僅僅是針對日本教育，而是日本臣民教育的一個基本法，用天皇的名義發表，是表明它高於任何法令。它將一代又一代日本人教育成為天皇的忠實奴僕。《教育敕語》和幾年前天皇頒布的《軍人敕諭》使軍事和教育這兩個影響所有日本國民生活的重要方面，都處於天皇的直接控制之下。它強化了君主專制制度，也改變了日本民眾的思維方式。此精神與西方文明的傳播並行不悖，這也是日本的一大特色。

明治政府還注重改善各地交通，興築新式鐵路、公路。並仿效西方司法制度，制定憲法。經過各方面的綜合改革，三十多年的發展，日本告別了落後的封建社會，走上了資本主義發展道路，並迅速崛起，廢除了不平條約，擺脫了淪為殖民地的危機，成為亞洲當時唯一能保持民族獨立的國家。此後，日本走上了對外侵略的道路，躋身於世界資本主義列強的行列。

延伸閱讀

殖產興業政策的具體內容就是運用國家政權的力量，以各種政策為槓杆，用國庫資金來加速資本原始積累過程，並且以國營軍工企業為主導，按照西方的樣板，大力扶植日本資本主義的成長。

延伸閱讀

《五條御誓文》的內容，第一條為穩定大名、公卿，便於建立以天皇為首的中央集權國家；第二條強調上下一心，發展資本主義經濟政治；第三條是廢除等級制度，使公卿和武家同心，庶民也各遂其志，各安其業；第四條是暗示放棄攘夷口號，要與外國交往；第五條是要學習西方的科技文化，以振興國基。其內容雖然未能完全擺脫封建思想的影響，但是卻表現了新政府改革封建舊制度和積極向西方學習的決心。它和《政體書》一起明確了日本現代化道路的方向。

東京的由來

以前日本的首都並不在東京，東京也還不叫東京。明治維新前，日本首都在京都（位於關西地區，平安時代叫平安京）。明治維新時代，天皇朝廷將都城遷到江戶，因其地理位置位於原都城的東邊，也就是日本關東平原，所以沿用之前的別稱，正式稱為東京。你大概會由此名而聯想到北京、南京、東京（宋代開封便是東京）、西京（洛陽）又或者望京之類的地名，這顯而易見是受了中國隋唐時期的影響。日本擅於學習，亦擅於傳承，就連地名亦如此。而今，日本京都附近的地區仍被叫做近畿，就像現在韓國的京畿道，「京畿」顧名思義就是首都附近地區的意思。

明治政府上臺的第二年，也就是一八六九年，經過長達一年的考察和謀劃，在東西兩都間，明治天皇和維新政府（以大久保利通為首）決定把首都從京都移駐到江戶，並把江戶改稱為東京。但考慮到當時保守派和京都市民的反彈，慎重起見，詔書沒有明確使用遷都和定東京為日本首都的字眼。如此，和日本從古至今的「雙頭政治」一樣，在東西兩都的方針下，延續至今的外國人眼中的日本首都——東京，就這樣誕生了。

回首歷史，無論中國還是日本，遷都大抵出於以下兩個目的：新政權建立伊始，政權尚不穩定，原有都城舊勢力盤根錯節，不利於新政權的發展和改革，因此往往選擇新的城市作為都城；其次，隨著社會的發展，原有都城漸漸不適應時代發展的需求，受地域限制無法拓展，故選新址取而代之。古往今來，概莫如是。

明治政府暗中遷都於東京，同樣出於以上兩個目的。變身為東京的江戶擁有優越的地理位置和發達的經濟，位於日本最大的平原——關東平原，是關東地區的商業中心。至一六〇三年，德川幕府在此建立政權，來自日本各地的人就集中到這裡，江戶也隨著發展成為全國的政治中心。

說到這裡，我們順便來談談日本歷史上的都城。

追溯至日本「都城」開始的地方，日本史上最初的大都城位於現今日本奈良縣的橿原市，當時叫「藤原京」，是天武天皇仿照中國的條坊制建造的。不過還未等京城完成他便去世了。他的皇后持統天皇繼承了他的遺願，於六九四年正式從飛鳥淨御原宮遷到藤原京。和以往只住一代天皇的宮殿不同，這個地方是日本飛鳥時代，持統天皇、文武天皇、元明天皇時期的都城，住了三代天皇，持續了十六年。也正是如此，它的盛名才覆蓋了之前曇花一現的都城，說起日本最初的大都城，便是非它莫屬。至於一反之前一天皇一宮殿的原因，是因為飛鳥時代的日本試圖建立一個穩固的首都，以維護其建立的中央集權體系。這一時代也是日本向文明國家體制邁進的轉換期。

但大和政府企圖以「藤原京」為永久首都的願望最終還是未能實現。西元七一〇年，元明天皇即位後的第四年，隨著中央集權制的發展，官僚機構日漸龐大，都城藤原京顯得狹小而不利拓展，所以又將都城從藤原京遷到規模大三倍的平城京。平城京依然按照長安城的結構建築。這一舉措標誌著起於聖德太子時的飛鳥時代結束，拉開了日本歷史上著名的奈良時代的帷幕。此後至西元七九四年桓武天皇又將都城遷往平安京之前，這八十四年在歷史上稱為「奈良時代」。

而到了奈良時代末期，朝廷與豪族勢力之間的矛盾日益激化。天皇朝廷為了維護自身的統治，削弱權勢貴族和僧侶的力量，桓武天皇於七八四年決定將都城從平城京遷到山城國的長岡（今京都市），在那裡籌建新都，命名為平安京，希望藉此獲得平安、吉利、安寧與和平。由於平安京於七九四年完工，故史家常把七九四年作為平安朝的開始。平安京作為日本平安時代的首都，一直持續到幕府時代，歷經上千年的歷史，在千年的傳承裡，它的名字演變成了「京都」。

到了德川幕府時期，幕府政權雖設置在江戶（今東京），可首都卻還在京都，直到一八六八年，才將政權移至東京。而在德川家康之前，一四五七年，一位名叫太田道灌的武將就看中了江戶扼守交通要衝，有荒川作為天然防禦，並享江戶灣及荒川的水運之利，攻守俱宜的優勢，把這裡作為都城。此後這裡就成了日本關東地區的商業中心。德川幕府在此建立政權後，江戶城迅速發展成為全國的商業、政治、文化中心。

京都和東京（江戶）歷經千年，同樣繁榮熱鬧，它們在不同的歷史時期承擔著不同的政治使命，作用於不同的政治對象，它們如此關聯也就沒有什麼好奇怪的了。但圍繞它們的爭論並不就此停止，因為明治天皇的詔書沒有明確使用遷都和定東京為日本首都的字眼，所以時至今日，圍繞定都還是遷都東京或者東京是否首都的問題，日本關西派和關東派對此仍然爭論不休。關西認為天皇移駐東京只不過是為了施政方便，京都還是名義上的首都，東京最多就是行政首都；關東則認為天皇和政府機關都在東京，東京是理所當然的首都。

也許是刻意回避這個羅生門一樣的問題，無論是日本憲法還是地方法律你都無法尋到關於日本首都的具體描述，所以嚴格意義上來講東京地區使用首都和首都圈的稱謂並沒有法律依據。從外國人的角度來看，因為東京是日本行政機關所在地，理所當然是日本的首都。

延伸閱讀

東京，全稱為東京都，位於本州關東平原南端，屬溫帶海洋性季風氣候。現今下轄二十三個特別區、二十六個市、五個町、八個村以及伊豆群島和小笠原群島，是世界上人口比較密集的城市之一。除了是日本的政治、商業中心外，亦是日本的教育和文化中心，目前，東京擁有一百九十多所大學，著名的東京大學、早稻田大學、慶應義塾大學、立教大學、明治大學、一橋大學、法政大學等都在東京。

日本人的姓

在明治二年，有把「江戶」改為「東京」的重大事件，在明治三年（一八七〇年），卻有一件更重大有趣的事情，那就是明治政府規定所有國民可為自己取姓。

眾所周知，在之前漫長的歲月裡，日本人只有貴族才有名有姓，平頭百姓是真正的「無姓小卒」，為了便於稱呼，就隨心取個名或者小名。這樣一來，就造成了一種奇特的現象，平頭百姓沒有「姓」的血緣歸類，像野草一樣漫無邊際的生長，所以也就沒有「家族」或者「家庭」的概念。所謂的「家」並不一定必然是有血緣關係的人組成，「家」的成員只不過是生活在同一屋簷下，共同勞動的一群人，除了家長有權威之外，子女和沒有血緣關係的勞動者具有相對平等的地位。

現在，明治政府立志「脫亞入歐」，除了要解決平民百姓的姓外，也要解決平民百姓的「家族」、「家庭」這個問題，以便事無巨細都同西洋人平起平坐。日本明治維新以後，把英文中的「family」翻譯成「家族」一詞引入日本，政府要求國民按照「family」的定義組成「家族」，經過八十多年的時間，到一九四〇年代「family」的結構才在日本被完全接受和普及。

這個話題稍微扯得有點遠，我們還是來說說日本人稀奇古怪的姓吧。前面提到在明治維新前的日本，只有貴族才有名有姓，接下來我們要說的是，即使他們有名有姓，但和我們理解的姓也並不一樣。

按照同樣的方法，溯本求源，回到更遠的時光裡去。西元四世紀末，日本的大和國把日本列島南部的許多小國逐漸統一成為一個「國家」，其政治統治的基礎是與「部民制」相對應的氏姓制度。大王（即後來的天皇）之外，各貴族的直系、旁系家族稱為「氏」，一個「氏」就是一個貴族世家，氏的首領為「氏上」，一些氏上在朝廷擔任要職，氏的一般成員稱為「氏人」。氏的稱呼有的來自官職，有的來自居住地、統治地的地名，有的來自神名，還有的來自技藝。例如，居住出雲國的就叫做「出雲氏」，做祭祀工作的就叫「忌部氏」。

「氏上」有區別身分高低的世襲稱號「姓」，這個「姓」也不能算是真正的姓，只是表示地位、門第、職務的稱號，類似爵位。隨著大和國勢力的發展，「姓」漸漸成了大和朝廷的一種統治手段，大王掌控著賜予或剝奪貴族姓的權力，賜姓的標準是血統和職務，姓的種類有臣、連、君、別、公、直、造、首、史、村主、稻置等，其中姓臣與姓連的貴族地位最高。

由於人口繁衍，一個大的氏又有了許多分支。這些分支為自己起了「苗字」。「苗」意思是分支，即從本家分支的意思。例如，藤原是一個大氏，分出之後居住在近江國的藤原氏，便取「近江」與「藤原」的首字，稱為「近藤」。住地為伊勢、遠江、加賀的藤原氏就稱為伊藤、遠藤、加藤。由此可知，這時的氏可以表示部分家族血緣關係，但是姓只表示家族的地位尊卑，苗字則表示新的分支。

值得一提的是，「萬世一系」的日本天皇是個例外，為什麼是個例外呢？舉目而觀，歷史上的日本天皇倒和平民百姓一樣，有名而無姓。這一奇特現象，並不是日本人不敬仰自己的天皇，相反，是因為太敬仰了，敬仰到無與倫比的地步，在日本人們的心目中，簡直就是把「君」神化了，在日本人眼裡，天皇是天照大神的後代，享有至高無上的權力和榮耀，因此沒有必要有姓氏，或者說「天皇」便是那顆太陽，便是最高的姓。不僅天皇，連皇后和天皇子女都沒有姓。

因此，在等級森嚴、高低貴賤有嚴格標準的姓氏制度面前，日本的老百姓已經習慣了長期無姓的現實，明治政府突然要求大家給自己取姓，倒著實把百姓們給嚇了一跳，許多日本人甚至不敢給自己取姓。

一八七五年，日本政府不得不再次頒布《平民苗字必稱義務令》，規定全體國民都必須有姓，老百姓這才敢給自己取姓，繼而舉國上下掀起一股取姓的熱潮。然而日本的百姓不像中國人和韓國人有祖姓可繼承，日本的百姓是沒有祖姓可繼承的。

崇拜大自然，是日本人最原初的信仰，因此愛好山川田野、動植物花卉，就成了日本人的天性，於是出現了大量這一類的姓：山田、上野、大川、北洋、清水、駒田、白鳥、稻田等；敬業也是日本人深入骨髓的特長，於是出現了不少取自職業的姓：織田、味美等；還有取自地名的，像上原、瀨戶、河內等；有些人以古代武士的名當姓，比如酒井、本多、上杉等。把數字用在姓中，也是日本人姓名的特色。比如，姓一戶、二井、三木、四島。

有人怕官府處罰而「慌不擇姓」，以魚、蔬菜、寺院作姓的，有點文化的選擇福壽、長命、千年、松竹、朝日等寓意好的詞作姓。有的人實在想不出好辦法，只好隨便應付一個，也有的讓官吏隨便給想出一個。可以說這些中國人覺得不可思議而又稀奇古怪的姓一下子湧了出來，五花八門，應有盡有。

一八九八年，明治政府修正了戶籍法，日本人的姓才漸漸固定下來，不得任意更改。因為日本人的姓來得突然，所以和其他各國多表示血緣關係的姓有所區別。在最初，一戶人裡的幾個成員，都有各自隨意取的姓，並不表示血緣關係。這樣一來，姓一個姓的不一定有血緣關係，不是一個姓的倒可能是親緣關係。日本人的姓有十幾萬個，日本人口才一億多，也就是說平均一個姓只有幾百人。最為我們熟知的，如鈴木、佐藤、田中、山本、渡邊、高橋、小林、中村、伊藤、齋藤是日本使用相對比較多的姓，佔總人口的百分之十，有一千多萬。

由於取姓的特殊性，日本人的姓名大多長達好幾個字，在這又長又奇怪的姓名中，諸位大概很難分出姓和名來，別說諸位，就連日本人自己為此也感到頭疼。日本人的姓多由兩個漢字組成，少有一個字的，最多的有九個漢字。因此，為了分清哪些是姓，哪些是名，在正式署名場合，要在姓與名中間留出一個字的空格，以示區分。

說完日本人的姓，接下來，我們來說說日本人的名。日本人不僅姓有意思，名也取得頗有特色。受武士道精神影響，日本男子的名多以郎、夫、雄、男等字結尾，以表示威武、忠信。也有表示排行的標誌，長子叫太郎，二子叫次郎、二郎，排在第十一位的就叫十一郎。也有把「郎」去掉，直接叫太、一、次、二。另外，在名中用數字也有表示出生時間的。如山本五十六，就是因出生時父親是五十六歲。過去日本人的男子名多加上「兵衛」、「左衛門」、「右衛門」，這是由軍職演化而來的名，有人用此顯示尚武精神。

日本女子的名多以「子」、「江」、「代」、「枝」結尾，聽起來優雅、柔美。和男子一樣也有表示排行的標誌，長女稱大子，次女稱中子。按習慣，日本女子出嫁後要隨夫姓（**男子入贅則隨妻姓**）。著名乒乓球運動員松崎君代結婚後隨夫姓改為栗本君代。第二次世界大戰後，日本新的民法規定：夫妻雙方可以根據婚前所定，或隨夫姓，或隨妻姓。但大多數日本女子婚後仍照日本的習慣隨夫姓。

日本人姓氏數量眾多，日語發音又過於簡單，造成了龐大的同音詞，這就使得讀音相同的姓氏，漢字有幾種甚至是十幾種寫法，而相同的漢字也會出現好幾種讀音。例如：SASAKI 就可以讀作以下幾個姓氏——佐佐木，佐崎，佐佐貴等等；姓 GOTOU 的日本人，用漢字書寫會有以下幾種寫法：後藤，五藤，吳藤等等。

日本人的姓氏複雜得連他們本人也不知道怎麼讀，聽到名字也弄不清楚漢字如何寫。這樣一來，如果沒有名片，僅憑口說耳聽，是很難弄清楚對方到底姓啥名誰的。可在日本如果把對方的名字叫錯是非常失禮的事，為了避免弄錯，絕大多數的日本人都在用漢字寫的名字旁邊用假名注明日語的讀音。很難想像，倘若日本沒有名片，人們要怎樣才能記住如此眾多而又稀奇古怪的姓和名。

延伸閱讀

「兵衛」或「左（右）衛門」。這類名起源於古代。西元八世紀時，天皇朝廷內設立了五個負責保衛天皇和宮廷的軍事機構，即衛門府、左右兵衛府和左右衛士府，合稱五衛府。那些最早叫「兵衛」或「左（右）衛門」的人多半是在各府中服役的軍士，有的則是這些軍士的直系親屬。不過這些陳舊的名現在已經很少有人使用了。

延伸閱讀

日本天皇的名，稱作「御名」或「諱」。御名是天皇出生後由上一代天皇授予的。從第五十四代天皇仁明天皇（西元八一〇—八五〇年）開始，御名一般由兩個佳字組成。所謂佳字，即是由著名文人和宮廷大臣們精心挑選出來的吉祥字，例如堀河天皇的御名是「善仁」，仁明天皇的御名是「正良」。許多天皇御名的後一個字都是「仁」字，後來明治天皇把這一習慣作為一項宮廷制度規定下來，要求所有皇太子名的後一個字都必須用「仁」字，同時規定所有公主名的後一個字必須用「子」字。例如昭和天皇的御名是裕仁。

明治維新三傑

當然，明治維新時代並不是一個人的英雄時代。時勢造英才，在那個政治重新洗牌、風起雲湧的歷史年代，曾湧現出一大批傑出的維新人士。早在明治天皇之前，也就是他的父親孝明天皇在位時，對民族危機有所感知的維新人士就已開始了嘗試性的改革。但由於觸及了德川幕府的統治利益，而孝明天皇又反對討伐幕府，這些內外無援的維新人士遭到了當時一息尚存的幕府殘酷的鎮壓。

維新派的命運一直到一八六七年孝明天皇突然死去、明治天皇即位才開始好轉。實際上，時年十六歲的明治天皇，由於生長於深宮，身體瘦弱，還曾被炮聲嚇昏，更別說什麼政治經驗、思想方向了。但他天資聰穎，悟性很高，在維新元老的改造下，很快就成了既符合日本傳統，又符合維新精神的理想君主，更重要的是讓倒幕派找到了倒幕名義的依託和實行維新的載體。

我們知道日本是個缺乏宗教傳統的國家，但天皇的神化和崇拜卻成了民族凝聚力的基礎，亦是日本人骨子深處共同的情感信仰，也可以說「天皇」便是日本人的共同信仰。明治天皇在這時期很好地扮演了這一角色，他通過一次次的巡遊和盛大的儀式來向國民傳達這種思想，從而達到凝聚民族力量的目的。

說起明治維新中的仁人志士，變革英才，人們從先後的時間裡挑出代表，稱為明治維新三傑即：大久保利通、木戶孝允、西鄉隆盛。而此三傑正是一八六八年初發動倒幕政變的領導人物。他們均是藩士出生，但在很多重大的歷史事件中，他們的人生相互交織，亦敵亦友。

大久保利通出生於下級武士家庭，他的父親是個開明藩士，他自幼受父親的影響，思想開明，容易接受新事物。十六歲時擔任薩摩藩內記錄所的書役助，一八五〇年因捲入藩主的繼承人紛爭，所支持派系（**島津齊彬**）失勢後父親被流放，大久保利通受到「連坐」也被免職居家三年。不過，仕途的短暫失意反而成就了他之後更寬廣的仕途。在免職期間他並未消沉，反而和西鄉隆盛等志士往來，共論國家命運和政治等問題。當時的日本已得知中國在鴉片戰爭中失敗的消息，如何使日本免於重蹈中國的覆轍成了每個關心國家命運的日本人必須思考的問題。大久保利通等四十餘人在這種背景下結成「精忠組」，以期有朝一日在藩內東山再起。

就在大久保利通專注於「精忠組」的時候，開明派島津齊彬當上了藩主，大久保利通得以復職。隨後，他在藩政改革中頗有成績，被任命為記錄所書記，後升為步兵總督，政治經驗日漸豐富，成為改革派中堅人物。然而就在培理的黑船事件來襲之時，藩主島津齊彬病死，其弟繼任藩主，保守派勢力開始抬頭，大久保頗費了一番心血，才得到新藩主的重用，情形才開始又利於維新派。

一八六三年薩摩藩抗擊英國侵略軍時，大久保任薩摩軍總指揮官，雖以失敗告終，卻因敢與列強對壘而聲名大噪。起初曾參加「公武合體」（**指皇室公卿與幕府及各藩聯合**）運動，因合體之各勢力各懷鬼胎，合體運動遭受重大挫折。之後大久保認識到幕府命運將盡，遂致力於「薩長倒幕聯盟」的活動（**薩摩藩在禁門之變、第一次長州藩征討的戰爭中多次與長州藩兵戎相見，此時長州的藩政回到尊王攘夷派木戶孝允、高杉晉作等人之手，薩、長誤會才得以解開**）成為倒幕派領導人。

一八六八年一月三日與西鄉隆盛等人發動「王政復古」政變，推翻了德川幕府的統治。

比大久保利通大三歲的西鄉隆盛，也出生於薩摩藩的下級藩士家庭。和大多數出生於藩士之家的男孩子一樣，西鄉隆盛自幼即接受嚴格的武士訓練，以及刻苦修禪學，讀儒家經典，武士家庭生活環境的薰陶和嚴格訓練，使西鄉隆盛養成了尚武和剛健的氣質。

一八四四年，十六歲的西鄉開始從郡方書役助做起，在沒沒無聞中點滴積累政績，一八五四年被開明派藩主島津齊彬看中，成了他的一名親信扈從。

從此，西鄉隆盛的命運隨之改變，他隨島津齊彬住在江戶（今東京）參與藩政，並積極加入「尊王攘夷」運動，經常攜帶齊彬給幕府開明派的密信四處聯絡，很快成了頗有名氣的改革志士。一八五八年齊彬突然病逝，西鄉立誓繼承齊彬改革幕政的遺志，並在江戶、京都等地策劃打擊幕府活動。但在同年九月，幕府發動「安政大獄」，殘酷鎮壓維新志士。他被薩摩藩驅逐，於絕望中投海自殺，所幸被人救起。

命運到了這裡，似乎要捉弄一下西鄉，之後他兩度被流放，在流放的荒島上度過了五年的流放歲月。但幸運之神再一次降臨，也許是維新同行的幫助，一八六四年，西鄉被召回薩摩藩，並在京都掌握藩的陸海軍實權。同年參與鎮壓「尊王攘夷派」的第一次征討長州藩的戰爭。後見幕府氣數將盡，積極投身倒幕運動。在幕府組織的第二次討伐長州藩的時候，不僅拒絕出兵，還採取強藩聯合對抗幕府的策略。

一八六六年三月在京都同長州藩倒幕派領導人木戶孝允等人締結「薩長同盟」密約。接著在全國進行倒幕活動，於此同時，西鄉隆盛與大久保利通輪流回薩摩藩實行藩政改革，擴充陸海軍實力，並與英國結成「薩英同盟」，積極準備打倒幕府。

一八六八年一月三日，與大久保利通等人發動「王政復古」政變，推翻了德川幕府的統治，建立明治新政府。從此西鄉等人便掌握了新政府的實權。

比西鄉小六歲，大久保利通小三歲的木戶孝允，出生於長州藩一戶醫生家庭。其原名是桂小五郎，後為躲避幕府迫害才改名木戶貫治，又改名為木戶孝允。少年時代的木戶身體虛弱多病，八歲時，過繼給武士之家取得武士身分。十餘歲時，因表演即興漢詩及「孟子」的解說，受到藩主毛利敬親表揚，從此作為長州的青年才俊受到注目。隨後拜吉田松陰（**安政大獄中被處死**）為兄，跟隨其學習，松陰稱其「有成事之才」，並在與他人的信中描述「桂，為我所重視之人」。

十三歲時，木戶進入齋藤彌九郎（**號稱江戶劍術第一**）的練兵館中學習劍術，該道場便是幕末江戶三大道場之一。木戶的生父向其訓誡道「既然原本並非武士，就必須比別人加倍努力，粉骨精進以報君恩」。於是木戶比其他人更用心學習劍術，一年之間突飛猛進，第二年便成為了練兵館的塾頭。後來擔任塾頭五年之久。並在此期間結識了跨越各藩的無數好友，為之後的人生儲蓄了深厚人脈。長州藩自木戶擔任練兵館塾頭以來，陸續送藩士入練兵館修習劍術，其中包括高杉晉作，日後的長州「尊攘派」直系大多出自練兵館。

任練兵館塾頭的同時，木戶在江戶經歷了馬修・培理的黑船事件並深受刺激，一心想出國留學。在當時海外留學相當於觸犯了幕府的鎖國令，尚未有倒幕思想的長州藩政府，此時即使私下也不敢許可。木戶被訓斥並受到禁足處分後，開始求學於當代各名流之間，吸收當代最尖端的技術，比如習西洋式縱型帆船造船術、英語、西洋兵法及槍炮原理，可說有遠見的木戶在從軍事技術上尋求日本的前進方向。

一八五八年，幕府為了打擊尊王攘夷派，興起「安政大獄」，木戶的老師吉田松陰與其他志士均被處死。木戶受此事刺激以致倒幕思想成熟，此後往來於江戶、京都與萩市之間聯絡同志準備起事。但在之後的秘密集會中遭幕府密探襲擊，死傷多人。木戶逃過一劫受到追捕，但在四處躲避追捕時，卻有幸認識了將來的恩人妻子——藝妓幾松，成為一段佳話。

比起西鄉和大久保，木戶步入仕途比較晚，大概是因為不是出身武士之家，所以更費了一番周折，二十六歲（一八五九年）才步入仕途，不過，在之後的仕途生涯裡，其光芒也毫不遜色於前兩位。一八六二年，從政僅三年的木戶就參與藩政，並將「尊王攘夷」確定為長州的藩政方針。一八六五年得到重用，主持藩政，力主聯合強藩推翻德川幕府。一八六六年與西鄉隆盛締結「薩長同盟」密約，為全國倒幕運動打下基礎。戊辰戰爭爆發時，西鄉用兵於前，木戶與大久保治政於後。在推翻幕府統治，建立明治維新政權中起了巨大作用。

大久保利通、西鄉隆盛、木戶孝允等作為那個時代的先驅者，共同經歷了那個時代中的重大歷史事件，命運隨年代起伏，殊途而同歸，匯入由「尊王攘夷」而「尊王倒幕」這顆心臟中，給那個時代帶來了新的影響力。然而此後，在「明治維新」中，三人「同歸而又殊途」，走上了不同的道路。

新政府成立後，三人均在明治政府中擔任要職，這便是此後藩閥政治的基礎，參與了「版籍奉還」、「廢藩置縣」等一些列重要的資產階級改革。三人間的分歧，大概是從「岩倉使節團」赴歐美考察歸國後而日益顯露出來的。

大久保和西鄉都來自於薩摩藩，私交甚厚。戊辰戰爭時，西鄉掌兵，大久保掌民，合作十分默契。但大久保參加「岩倉使團」出訪歐美歸國後，日漸贊同木戶孝允內治為先的主張（**此等人士並**

不是愛好和平，而是國內局勢尚不穩定，更多的是為了權力之爭）。在這期間，大久保和木戶矛盾也日益激化，但依舊聯手反對西鄉急於對韓擴張的「征韓論」，迫使西鄉辭職。這是明治維新中一次重要的事件，從此政權轉移到以大久保為首的「內治派」手上。他把大藏省（主管日本財政、金融、稅收）和工部省（主管土木工程、運輸、通信等）作為內務省的左右兩翼，由大隈重信和伊藤博文分頭執掌，這三個省聯在一起，形成以內務省為軸心的「大久保政權」。

但大久保並非和平人士，相反，他在出訪外國期間，聽聞普魯士「鐵血宰相」俾斯麥的鐵腕政治後深感佩服，回國後多有效仿，所以號稱東洋的俾斯麥。為了改革達成目的，可說鐵血無情，不論敵友，擋在他前進道路上的無一倖免於難。

大久保熱衷對外推行侵略擴張政策。下面我們就來看看他的鐵腕「政績」：一八七四年四月派兵侵略臺灣，九月以全權大使身分到中國與清政府談判，迫使清政府支付五十萬兩白銀賠款；一八七五年九月，製造侵略朝鮮的江華島事件。翌年迫使朝鮮訂立不平等的《江華條約》。對內，他鎮壓農民起義和一切反政府活動，以《誹謗律》、《新聞紙條例》等壓制自由民權運動，還以武力鎮壓了一八七四至一八七七年間一系列士族叛亂。一八七七年平定西鄉隆盛為首的鹿兒島士族叛亂（西南戰爭）。

西鄉被迫辭職歸鄉後，大久保則作為內務卿，控制了明治政府的實權，十一月任參議兼內務卿。對內推行地稅改革和「殖產興業」政策，發展資本主義；同時強化中央官僚機構，集大權在手，進行專制統治。從此本來私交甚厚的二人仇隙日深。

歸鄉後，西鄉在薩摩廣收門徒，開辦軍校、維持治安，實際是建立了不受中央控制的獨立王國。一八七七年，他被不平士族擁立發動西南戰爭，不久失敗，切腹自殺。

相反，比起西鄉和大久保二人的激進思想來說，木戶顯得要溫和得多，歸國後，木戶要求政府立憲，強調對於一個國家，擁有憲法與三權分立的必要性；務實新的國民教育與天皇教育，進一步推動士族授產（**救濟、扶助士族的措施**）。如此，木戶孝允和大久保的政見大相逕庭，大久保獨裁體制建立，木戶孝允受到排擠，一度憤然辭官隱退。

木戶置身於從維新派到守舊派不斷權力鬥爭的明治政府中，像在夾縫中求生，倍感壓抑，甚至嚴重妨害其身心。西南戰爭時，木戶在京都出差途中發病，進入病危狀態，在意識不清的狀態下痛斥「西鄉還不適可而止嗎！」懷著對國家的憂慮病死於京都。

大久保利通的鐵腕政策，嚴重損害了武士階級的利益，比如在一八七六年強力推行「秩祿處分」，剝奪武士階級的俸祿，激起了該階層的強烈不滿，反叛起義不斷，西鄉領導的西南戰爭便是其中一例。就在西鄉和木戶相繼去世一年後，一八七八年五月十四日，大久保亦遇刺身亡，時年四十九歲。大久保雖然死去，但他的事業後繼有人，伊藤博文等人繼續推行資產興業、文明開化、富國強兵三大政策，終使日本成為一個資本主義強國。

明治維新三傑至此步入了歷史的煙塵，在那個時代為日本做出的貢獻，作為根基，繼續奠定、推進著日本的資本主義發展。

延伸閱讀

吉田松陰（一八三〇年到一八五九年），日本江戶幕府末期思想家、教育家，明治維新的先驅者。曾是長州藩兵學教師，黑船事件後力倡「尊王攘夷」、防禦外侮，並興辦松下村塾，傳授兵法，宣講尊王攘夷主張，培養了高杉晉作、伊藤博文、山縣有朋等倒幕維新領導人。在安政大獄中，提出「草莽崛起論」，轉而主張利用人民群眾的反封建鬥爭，武力推翻幕府，為倒幕維新運動提供了重要指導思想。另一方面，他具有強烈的民族擴張主義思想。主張侵略中國和朝鮮，「控制南洋而襲印度」，甚至夢想「併吞五大洲」，對日本軍國主義思想的形成有較大影響。

延伸閱讀

坂本龍馬（一八三六年到一八六七年），維新志士，思想家。為促成薩摩及長州二藩成立軍事同盟的重要推手之一；強調政權歸還天皇朝廷，並設想建立以天皇為中心的新國家政權體制，成為後來維新政府的重要指導方針。

高杉晉作（一八三九年到一八六七年）日本幕末時期著名政治家和軍事家，長州尊王討幕派領袖之一，主張富國強兵，指出「富國之本在於節儉」、「富國之末在於國產」、「強兵之本在於統一人心」、「強兵之末在於使兩州（**周防和長門**）之人學習洋術」並創建「奇兵隊」。曾往中國，他認為清政府之所以衰敗，乃在於其不識防禦外夷於外海之道。即不造能闖過萬里波濤之軍艦，也不造能防禦敵人於數十里之外的大炮，辜負了《海國圖志》。

延伸閱讀

岩倉使節團是明治初期日本政府向歐美各國派出的大型使節團。使節團以右大臣岩倉具視為特命全權大使，木戶孝允、大久保利通、伊藤博文等為副使，隨員包括政府各部門的主要官員，共四十六人。另有四十三名留學生隨行。

使節團於一八七一年十二月從日本橫濱乘船出發，歷訪美、英、法、比、荷、德、俄、丹麥、瑞典、義、奧、瑞士等十二國。

強兵之策

在這一篇的敘述裡，本來打算談談「日本對外擴張」事件，但覺得有必要先把明治維新的終極目標「富國強兵」中的「強兵」之策好好和大家聊聊，至於「富國」，明治政府已經透過「殖產興業」實現。

日本的「強兵」計畫，實際上從幕府末期遭遇培理的「黑船事件」就已開始了，深受西方軍隊裝備震撼的日本開始摸索近代化軍隊改革。德川幕府曾經以法國軍隊為例，組建了步兵、騎兵和炮兵，但那時並未形成統一的軍隊改革制度，以至於明治政府上臺後，接手的軍隊情況是五花八門，諸藩林立的舊體制軍隊，各藩的軍隊有的採用英國式、有的採用法國式，還有的採用荷蘭式。

此時的新政府如果想要建立一支強大的國家軍隊，首先要做的就是廢除幕府的舊軍隊體制，統一建立適應近代作戰模式的新軍隊。不消說，歷來尚武的日本人早就意識到了這一點，其後實施日本軍國主義擴張的「日本皇軍」便是他們仿照西方後的傑作。說起「日本皇軍」的締造者，就會提到這麼一個人——山縣有朋，他因此被稱為「日本皇軍之父」，也是日本軍國主義的奠基人。

不過要改革兵制談何容易。統治日本上千年的幕府雖然已經退出了歷史舞臺，好比大樹雖倒但其粗壯的「根」卻早已深深地根植於日本國這片土壤，而這粗壯的「根」便是龐大的武士群體，也是就幕府軍隊體制的根基。想要一下子瓦解、廢除談何容易，可說是牽一髮而動全身，改革之路注定是一條伴隨著暴動的路。首任兵部領導大村益次郎全面推行法式陸軍和英式海軍改革的時候，受到武士階層的反對，其中尤以名門望族最為激烈，而被刺殺身亡。

就在日本軍隊改革召喚領頭人的時候，山縣有朋從歐洲和美國考察軍制回國，並向明治天皇奏報了歐美之行的見聞。二十五天後，山縣有朋升任兵部少輔，一年後主持兵部，從此他手握日本近代軍制改革的實權。在以後的十一年中，他締造了日本的「皇軍」，成為日本軍國主義擴張侵略的行凶者和幫凶。

那時候，明治政府在法國、英國、美國等歐美國家間搖擺，是向誕生過陸戰強人拿破崙的法國學習，還是向誕生過海戰強人霍雷肖・納爾遜的英國學習呢……他們試圖尋找一條適合日本軍隊組建模式的道路。山縣有朋到歐美考察軍制的時候，正值普法戰爭爆發，原先一直落後的小國家普魯士戰勝了法國，迫使法國割地賠款。俾斯麥和德國皇帝特意選擇在法國的凡爾賽宮舉行了德意志帝國的建國儀式。普魯士強大的軍國主義軍事力量和軍隊組織方式，給山縣有朋留下了深刻印象，他似乎從和德意志帝國一樣屬於巴掌小國的相似中看到了日本軍隊未來的道路。他認為要建立強有力的中央集權，就必須建立中央政府統管下的帝國軍隊。

首先，山縣有朋重新調整國內兵備，新設東京、大阪、鎮西和東北四個鎮台（相當於地方總兵處），還立東山道、西海道兩鎮台警衛京畿用以取代廢藩置縣前，為了護衛明治天皇而組成的以薩摩藩、長州藩和土佐藩三藩藩兵為首的天皇禁衛部隊。初步形成用於國內鎮壓、整齊劃一的軍隊。

組建完現有軍備後，一八七一年，山縣有朋向明治政府提出《軍備意見書》，以歐洲兵制為榜樣實行徵兵制度。因怕赴前任大村益次郎被反抗武士刺死的後塵，他只好藉助天皇的權威。明治政府採納了山縣有朋的意見，確立了徵兵制度，其後明治天皇發布了《徵兵詔書》，日本最後一任太政大臣三條實美緊接著頒布《徵兵告諭》和《徵兵令》。一八七二年又廢除了兵部省，另設主管軍隊的陸軍省和海軍省，與國際上通行的陸軍部和海軍部接軌。山縣有朋擔任陸軍省大輔，原幕府的軍事總裁勝海舟擔任海軍大輔。《徵兵告諭》同時還批判「佩雙刀，稱武士，抗顏坐食，甚或殺人而官亦不問其罪」的封建兵制。

如此一來，可說徵兵制是日本建立近代常備軍的一項重大改革，它直接觸及到武士階層的利益。徵兵令涵蓋士農工商各個階層，「士非從前之士，民亦非從前之民，均為皇國一般之子民，報國之道本應無別」。武士階層原先享有許多特權，例如可隨便帶刀、隨便殺人亦不問其罪，不過這些特權也隨兵制的改革以及隨後頒布的《廢刀令》而就此宣告結束。除此外，明治政府還採用西方的兵役概念，認為服兵役是向國家支付的「血稅」。全國四民凡年滿二十歲的人都應編入軍籍，一八七三年年初，在全國設立六個鎮台進行徵兵。一八七三年，日本開始在東京，繼而在全國徵兵。《徵兵令》在日本引起了巨大的反彈，當年就發生十七次暴動。

隨「岩倉使節團」去歐美考察的大久保利通在暴動頻發的時候回國了，和山縣有朋一樣，大久保亦非常崇尚德國兵制，回國後就立刻加以模仿，並很快透過排擠昔日同盟（西鄉隆盛等維新元勳被迫辭職）而建立起天皇之下，萬人之上的專制統治，稱為「大久保政權」。他發現到處都是因為徵稅和徵兵發生的暴動，除了因改革觸動武士階層利益發生的暴動外，老百姓也非常抵觸向國家付「血稅」。原因在於：徵兵令規定，戶主、長子、獨生子、獨生孫、養子等人可以避免服役，這樣家裡的老二和老三就成了徵兵的對象，有錢人也只要拿出兩百七十元就可以免除服役。一八七五年，全國壯丁三十萬，屬於免役的人就達到二十五萬多。服兵役的人多是老百姓，農家被徵去青壯勞力後，等於加重了賦稅。此後，「大久保政權」不得不多次修改徵兵令。

瓦解龐大的武士階層（多達四十萬）成了「大久保政權」施行新政、改革兵制的必經之路，改革者和被改革者間的矛盾無法避免。在四民平等的「徵兵令」和「廢刀令」後，這位號稱「日本俾斯麥」的鐵腕執政者又決定廢除武士的家祿（世襲的爵位俸祿）。在幕府時代，武士靠領取幕府俸祿生活。早在明治維新廢藩置縣後，明治政府就開始改革祿制：沒有擔任官職的華族和士族可以經商和從事產業，對這些人政府以發給補償金和公債的形式贖買他們的俸祿，這個辦法收效甚微，也加重了政府的財政負擔。在這種情況下大久保果斷地決定廢除武士的家祿。

一八七六年，大久保採用大隈重信（財政改革家，早稻田大學創始人）的意見，向華族士族發售巨額金祿公債證書，強制贖買全部家祿。同年八月，領取公債的佔了所有士族的四分之三，家祿被贖買殆盡，龐大的武士階級終於被徹底消滅。武士階層亦分化了，有人成為企業主和資本家，有人成為政府雇員，做了警察和教師，還有一部分人淪為手工業者和農民。絕大多數士族淪為無產者，這也是後來士族暴亂不斷的緣由以及對外擴張的間接誘因。

武士階層享受慣了凌駕於百姓之上的特權，對新政府實施的這些政策很憤怒，一連串的叛亂頻頻爆發，不過其中影響最大的就是，一八七七年「維新三傑」之一的悲劇英雄西鄉隆盛所領導的鹿兒島叛亂（即「西南戰爭」）。大久保利通和山縣有朋對這些「叛黨」們毫不手軟，不管是武士還是百姓群體，一律武力鎮壓，此戰乃明治政府建立以來面臨的最嚴峻考驗，最後山縣和大久保成了贏家，從此更為天皇所倚重，其權勢和影響力與日俱增。不過，就在翌年的五月十四日，大久保在東京被士族島田一郎等人刺死。

西鄉隆盛和大久保利通雖然相繼去世，但他們均後繼有人。大久保的專制統治遭到大家的痛恨，但是他所推行的資產階級改革——殖產興業、文明開化、富國強兵，被伊藤博文、山縣有朋等人繼承發展下去，完成了日本資本主義近代化；而板垣退助、後藤象二郎、副島種臣等士族出身的知識份子們，則以團結民眾、組織政黨的方式延續了西鄉隆盛等人的政治生命，在其後演變成日本轟轟烈烈的「自由民權運動」。

大久保在被刺殺之前，接受了同在德國考察兵制的山田顯義的建議，認為強兵不僅要從軍事方面提升裝備，更要建立一支具備知識的軍隊。因此明治政府仿照歐美各國設立了大批軍校，以從根本抓起，對學生進行軍事訓練，從而培養出優秀的軍官和軍士，更先後開設了更具體的陸軍和海軍學校，對一般民眾亦普及軍事教育，可說是軍事全民化。

在軍事裝備方面，明治政府亦絲毫不含糊，非常重視扶植兵工廠，分別成立了兩大炮兵工廠和兩大海軍工廠，為提高煉鋼速度和品質，採用當時歐洲最先進的平爐。在引進英、德、法、荷等國先進武器的基礎上，直接引進技術，使大炮的品質也得到了提高。一八七五年，日本自己製造出第一艘大型軍艦「清輝號」，不久立刻轉向生產更先進的鐵甲艦。到一八八〇年代初，日本的兵工廠就能生產出自己製造的連發槍和各種口徑的大炮，到一八九〇年，海軍已經擁有二十五艘軍艦和十艘魚雷艇，總計五萬一千噸。在政府的重視扶植下，日本的兵工業發展迅猛，為之後的對外擴張奠定了堅實的裝備基礎。

而在軍事體制方面，日本完全效仿德國「軍政、軍令」二元化的軍事體制，一八七八年將一八七四年在陸軍省設置的參謀局改為參謀本部，從陸軍省內獨立出來，負責制定軍令和作戰方案。而陸軍省負責軍事政策，此外還設立了監軍本部，負責檢閱和執行軍令的情況。

此後，山縣有朋又把軍制改革與地方自治結合在一起，首先實行全國的市、町、村改革，合併原來七萬多個町村為一萬三千多個，更便於管理。山縣要求這些町、村的管理者為了名譽，無報酬地各司其職，認為這是國民的義務，和壯丁服兵役的原則相同。繼續全面實行德國式的軍事制度，將原來的鎮台編制改為師團編制，並以全部兵種組織師團，加強了戰鬥力；改組高級司令機構，負責軍政的陸軍省和負責軍令的參謀本部並列，和統管教育、人事的監軍部共同組成天皇最高陸軍參議官；修改了徵兵令，制定陸軍一年志願兵的條例，改革了基層結構的兵役制度，對原來的免役條件加以嚴格限制，徹底實行了全民皆兵和普遍服役制度。

至此，明治維新時期的軍制改革完成，亦在日本建立了近代戰爭的軍事體制，形成了日本軍國主義的社會基礎組織。而各司其職的軍事機構，使日本「皇軍」已初具規模，軍事機構直接隸屬於天皇，並對天皇負責，天皇是統率軍隊的大元帥。軍部獨立於內閣之外，不受內閣干預，處於獨特的地位。這種體制，形成以後日本政治中軍部直接秉承天皇旨意，不斷干涉政治，獨斷專行的惡劣後果，並且把日本推上了不斷發動戰爭、侵略鄰國的軍國主義道路。

延伸閱讀

一八七三年的日本，是名人彙集的年代，很多人從歐美考察歸來，拓寬了明治維新改革的方向，川路利良也在這一年九月考察歐美歸來。川路認為要加強帝政，必先加君權，要加強君權，就必須建立完善的警察制度，雖有軍隊卻是對外的，警察是對內預防國家發生動亂的一種手段。他強調「一國乃一家，政府乃父母，人民乃子女，警察乃其保姆。」因此他建議建立新的警察制度，加強警察統治，把行政警察和司法警察區分開。大久保利通擔任內務卿之後，採用川路的建議，著手建立全國的警察制度，把原先屬於司法部門的警保寮改為內務省管理，大久保成為全國警察的最高長官，任命川路利良擔任第一任東京警視廳大警視，掌管首都東京的警察權。

當時的警察主要由士族承擔，原先的邏卒改稱為巡查，除了首都東京之外，日本後來在全國設立了龐大的警察網，一個管區內分為幾個區，警察網遍布全國。川路還曾派遣間諜進入鹿兒島監視對自己有提拔之恩的西鄉，成為引爆戰爭的導火索之一。

自由民權運動

應該說自由民權運動是明治維新的必然產物，何以這樣說呢？一方面，明治維新廢除了封建等級制度，加上西方思想的流入，使得人民對「自由」有了自我覺悟的能力，人民有了自覺也就有了自決的能力；另一方面，一些藩閥政治家的專權行為，也引起了統治階層內部和人民群眾的不滿，當然，這種不滿包括了改革所帶來的巨大反彈力。比如大久保利通被刺殺，就是一個典型的例子，刺殺大久保的六位刺客在自首時，曾留下所謂「斬奸狀」，批判藩閥政治家上不聽天皇的諭旨，下不聽民眾的公議，壓制民權。當這些因素又遭遇了強制規範行為的「警察」勢力的時候，就成了一股在特定時期內勢不可當的力量，那就是民權運動者和政府之間產生的矛盾，鎮壓和反鎮壓演變成爭取自由的民權運動。

前面說到，板垣退助、後藤象二郎、副島種臣等士族出身的知識份子們，以團結民眾、組織政黨的方式延續了西鄉隆盛等反政府人士的政治生命，而這個政治生命便是自由民權運動。在這場轟轟烈烈的運動中，板垣退助作為自由民權派的中心人物擔任了重要角色。

一八七三年，板垣退助、後藤象二郎等人成立了「愛國公黨」，提倡「天賦人權」，向政府提出《民撰議院設立建白書》，並批判岩倉具視、大久保利通等專權者，要求設立民選議院，給予人民選舉權，強調只有政府和人民之間相互融通，合為一體，國家才能強盛。此建議書一出，朝野贊否兩論沸騰，那些被政權所排擠的士族，本來就憤懣於藩閥政治家的專權、不堪重稅的農民亦非常贊同板垣的建議，盛讚板垣為救世主，積極回應，影響所及達於全國各地，藩閥政府不得不採取各種手段鎮壓，由此揭開了自由民權運動的序幕。

不過，此時愛國公黨的江藤新平操之過急，參加了一八七四年的佐賀士族反亂，不幸被捕梟首示眾，愛國公黨也因此而僅存了兩個月就解散了。

板垣見情勢不利，於同年三月返回家鄉土佐，以土佐為根據地，在那裡組建了另一個性質相同的政治團體——「立志社」，繼續提倡盧梭「天賦人權」的民約論，募集青年才俊，翻譯洋書，研究法制，土佐儼然成了自由民權的聖地。在「立志社」的影響下，各地紛紛組織了地方性的政治社團。一八七五年，各地的政治團體在大阪舉行集會，以「立志社」、德島的「自助社」為中心，在大阪成立了第一個超越地方的組織「愛國社」，總部設在東京。

這時，明治天皇方面亦意識到，自從征韓論的紛爭後，多數參議辭職，以至於以大久保利通為中心的藩閥政府漸漸陷於孤立無援的境地。為了增強藩閥勢力和鎮壓聲勢浩大的民權論，明治天皇接受板垣退助以建立立憲政體為條件的協議，發布了建立立憲政體的詔書，廢除左右兩院，設置元老院和大審院，設立地方官會議，並拉攏垣退助再度入閣，試圖以薩摩、長州、土佐三藩的同盟來加強政府的勢力和威信。

雖然當權派表面上表示妥協，採取三權分立制治政，但這僅是為了回避自由民權運動攻勢的策謀，但實質並未改變，藩閥政府遲遲不實行協議，板垣因其改革意見不被接受，只當了八個月的參議，於十月二十七日再度辭官。

縱觀日本的自由民權運動，少見武力鬥爭，其原因在於，領導者板垣從西南戰爭的失敗看出，言論鬥爭比武力鬥爭更為可取。板垣辭官後，愛國社再度興起，於是，在言論鬥爭的指導下，當時的日本可堪稱言論集會的黃金時代。由此藩閥政府不得不採取對應的措施，公布《新聞條例》和《讒謗律》等法令，加強對民眾的言論控制。

但越壓制，爆發得越加兇猛。一八七七年六月，板垣等人再次向明治政府提交設立民選議院的建議書，提出「開設國會」、「減輕地稅」、「修改不平等條約」等自由民權運動的三大主張。社會各階層也積極參與其中，越來越多的人參加進來，經過幾次大會後，一八八〇年三月立志社改稱為「國會期成同盟」，藉著這個組織，民權運動發展成全國性的運動。同年四月二十七日，向政府提交兩府二十二縣八萬七千多人簽名的國會開設請願書，使民權運動成為群眾性的請願運動。

面對燎原之勢的自由民權運動，藩閥政府一面採取應對手段，一面做出讓步。而在此間，政府內部在開設國會和制憲問題上，伊藤博文（**漸進派**）和大隈重信（**激進派**）分為兩派，產生了嚴重的分歧。伊藤博文覺得應先強化元老院（**一個由要員們組成的審議團體**），再召開國會，確保制定出由天皇總攬統治權的欽定憲法；而大隈重信雖然同意欽定憲法，但是他反對天皇總攬大權，主張採用英國政黨內閣體制，由國會取得多數席位的政黨組閣，在兩年後選舉議員，第三年召開國會。

一八八一年十月，明治天皇罷免了主張盡快頒布憲法、召開國會的大隅重信等激進派官員；但板垣等所率領的國會開設請願運動，波及日本六十餘州，面對強大的公議輿論，政府不得不做出讓步，以安民心，宣布《國會開設敕諭》的詔令，保證十年後開設民選議院、制定憲法，這亦是日本向君主立憲制過渡的轉捩點。

然而，事情發展到這裡並未完結。政府的詔令一下，彷彿是一束光，一下子照亮了之前隱匿在黑暗中的路，於是原來走在一條道上的自由民權志士們沿光分道而行，繼而一些更細分的民權運動政黨開始成立。一八八一年十月十八日，以板垣退助為中心的民權運動家組成了自由黨；翌年，以大隅重信為總理建立了立憲改進黨，這兩黨，前者為激進主義，後者為漸進主義，既相統一（**民權系**）又相對立。為了同民權系的政黨相對抗，一八八二年三月立憲帝政黨成立。

一山難容二虎，這就給了藩閥政府坐山觀虎鬥，以收漁利的機會。果然，各黨內矛盾不斷，各黨間也互相攻擊，利好形勢逐漸轉向激進派。但這種彼此消耗的狀態，注定好景不長，各民權運動政黨的終結之路最主要的原因在於政黨們利用對政府不滿的農民，引發了一系列武裝抗爭事件。這就給了藩閥政府出動軍隊的藉口。如西南戰爭注定失敗那樣，胳膊始終擰不過大腿，武裝抗爭被政府軍鎮壓。一八八四年十月，自由黨解散，改進黨也因大隅重信等領導人退黨而陷於群龍無首之態。藩閥政府趁熱打鐵，伊藤博文和山縣有朋兩位巨頭以及東京警視廳總監三島通庸策劃了鎮壓的具體步驟，於同年底頒布《保安條例》，將東京大批民權核心人士逮捕和驅逐，警察得到密令，如有抗拒命令者，可以格殺勿論，自由民權運動因此而告終。

自由民權運動雖然失敗，但作為爭取民權的資產階級運動，在明治維新一開始就成為了日本政治格局中的重要力量，更是制定憲法的一種外在動因。

大隅重信因主張民權運動被罷免後，伊藤博文得以獨攬大權，他在法國議會共和制（**多黨聯盟執政**）、英國政黨內閣體制（**實權在內閣，國王無實權和法國議會共和制相近**）、德國君主立憲制間比較一番後，選擇了符合日本國情的德國作為制定憲法的模範國。於是，明治政府重金聘請德國法律專家，指導日本起草憲法。天皇的大權是體制的核心，在設計《憲法》之外，伊藤專門制定了皇位繼承、皇族名分和皇室財產的《皇室典範》，皇家事務超然於憲法、國務和議會之上。為制衡由政黨組成的眾議院，他設計了主要由天皇任命、不經民選的貴族院，在權力上凌駕於眾議院之上。同時在貴族院裡強化維護皇權的屏障，發布《華族令》，將維新以來的公卿、大名、神官、在朝的維新功臣，按照公、侯、伯、子、男的五等爵位，成為新華族。

一八八九年，被稱為《大日本帝國憲法》的自由民權運動產物終於在層層衝突和改革所鋪就的環境裡誕生了。在實行歐式立憲政治的時候，當然應該有一位總理大臣統領各省專任大臣，執掌政務、制衡議會。伊藤博文理所當然地出任了日本歷史上的第一任內閣總理大臣。而第一任內閣十名成員中，長州藩和薩摩藩就各佔了四名，藩閥政治逐漸正規化，對此後的日本歷史影響深遠。由此，藩閥寡頭政治佔據了重要位置，薩長兩藩的寡頭保持了政治上的勢均力敵。寫至此，又不得不想到日本有史以來政治權力的「雙頭」性。

這就怪不得時至今日，還有人如此寫道：「日本列島上從未形成過一個強而有力的中央政府，維新後這種狀況並未得到徹底改善。今天這些小團體是一些政府高官、政治黨派、企業聯合、農業協會、警察機構、大眾媒體甚至黑社會的幫派。這種政治權力的高度分散現象，是任何政治理論都難以說明的日本特有的結構性現象。」這皆與日本歷史由來相承接，如此也就並不足以為奇了。而這「未有強而有力的中央政府」與我們之後談到的「天皇權力過大」並不矛盾，只是其權力應該著力的點不在常規性政治範疇內。

延伸閱讀

《大日本帝國憲法》是亞洲第一部憲法，也是對明治維新的一次總結。它的頒布成為日本近代化成功的一個重要標誌，確立了近代日本天皇制，對日本近代史產生了重大的影響。這個由七章七十六條組成的憲法，在第一章的十七條中就規定了天皇的權力。「大日本帝國由萬世一系之天皇統治」，「天皇神聖不可侵犯」，「天皇乃國家之元首，總攬統治權，並依本憲法各條之規定行使之」，「天皇在帝國議會之協助、贊同下行使立法權」，「天皇統帥陸海軍」。《憲法》冠冕堂皇地宣布日本人民有各種權利和自由，但又在法律上加以限制和取消，在戰時或國家發生事變的情況下，不得妨礙天皇施行大權。憲法將天皇的權力絕對化，實際也是對十幾年以來風起雲湧的日本自由民權運動的諷刺。

對外擴張

談到日本的對外擴張，在這裡我們有必要再來回顧一下明治維新變革的主要內容：收回封建地主領土、取消封建身分等級制、走資本主義道路以擺脫淪為殖民地的危機，最後透過「富國強兵」，由一個落後的封建社會逐步轉變為獨立的資本主義強國。

擴張總與殘暴、血腥、冷酷、無情、征服等冷冰冰的詞聯繫在一起，愛好和平的人們從心底裡抗拒這份惶恐不安的情感，但這卻是我們無法回避，或者說是應該看清的歷史事實。人們一直試圖尋找日本在明治維新後，熱衷對外擴張，甚至到了全民狂熱地步的根源。

這正與我們開篇回顧的明治維新變革的主要內容有那麼一點關係，亦是造就當時時代背景的原因，而時代背景又反過來影響著時代的決策。在維新變革過程中，明治政府銳意改革，但整體而言較為偏重促使國家快速強盛，這個結果遺留了許多問題：如天皇權力過大（**軍事機構直接隸屬於天皇，凌駕於內閣之上**）、有權有勢的藩士長期掌控國政，形成勢力龐大的「藩閥政治」體系、土地兼併依然嚴重、新興財閥壟斷市場經濟等現象。以當時日本的社會生產力水準而言，資本主義的發展水準還不高，資產階級的力量較為薄弱，尚未形成獨立的政治力量，國家的領導權仍然落在原來的武士（**藩士**）階層，他們雖然資產階級化了，但仍保留著濃厚的封建主義因素，且崇尚武力（**對德意志帝國的極度模仿就是其表現之一**），這也是日本之後逐步發展成為軍事封建帝國主義的基本原因。而變革所遭遇的極大反彈、維新運動中巨大的資金投入，給新政府財政支出帶來的沉重負擔，以及通過產業革命製造的商品需要輸出……這些負面問題皆是最終直接或間接促使日本走上侵略擴張道路的原因。

而這些因素皆彙集到一起，共同指向一點：那就是日本人獨特的民族性。正是這一點衍生出日本熱衷侵略的諸多社會因素。關於日本人獨特的民族性，又與其地理位置不無關係，俗話說一方水土養一方人，這話說得不無道理，日本地處太平洋西岸，島上不僅資源匱乏，而且所處地理位置地震、火山、海嘯、颱風等自然災害頻發，惡劣的生存環境造就了日本人務實重利，極具凝聚力（**這凝聚力創造了明治維新後最大的經濟效益，取得經濟飛速發展**），不擇手段的掠奪性等獨特民族性。

言歸正傳，對這些負面問題作用於侵略擴張的原因，學者們說得非常有道理，概而言之，即是「轉移危機，試圖從對外侵略擴張中尋找出路。」換句大白話說就是，日本當時對外擴張的目的在於搶奪財富。

其實早在明治維新前，美國叩關日本後，攘夷運動的精神領袖吉田松陰（**此人對日本軍國主義思想形成有很大影響**）就曾說過類似的話：「當前應同歐美各國增進信義，在此期間養蓄國力，要分割易於奪取的朝鮮、滿洲、中國，使之服從，在交易上失於歐美的，應在土地上從朝鮮、滿洲得到補償！」西鄉隆盛、板垣退助等人就是受此思想影響的典型人物。大家一定對「征韓論」還有印象，那便是西鄉等人的主張——武力征韓，不過剛從歐美歸國的大久保等人認為當務之急是發展國力，征韓時機尚未成熟，而遭到堅決反對。值得注意的是，是因時機尚未成熟而反對武力征討，並不是愛好和平而反對。

日本思想界泰斗福澤諭吉後來在吉田松陰的基礎上，把對外擴張的主張發展為「脫亞論」，「我日本國土雖位於東亞，其國民之精神則已脫出東亞之固陋而轉向西洋文明，中國和朝鮮如果不像日本一樣進行改革，自今不出數年，將至亡國，其國土將歸世界文明各國分割，此乃毫無疑問！」後又在一八八五年三月十六日《時事新報》上宣傳：「中國不可猶疑，與其坐等鄰邦之進步而與之共同復興東亞，不如脫離其行伍，而與西洋各文明國家共進退。對待中國、朝鮮之辦法，不必因其為鄰邦而稍有顧慮，只能按西洋人對待此類國家之辦法對待之。」該言論代表了當時日本政府和大部分日本人的想法。

這些瘋狂的對外擴張思潮，像興奮劑一樣在日本人的思想裡氾濫、根植，對日本隨後走上軍國主義侵略道路起著推波助浪的作用，在未來半個多世紀的時間裡，日本作為後起列強，以其野蠻、凶殘、狡詐和變態到令人髮指的行徑，侵略了許多亞洲國家，戕害了幾千萬亞洲人民的生命。

在「脫亞入歐」言論鼓動下，明治政府在外交政策中採取「欺弱畏強」的路線，一面對歐美各國採取了無奈的妥協態度；一面對亞洲鄰國擺出盛氣凌人的侵略者面孔。明治政府有樣學樣，學著西方的樣子，首先向鄰居朝鮮提出門戶開放的要求，遭到拒絕後，就伺機武力征討。當然，日本對朝鮮的野心並不僅始於此，而是由來已久，大家一定對我們之前的敘述還有印象，早在西元四世紀「大和國」時代，那時「大和國」剛統一日本列島不久，就曾出兵朝鮮半島（**當時朝鮮半島正處於三國時代**），對朝鮮人民進行過殖民統治，後在高句麗和新羅的聯手打擊下才撤兵；在推古天皇時代，也就是聖德太子輔政時也有過一次；白村江戰役時，日本被唐軍和新羅軍聯手徹底擊敗……日本歷次侵略朝鮮半島因時機尚未成熟均以失敗告終，不過雖在軍事上失敗了，卻在財富掠奪上取得了成功，這大概也是日本樂此不疲地侵犯鄰國的原因。

一八七五年，對朝鮮半島窺視了一千多年的日本，繼白村江戰役後，再一次發動了對朝鮮半島的侵略，九月二十日，日本「雲揚號」軍艦侵入朝鮮釜山、江華島附近，打著軍事演習的幌子蓄意向守島的朝鮮軍隊百般挑釁，遭到朝鮮軍隊的猛烈炮擊。在歷史上稱為「江華島事件」。這恰是日本想要的結果，明治政府以此為藉口，反誣朝鮮炮擊日本軍艦而派官員前往朝鮮「問罪」。當時朝鮮處於閔妃外戚專權的混亂時期，毫無招架之力，最終同意同日本談判並簽訂了不平等的《江華條約》，朝鮮從此打開了國門，朝鮮增加了開發港口，給予日本領事裁判權、免除關稅等待遇。

野心膨脹的日本在得到朝鮮的好處後，將貪婪的目光繼續瞄向中國。而在一八七一年，日本和中國就開始訂立《中日修好條規》以及《中日通商章程》，日本妄想以中國和普魯士訂立的不平等條約為基礎簽約，遭到中國代表的斷然拒絕，最後條約以中國的草約為主訂立了修好條約。此條約被認為是中日關係史上的第一個條約，也是近代中國第一個平等建交的條約。

日本未從條約中撈到預想的好處，因此在條約簽訂還不到一年就想改約，但日本的無理要求遭到李鴻章的嚴詞拒絕。

明治政府不願就此甘休，伺機以待。一八七四年，琉球（**明清屬國，一八七二年被日本強迫設為藩國**）漁民漂流到臺灣，被臺灣原住民誤殺。日本為侵佔臺灣，就藉此生事歪曲歷史，把琉球漁民稱作日本屬民，向清廷抗議，並策劃侵佔臺灣，而日本政府的另一目的在於徹底佔有琉球。同年四月，採用侵佔琉球的方式，日本先在臺灣設立「臺灣蕃地事務局」，五月，就調兵入侵臺灣，受到原住民的頑強抵抗，此次侵略是日本政府第一次正式武裝侵犯中國，從此日本正式拉開了對中國侵略的帷幕。由於水土不服，日軍因病死傷嚴重，加之當時日本國力不足，這次侵略，日本在軍事上以失敗告終。軍事進攻失利，狡猾的日本政府開始以外交手段進行勒索。

而英、美、法三國列強擔心清政府藉此關閉臺灣口岸，損害各自既得利益，以出面調停為藉口，向清政府施加壓力。是時，阿古柏（**浩罕汗國首領**）入侵新疆，沙俄乘機出兵強佔伊犁，中國西北邊疆危機四伏，塞防、海防一時東西難顧。在這種背景下，軟弱的清政府為「息事寧人」，避免衝突擴大，在列強的壓力下，最終同意做出讓步，清政府代表文祥和日政府代表大久保簽訂了中日《北京專約》。這是一個有口難言的屈辱條約，軟弱的清政府承認日本出兵臺灣為「保民義舉」，「中國不指以為不是」（**意為中國認為日本出兵臺灣是對的，日軍成了正義之師**）；清政府對遇害家屬給予撫恤銀十萬兩，清政府願把日軍在臺修建之道路、房屋留用，補給日本四十萬兩。清政府所給銀兩，在日軍退盡之日付清。日本侵略者如此輕易就從軟弱的清政府手中掠得共計五十萬兩，更助長了其侵略中國的野心，更為吞併琉球製造了條件依據。

一八七九年三月日本廢「琉球藩」改為沖繩縣，六月，琉球國王及王室成員被日軍捕至東京軟禁，至此琉球國被日本正式吞併。吞併琉球以後，日本的下一個目標就是朝鮮。在日本擴張的路線中，北上和南進一直貫徹始終，向北吞併朝鮮，佔領滿蒙，進而佔領全中國；南進佔領臺灣後進入東南亞。北上侵略路線尤為重要，形成了後來的「大陸政策」。

一八八二年，朝鮮發生兵變，朝鮮士兵殺死日本軍事教官，襲擊日本公使館。日本出兵朝鮮，清朝也派出了軍隊，牽制日軍不敢輕舉妄動。兩年後，日本慫恿朝鮮開化黨殺死當朝大臣，劫持國王，並藉此事件派遣軍隊駐紮朝鮮，袁世凱為首的清兵應朝鮮之請，進入朝鮮擊敗日軍，救回被挾持的朝鮮國王。但狡猾的日本人再一次利用了清廷的昏庸訂立了中日《天津會議專條》，規定中日兩國同時從朝鮮撤兵，若兩國出兵朝鮮須互相通知。這就為後來的甲午中日戰爭埋下伏筆。

此時中日兩國間的關係非常微妙，在軍事衝突方面可說一觸即發，為了應付朝鮮的緊張局勢，中國急忙結束與法國間的戰爭，以備不時之需。而日本羽翼未豐，暫時放棄與清朝對抗，轉向在朝鮮掠奪經濟，卻又暗中鼓動中國與正在南下的俄國對抗，以穩住朝鮮局面。

一八九〇年，日本內閣首相山縣有朋在第一屆帝國議會的施政方針中，以「脫亞入歐」論為基礎，提出日本外交政策為守衛「主權線」和「利益線」，明確提出「維持一國之獨立，守衛主權線是不夠的，必須進而保衛利益線」，此「利益線」即是侵犯鄰國，掠奪財富，「劫富濟貧」，從而壯大自己。

因此，從一八八〇年代起，日本的軍事部門就開始偵查中國，把中國作為侵略對象，要求在五年內即做好侵略中國的一切戰略準備，其後待可乘之機，對中國採取突然襲擊，先吞併一部分中國領土開始，最終蠶食、分裂，達到侵佔全中國的目的。稍後的甲午戰爭，便是日本撕開中國領土的那把蓄謀之刀。

延伸閱讀

所謂「大陸政策」，即是指島國日本向中國和朝鮮等相鄰大陸國家進行的武力擴張，幻想稱霸亞洲，征服全世界的侵略總方針。日本「大陸政策」形成的歷史條件，源於明治維新前後已奠定的經濟、政治、軍事，尤其是思想基礎。而其思想基礎根源由來已久，豐臣秀吉初步統一日本後，就曾於一五九二、一五九七年兩度發動侵略朝鮮的戰爭，德川幕府末期，當時的日本儒學家、國學家和洋學家更從不同角度集中論述了對外擴張的思想，矛頭指向朝鮮和中國。

甲午風雲

中日甲午戰爭是時至今日，我們對日本這個「特別」近鄰保持警惕最好的一段歷史警示，尤以仍抱有「大中華」而「小日本」思想的國人，最該由此而改變此種一廂情願自我感覺良好的想法。有時歷史是瘟疫，從未走遠，只要你稍微鬆懈疏懶，它們就無孔不入，捲土重來，所說千秋萬代彷若一秋便是如此。若你看看日本近代以來對華政策的歷史，又或者洞悉日本人獨特的民族性衍生下的強盜主義思想，你便會理解我現在所說絕非危言聳聽。

明治維新後走上資本主義道路的日本，透過交叉進行的兩次工業革命，實現了資本企業的高速發展，可售商品增多，但日本國內封建勢力壓迫依然存在，佔全國百分之九十的農民和城市勞動者生活貧困，這使得日本資本主義急於向外擴張商品輸出市場和尋求資本輸入，維持企業運轉。加之國內封建殘餘勢力濃厚及社會轉型期出現的各種尖銳矛盾，使以天皇為首的日本統治集團急於從對外擴張中尋求出路。為此早在一八八七年，日本政府就制定了所謂「清國征討方略」，隨後進入戰略準備狀態，清國征討方略逐漸演化為以侵略中國為中心的「大陸政策」：第一步攻佔臺灣，第二步吞併朝鮮，第三步進軍滿蒙，第四步滅亡中國，第五步征服亞洲，稱霸世界。而中日甲午戰爭就是日本實現「大陸政策」前兩個步驟的重要環節。

正如清廷有識之士針對「蕞爾小邦」之見所更正的那樣——「倭人不可輕視」，之前在入侵臺灣和干涉朝鮮內政與清軍發生衝突的日本，在軍事上均以失敗告終，日本深感海軍力量不足。據統計：當時中國人口四億多，論兵力，陸軍有九十五萬，海軍有軍艦七十一艘，還有幾十艘魚雷艇和小型炮艇。北洋艦隊實力排位世界第七，亞洲第一……這點卻讓很多國人納悶，轉瞬間，力量不足的蕞爾小邦怎麼就讓堂堂大清帝國的北洋艦隊全軍覆沒、還割讓臺灣、巨額賠款並且喪失了對朝鮮的宗主國權呢？

隨後，日本加快了充實海軍艦隊的步伐，以北洋水師為目標，立志充實海軍兵力以對抗北洋水師。一八九〇年後，日本以國家財政收入的百分之六十來發展海、陸軍。一八九三年起，明治天皇又決定每年從自己的宮廷經費中撥出三十萬日圓，再從文武百官的薪金中抽出十分之一，補充造船費用。另外，天皇發布詔敕，令全國人民捐獻錢財，很多日本人為捐獻錢款甚至節衣縮食，由此可見天皇在日本人心中的凝聚力，以及由此而生的日本獨特民族性中的團體精神，這種團體精神正是日本取得成功的重要因素。在日本舉國上下的協作下，日本海軍急速擴大，提前完成了擴軍計畫，到甲午戰爭前夕，日本在兵力和軍事裝備上均已超過了北洋海軍，此外，當時在海備方面處於世界領先地位的島國英國亦對日本海軍配備進行支援，日本還出動間諜組織潛入中國，加緊對中國各方面的情報搜集和滲透。

而中國方面，清政府腐敗無能，雖通過洋務運動，取得「迴光返照」的短暫成果，卻並未致力於國家制度改革。不僅如此，從北洋水師建立後就沒有再增添任何艦隻，艦齡漸漸老化，與日本新添的戰艦相比之下，火力弱，行動遲緩，到一八九一年以後，連槍炮彈藥都停止購買了，使中日在武器裝備上的差距一下增大。

「萬事俱備只欠東風」，在做好一切戰略準備後，剩下的只有挑起戰爭的時機和藉口了。國內外的局勢使日本選擇了在一八九四年開戰，這一年，日本政府指示其公使「促成日中衝突，為今日之急務。為斷行此事，可採取任何手段。」朝鮮是日本發動侵略戰爭的突破口，日本以《天津會議專條》之約定，誘使清廷出兵朝鮮解決紛爭，日本亦趁機出兵。七月二十五日，日本以「協助」朝鮮驅逐清軍為由，在靠近朝鮮的豐島海面襲擊清朝軍艦，由此挑起了第一次大規模的侵華戰爭，史稱「甲午戰爭」。

這場戰爭自開戰之日起，就注定了清政府必將失敗的命運，除中日間的軍事實力差距外，腐敗無能的清政府應戰態度和當時所處國際局勢就已顯示中國在這場戰爭中凶多吉少。清政府內部意見不一，擁護光緒的帝黨主張積極迎戰，慈禧為備六十大壽不願戰爭干擾，北洋水師李鴻章為保存嫡系實力企圖和解，後兩者又一味寄希望於美、英、俄等歐美列強調停。由於美、英、俄在此時有各自的利益，也只是對日本表示譴責而已，並不出面干涉。

在朝鮮戰場由於清廷所派總指揮葉志超貪生怕死昏庸無能，雙方勝負未分，交戰處於膠著的情況下，舉白旗停止抵抗，並下令全軍撤退。撤退途中，遭到日軍埋伏，清軍傷亡慘重（**著名將領左寶貴戰死**），導致清軍以大敗告終，以至於影響了整個戰局。九月十五日，日軍如願以償，佔領平壤。

取得朝鮮勝利後，日本將戰略目標放在爭奪黃海制海權上。黃海關係著三個半島，即朝鮮半島、遼東半島、山東半島的海上交通，而日本跨海作戰，補給線很長，所以黃海的制海權至關重要。能否掌握制海權取決於海軍的實力和正確的戰略，因此該海戰是中日雙方海軍一次主力決戰，九月十七日，這場戰役發生於鴨綠江口大東溝（今遼寧省東港市）附近海面，歷時五個多小時，終因北洋水師軍艦配備老舊，指揮失誤，以及軍隊戰鬥力（大多清兵吸食鴉片，軍紀鬆散）低下，以將領鄧世昌犧牲，清廷戰敗結束。日本奪取了黃海的制海權。

九月二十五日，日軍兵分兩路進攻中國，迅速佔領遼東半島及大連、旅順。攻佔旅順後，日軍進行了滅絕人性的大屠殺，遇難人數多達六千，旅順城裡只有收屍隊的三十六人活了下來。一八九五年二月，日軍修改作戰目標，改為進攻威海衛，並徹底全殲北洋水師，丁汝昌服毒自殺。三月，清軍在遼東戰場節節敗退。日軍佔領遼東半島，逼近山海關，這時清政府十分害怕戰爭繼續下去，為了求得停戰，決心不惜一切代價求和。

日本代表則以勝利者的姿態，進行威脅和訛詐。一八九五年四月十七日，清政府派李鴻章前往日本山口縣馬關與日本簽訂議和條約。這是一份惡毒的議和條約：逼迫清政府承認朝鮮獨立，將遼東半島、臺灣和澎湖割讓日本，賠償軍費兩億兩白銀，允許日本在中國開設工廠，增加開放沙市、重慶、蘇州、杭州四個城市以及長江、吳淞江航運線。面對伊藤博文的獅子大開口，李鴻章大喊苛酷，他將這個要求轉英、俄、法三國，希望調停。

早已對中國東北地區抱有野心的俄國出面，與德國、法國一起干涉割讓遼東半島給日本，俄國將軍艦開到日本神戶和中國煙台，德國公使也告訴日本，抵抗三國無意義，日本希望英國進行反干涉，但英美不願冒戰爭風險，嚴守中立。日本決定讓步，改以對中國索要三千萬兩白銀作為「贖遼費」。日本在甲午中日戰爭後一共勒索了中國兩億三千萬兩巨額白銀，並獲得了北上和南進的根基，同時獲得在華設廠的權利，這個權利也使英國等列強從中得益。根據最惠國待遇，其他國家也得到這種待遇。

透過甲午中日戰爭，日本不僅獲得了侵略朝鮮的有利條件，還從中國掠奪上億兩白銀。這相當於日本當年財政收的三倍多的巨款，極大地充實了日本的國力，為其進一步對外侵略奠定了物資基礎，對之後的發展也產生了深遠的影響，日本因此一躍成為亞洲強國，完全擺脫了半殖民地的地位。而中國經此一役，國際地位一落千丈，財富大量流出，國勢頹微，更深地陷入了半殖民地的沼澤中。此外，由此而造成的兩岸問題，至今仍難以彌補。

日本雖在該戰役中，取得決定性勝利，但三國干涉其侵佔遼東半島，對日本來說仍然是「半路殺出程咬金」，壞了其好事。它使日本藉由中日甲午戰爭獲勝之機侵佔滿洲（**中國東北**）的企圖遭到粉碎，而俄國在遠東增強勢力，遏制了日本在朝鮮的擴張。日本為了實現「大陸政策」的第二步（**佔領朝鮮**）和第三步（**佔領滿蒙**），重新整軍備戰，決定稍後發動對沙皇俄國的戰爭，以卸除這塊絆腳石。

延伸閱讀

國內外的局勢使日本選擇了在一八九四年開戰的原因在於，當時。世界主要資本主義國家處於向帝國主義過渡階段。美國希望日本成為其侵略中國和朝鮮的助手；英國企圖利用日本牽制俄國在遠東的勢力；德國和法國為了趁日本侵華之機奪取新的利益，也支持日本侵略中國。俄國雖然對中國東北和朝鮮懷有極大的野心，但尚未準備就緒，因此對日本採取不干涉政策。因而列強默許或縱容的態度，成為日本實施侵略計畫的有利條件。

延伸閱讀

戰爭爆發時，相比清政府官場中各派系為各自利益明爭暗鬥、爾虞我詐的局勢，日本國內在戰爭開始時，停止了政治鬥爭。當時搖搖欲墜的伊藤博文內閣正欲解散議會，得到出兵的消息後，立即設立有參謀總長、參謀次長、陸軍大臣、海軍軍令部長等參加的大本營，作為指揮侵略戰爭的最高領導機關。議員們均向天皇和專制政府宣誓效忠，表示支持政府，贊成軍費開支，並為支付龐大的軍費募集公債。

日俄戰爭

日俄兩國間的矛盾衝突，不在一朝一夕，早在「瓜分中國」問題前就已生成，可說是由來已久，在兩國實力此消彼長間，國際局勢風雲變幻中注定早晚都有一場大戰來消解彼此積怨，而諷刺的是，這場大戰最終居然爆發在中國的領土上。

時間回溯到日本被迫開國時代，亦就是一八五五年，沙皇俄國緊隨美國叩關後，仗著當時大國身分脅迫日本締結《日俄和親通好條約》，規定開放函館、下田、長崎三港口；日俄以擇捉島和得撫島之間為界，擇捉島為日本領土，得撫島及其以北的千島諸島歸俄國所有，其中庫頁島（位於黑**龍江口外，本是中國領土，十八世紀初，日俄兩國的勢力分別在該島南部和北部活躍起來，紛爭不斷**）為日俄共管。俄國經過一百五十年的對遠東領土滲透，終於把觸角伸入了太平洋上的島國日本。

俄國和日本的矛盾，主要源於領土之爭，具體表現在庫頁島、對馬島和千島群島等領土問題上。一八六〇年中俄《北京條約》簽訂後，俄國佔有了原屬中國的烏蘇里江以東廣大地區，庫頁島也隨之正式被俄國侵佔。俄國為驅逐庫頁島南部的日本人，開始自北向南推進，企圖獨佔該島。俄國的行徑遭到競爭對手英國的干涉，英國試圖遏制俄國進一步向太平洋地區擴張以及獨佔日本對馬島的企圖。對馬島位於朝鮮和日本之間，是控制日本海和太平洋往來的戰略樞紐，佔據對馬島意味著可以更便利地佔有朝鮮和日本。一八六一年，俄國搶在英國前面侵入對馬島，當時日本尚未有對抗俄國的軍事實力，只好將希望寄託於英國，英國樂於坐收漁利，要脅日本給予更多的殖民特權，得逞後方出動軍艦脅迫俄軍退出了對馬島。

日俄兩國間的矛盾交相並行，這邊的紛爭剛落下帷幕，那邊的糾紛又復起。由於日俄兩國共管庫頁島，在庫頁島上亦沒有明確邊界，導致兩國移民不斷發生摩擦，紛爭不止。庫頁島從地理位置上更利於被俄國控制，日本在此並不佔有利優勢。因此一八七四年，日本打算暫時放棄庫頁島，轉而開發北海道為打持久戰做好經濟鋪墊，並派出使者與俄國多次交涉庫頁島和千島群島問題。經過協商（**英美等國為了自己的利益亦從中斡旋，各有牽制**），雙方做出讓步，於次年簽署了《庫頁島千島群島交換條約》。透過該條約，日本得到了整個千島群島，而俄國則獲得了整個庫頁島，並實現了對原屬中國的烏蘇里江以東廣大地區的全部佔領。日本以「蕞爾小邦」不僅遏止了俄國的擴張態勢，還用非法佔有的南庫頁島換得了俄佔部分的千島群島，維護了領土完整。日本取得此成果，不僅與其日漸強大的實力有關，更與其由始至終對俄政策的強硬態度和舉國上下齊心協力一致對外，政府靈活利用是時國際局勢施展外交手腕有關。

雙方就領土問題的紛爭並沒由此而告終，島嶼問題至今仍是兩國間矛盾之根源。而雙方在簽署完交換條約後，不約而同地將擴張的目光轉向了中國，在此沙俄的「遠東擴張」與日本的「大陸政策」短兵相見。中日甲午戰爭後，以俄國為首的「三國干涉」便是該矛盾的產物。

中日甲午戰爭，日本以絕對優勢擊敗中國取得勝利，並取得巨額賠償。但在佔有遼東半島，意圖獨佔朝鮮和中國東北的時候，遭到俄、英、法三國的干涉而未能得逞，導致「大陸政策」受阻。為達成目的，在既得利益的刺激下，日本舉國上下掀起了更為狂熱的軍國主義熱潮，戰爭勝利後，日本人對天皇越加崇敬，全體國民積極投入到政府對俄作戰的十年備戰中。

而俄國逼日還遼不久，便以「還遼有功」為藉口，更打著鎮壓「義和團」（一九〇〇年，爆發義和團運動，俄、德、英、美、法、義、奧、日八個帝國主義國家互相勾結，出兵鎮壓）的幌子，攫取了在中國東北修築中東鐵路及其支線等特權，透過該鐵路，俄國能在最短時間內把自己的軍事力量運至符拉迪沃斯托克（海參崴）並集中於滿洲、黃海海岸及離中國首都的近距離處，以便更順利地掠奪和侵略中國，控制遠東；之後，又強行向中國政府租借旅順和大連。就在俄國準備為獨享中國東北特權做戰略鋪墊之時，日本經過十年備戰，又有從中國掠奪的巨款作經濟鋪墊，更有盟國英國做軍事支持，實力大增，決心在俄國的遠東鐵路尚未建成之前盡快發動奪取朝鮮和中國東北的戰爭，以在東北地區建立霸權，取代俄國在東北的地位。

日俄由來已久的矛盾衝突就這樣在各種因素的催生下層層遞進，在「瓜分中國」的時候最終狹路相逢，戰爭一觸即發。日本鼓動清政府抗拒俄國，同時又威脅清政府在東北三省以外地區嚴守中立，讓出東北地區作為戰場。作為直接受害者的清政府，居然坐視日俄兩國在中國境內為爭奪在中國的勢力範圍而廝殺。

戰爭打響之際，俄國國內對戰爭持兩種意見：一方認為俄國在國內（推翻沙皇統治的革命不斷）和國際上（包括歐洲和遠東）均處於不利於發動對日戰爭的地位，應加強對中國的經濟掠奪和戰爭準備，待遠東鐵路貝爾加湖段通車，運輸能力提高，旅順及其週邊要塞竣工，再伺機決戰；另一方認為日本不過是「蕞爾小邦」，不值得重視，甚至拋出「扔帽子就可以把它壓倒」的言論。在這種氛圍下，沙皇深感開戰準備不足，想拖延開戰時間，認為「時間是俄國最好的盟友」，但在日英兩國的步步進逼下，「讓步總是引起新的讓步」，俄國被迫進入備戰狀態。而這場戰爭，實際也是以日俄兩國為代表的利益爭奪戰：以日本為代表的英日同盟，美國為其後盾；以俄國為首的法俄同盟（**對抗三國同盟，尤其是德國**）。

日本決心利用有利的國際形勢和俄國準備不足的致命弱點，盡快發動戰爭，一九〇四年二月六日日本正式與俄國斷交，二月八日夜間不宣而戰。雙方的第一場戰爭在中國的旅順打響，旅順具有非常重要的戰略地位，既是俄國太平洋艦隊的主要基地又是日方的海上交通線，佔領旅順才能進入東北地區進行大規模地面作戰，可說對戰爭全局具有決定意義，是雙方的必爭之地，整個日俄戰爭期間，這一戰略要地的爭奪貫穿始終。

八日夜，日本聯合艦隊搶佔先機偷襲了停泊在旅順港內的俄國太平洋艦隊。九日，為切斷俄國後援，將俄艦封鎖在旅順，日本巡洋艦隊在朝鮮仁川擊傷兩艘俄國艦艇，受擊的艦艇先後自沉。為達成封鎖目的，日本聯合艦隊不惜先後炸毀十七艘船隻沉於旅順港口，並且不斷炮擊俄艦。

從一九〇五年二月九日直到三月初，日方多次封鎖均未成功。三月八日，俄國新任太平洋分艦隊司令馬卡羅夫採取了一系列有針對性緊急措施，加強旅順艦隊的行動，改變被動狀態，給日軍造成極大威脅。但四月十三日，馬卡羅夫所乘軍艦於返回基地途中觸雷斃命。新任司令維特捷夫特不再採取積極行動，海上作戰主動權再度落入日軍之手。

此後，從遼陽、沙河戰場到奉天戰場，日軍不斷猛烈進攻，亡命爭奪，俄軍節節敗退，最終旅順失守，日軍掌握了制海權，俄國的旅順租界地完全落入日軍控制之下。一九〇五年五月，俄國的波羅的海艦隊經過七個月的長途跋涉後，在對馬海峽遭到日本聯合艦隊的伏擊，俄國艦隊幾乎全滅。同年七月，日本佔領整個庫頁島。

至此，俄國若想奪取勝利，除非把安放在歐洲的精銳兵力抽調過來，加之國內爆發了一九〇五年革命（**日俄戰爭期間，日本間諜明石元二郎在歐洲資助列寧發動俄國一九〇五年革命**）無力戀戰。而日本雖佔據上風，但人力物力消耗巨大，再打下去未必能取勝，亦無心繼續再戰下去。

於是在美國的調停下，經過激烈的討價還價，雙方於一九〇五年九月五日在朴資茅斯簽訂和約。戰敗的沙皇揚言「不割寸土，不賠一個盧布」，拒絕任何賠償，把戰敗的後果轉嫁給軟弱的清政府，朴資茅斯和約規定：俄國承認日本在朝鮮具有政治、經濟、軍事的優越地位，俄國從中國攫取的遼東半島及附屬的一切權益轉讓給日本，並將庫頁島南部割讓給日本。

交戰的雙方偃旗息鼓，鳴鑼收兵，而中國遭受的傷痛難以彌補，許多人冤死在兩國侵略者的炮火之下，更有成批的中國平民被日俄雙方當作間諜慘遭殺害。無辜的中國還得接受戰勝者的宰割，朴資茅斯和約簽訂後，日、俄兩國逼迫清政府承認和約內容。一九〇五年十二月，日本與清政府簽訂《中日會議東三省事宜條約》除了接受日俄《朴資茅斯和約》中的所有規定外，還攫取了在中國東北的特權。

透過對俄作戰，日本取得了讓世界震驚的勝利。因擊敗俄國海軍，日本海軍的實力大大增強，在太平洋內，除英國之外，再無他國與之匹敵，由此一躍成為遠東霸主；更再一次從中國掠得豐厚的「報酬」，其取得的滿洲（**中國東北**）控制權，成就了此後侵略中國的重要基地，與之前佔領的臺灣一起構成了侵略中國的南北之翼。

延伸閱讀

俄英兩國向來是侵佔遠東的競爭對手，在中國問題上，英國企圖利用日俄矛盾，藉日本阻止俄國南下和它爭奪中國長江流域。英日一拍而合，於一九〇二年一月三十日在倫敦簽訂英日同盟。而美國自一八九九年提出對中國門戶開放政策以來，幾度想插足中國東北，都被俄國拒之門外。為了打破俄國對中國東北的壟斷地位，美國政府站在日本和英國一邊。英美兩國對於日本給予了大量的經濟援助，為日本的擴軍備戰輸血打氣。

法國仍然忠於法俄同盟。但是，法國並不希望俄國把主要軍事力量投入遠東，以免削弱法俄同盟在歐洲對付德國的實力，因此對俄國遠東政策的支持有一定程度的保留。德國繼續執行其推動俄國東進的政策，它希望由於俄國佔領中國東北而和日本甚至英國的矛盾激化，迫使俄國調開西部邊境的俄軍，間接削弱法俄同盟對德國的壓力。

擴張中的國內政局

日俄戰爭中，由於無力繼續支撐龐大的軍費消耗，日本迫不得已和無暇再戰的俄國停戰。為鞏固既得的利益，日本從中國戰場暫時鳴鑼收兵，進入下一輪對俄作戰的備戰中。在這個計畫之外，卻未放鬆對已佔有的朝鮮等地加緊控制的腳步，一九〇五年十一月，在朴資茅斯和約簽訂後不久，伊藤博文來到朝鮮漢城，脅迫朝鮮皇帝簽訂《乙巳條約》。通過條約，日本取得了在朝鮮設立統監，駐紮漢城主管外交的權力，並規定不經日本同意，朝鮮不得訂立具有國際性質的任何條約。

然而，日本政府雖然在對俄戰爭中攫取了中國東北和庫頁島，以及朝鮮的控制權，卻是以沉重的代價換來的。在這次戰爭中，日軍死傷共計三十三萬人，幾乎是甲午戰爭的二十倍，軍費開支是甲午戰爭的十倍，但卻並未從俄國撈到預期的大筆賠償金。不僅如此，對攫取到手的領地還得投入大量軍備加以鞏固。

由於傷亡和損失都遠遠超過了甲午戰爭，而取得的利益卻又大大落後於甲午戰爭，這在日本民眾心裡造成了很大的落差。因此，《朴資茅斯和約》的簽訂引起了民眾的強烈不滿。這不滿並非沒有原因，日俄戰爭期間，日本國民忍受著由於收購軍糧引起的物價飛漲，付出高額的稅賦用以補充軍備，並將家中的男人送上生死未卜的戰場，全力投入這場戰鬥，為的就是能從俄國掠回大筆戰爭賠償金，從而從中分取直接利益，緩解物價飛漲帶來的壓力，而不僅僅是國家戰略利益。

這期間，大財閥們進而壟斷了金融、貿易、運輸等行業，逐漸形成壟斷集團。政府又致力於擴大軍需工廠的規模，保護民間重工業，使造船、煤炭、鋼鐵等工業生產有了大幅度增長，但卻未對直接產生經濟效益的商業進行刺激。整體而言，日本的經濟實力仍然薄弱，為了籌集巨額軍費，日本政府已背上英、美兩國外債，財政壓力巨大。

在這種壓力重重的環境下，民眾的憤怒如果被利用將產生極大的破壞性。日本國內軍國主義團體正是利用民眾對議和結果的失望，以及物價上漲、稅收提高的不滿，煽動戰爭，反對議和。在軍國主義團體（**如黑龍會、講和問題同志連合會**）的煽動下，群情激昂的東京市民在日比谷公園集會，要求廢止和約，繼續對俄作戰。會後，民眾襲擊公園附近的官邸，發生暴動，在日俄和約中進行調停的美國也成了民眾遷怒的對象，美國使館和停泊在港口的船艦也遭到民眾襲擊，騷亂持續了三天，東京戒嚴，政府派政府軍鎮壓，騷亂從東京迅速波及到日本各地，全國為之震盪。

這次事件被日本國民稱為「愛國運動」，實際卻是只關心所得利益而無視對他國傷害的自私、狹義、不分是非曲直的民族主義，這大概也是縱容軍國主義政府更瘋狂地向外擴張的根源。

國內問題尚未完全解決，日本政府繼續加緊對朝鮮的控制，以此尋求出路。一九〇六年，政府派伊藤博文出任第一任朝鮮統監，這位總攬日本第一任內閣總理大臣、樞密院議長，貴族院院長的軍國主義鬥士走到了人生輝煌的頂峰，也即將在此結束他不凡的一生。與許多日本對朝鮮政策參與者的想法不同，伊藤博文並不主張立即進行日韓合併，認為合併是長期的問題。伊藤博文一上任就逼迫當任皇帝讓位於太子，以便培養為日本所用的傀儡皇帝。在半年的時間裡，伊藤博文將朝鮮劃分為十三道十二府三百一十七郡，各級行政機關都有日本人派駐，構成了一個嚴密的殖民統治網，將朝鮮置於日本的全面控制之下。翌年七月，日俄再次簽訂協定，劃定了日俄南滿和北滿的分界線，正式承認各自的勢力範圍。俄國承認日本在朝鮮有自由發展侵略勢力的權利，日本承認俄國在中國外蒙古的權利。

隨著對外擴張勝利的遞增，以及在國際上取得的聲望，日本軍部的地位在政界獲得大幅度提高。九月，軍部頒布軍令，再次強調軍部是直屬於天皇的軍令機關，獨立於國政之外，首相也無權過問軍部事務。一九〇八年，又修改《參謀本部條例》，將參謀本部的政治地位提高到政府和首相之上。這個不斷發動侵略戰爭的軍國主義國家機器，在戰後極度耗損的狀態下，不但不調整其病態的政治體制，更將「軍部」凌駕於一切政治體制之上，更未設置與之制衡的相關體制。

在軍部「異軍突起」，民眾「熱戰」的氛圍中，日本當權者內部對繼續對外擴張分為兩派，代表軍部勢力的桂太郎派主張擴大軍備，增設軍團；而以首相西園寺公望為代表的文官，則從日本當時的國力考慮，主張撤出遼東半島，鞏固對朝鮮和臺灣的統治。兩派為此互相爭執，對立加深，政府內閣也被這兩種力量牽制著呈拉鋸狀態，三起三落。

為再次解決日俄爭端，一九〇九年十月，伊藤博文到中國東北與俄國財政大臣談判，當他乘坐列車抵達哈爾濱車站後，被朝鮮愛國志士安重根射殺。這個侵略中國的和朝鮮的元凶，在連飲兩杯鎮痛的白蘭地以後，最終逃不過死亡的命運，帶著未竟的帝國使命惆悵而去。

伊藤博文遇刺身亡後，主張日韓合併的一派成為日本對朝鮮政策的主導者，一九一〇年八月二十二日，日本迫使朝鮮簽訂《日韓合併條約》，日本正式吞併了朝鮮，開始了對朝鮮長達三十六年的全面殖民統治。

視線回到日本國內，當權者內部兩派的鬥爭，使得政府組閣呈拉鋸狀態，你方唱罷我登場。第二次以桂太郎為首的內閣時期，面對工人運動和新興的社會主義思想，政府採取暴力鎮壓，遭到社會各界的反對，在反對聲中桂太郎於一九一一年八月辭職，他的老對手西園寺公望上臺，但好景不長，西園寺公望因陸軍部要求擴軍兩個師團而集體辭職。

元老伊藤博文死後，國內政局動盪之時，一九一二年七月三十日，明治天皇去世。當日，三十四歲的皇子明宮嘉仁即位，年號大正，轟轟烈烈的明治時代隨新皇的上任畫上了句號，但侵略並未停止。大正天皇面臨的問題是，如何調和軍部推行的急劇增加軍備與嚴重的財政困難的矛盾，但據說大正天皇患有腦病而毫無主政能力，在山縣有朋的推薦下，桂太郎再次入宮掌握大權，第三次組閣。軍部的專橫和推行的擴張政策再次遭來各界抗議，反對黨派們要求「打倒閥族，維護憲政」。在這風潮的盛行下，一九一三年東京爆發第一次護憲運動，這一運動的幕後支持者是企圖從軍閥、官僚手中奪取政權的產業資本家，反對黨迫使國會休會，憤怒的民眾包圍國會，襲擊警察局、派出所，動盪波及大阪、神戶等大城市，形勢惡化。在這種情況下，政府再次以天皇在日本民眾心裡的影響，緩解矛盾。大正天皇以天皇的名義表達了希望維持政局穩定的意願，桂太郎內閣因此下臺。

日本帝國主義的侵略擴張在內外矛盾交困的情況下進入了一個新的時期。

延伸閱讀

伊藤博文於一八四一年出生於長州藩，青年時參加「尊王攘夷」運動，後留學英國學習，回國後與高杉晉作一起積極從事倒幕運動，被稱為長州五傑。日本第一個內閣總理大臣、第一個樞密院議長、第一個貴族院院長、首任韓國總監、明治憲法之父，立憲政友會的創始人。四次組閣，任期長期七年，任內發動了中日甲午戰爭，使日本登上了東亞頭號強國的地位。

延伸閱讀

桂太郎於一八四八年一月出生於長州藩，曾赴德學習軍事和軍制，是山縣有朋的得意門生和接班人，在山縣有朋隱退後成為其代言人，三次出面組閣，是日本有史以來任職時間最長的首相。伊藤博文組閣四次，總共七年，桂太郎三次組閣卻有七年十個月之久。任內締結英日同盟，之前英國號稱「榮譽孤立」沒有和任何國家締結過同盟，他卻利用英、俄矛盾，讓英國打破慣例與日本結盟。除此之外，卓有遠見的政治謀略也成功推進了日俄戰爭，並策劃吞併朝鮮，是日本政黨內不可多得的人才。

一戰中的日本

軍部代表桂太郎下臺後，內閣再次以軍部權貴組建，提出了更大規模的海軍預算案。人民再次掀起護憲運動，把內閣轟下臺，就在日本政府對急劇增加的軍備與財政支出困難的矛盾間一籌莫展的時候，第一次世界大戰（一九一四年八月）在歐洲爆發，歐洲的協約國和同盟國相繼參戰，無暇東顧。內外交困的日本政界由此看見了希望的曙光，決定趁火打劫，元老井上馨這樣評價這次機會：「今天歐洲的大禍亂，是日本國運發展的大正新時代之天佑。日本國應立即實現舉國一致的團結，以充分享受此天佑……隨著戰局的發展，英、法、俄三國的團結一致將更為堅固，日本應團結以上三國，以確立日本在東洋的權利。」

在日本政界的號召下，日本舉國上下積極備戰，希望以此為跳板擺脫所處困境，他們的如意算盤裡，不僅有戰爭給日本經濟帶來的巨大好處，還可以乘歐洲各國無暇東顧之時，加強日本在遠東的地位。戰爭伊始，所有矛頭直指德國（一九一四年八月一日，德國向俄國宣戰；三日，向法國宣戰；四日，德國入侵保持中立的比利時，比利時對德國宣戰，同日，英國考慮到比利時對自己國土安全的重要性，向德國宣戰；八月六日，奧匈帝國向俄國宣戰，塞爾維亞對德國宣戰）通過分析整個歐洲戰局，日本準確無誤地制定出擴張戰略，認定德國必敗，決定乘此機會奪取德國在中國山東的所有權益，此舉更重要的戰略意義在於鞏固和拓展其在中國東北的利益。與此同時，日本擔心俄國會奪取中國的膠州灣，因此，他們把戰爭的爆發點選擇在中國山東，藉捷足先登之利，在已經建立起來的旅順和福建南北兩大基地之間再建突破性基地，以達到侵佔全中國的目的。

一九一四年十月底，日本軍隊迫不及待地突襲中國青島的德國軍隊，英國也派出一小部分兵力參加了這次戰鬥。在日英兩國的猛烈攻擊下，不到半月的時間，德軍節節敗退，日本佔領了濟南、膠州灣。隨後，又佔領了馬紹爾群島、加羅林群島等德屬太平洋島嶼，德軍在內外無援的情況下很快就敗給日本。佔領以上區域後，英國軍隊很快撤軍了，但是日本軍隊卻按兵不動，安營紮寨。

日本侵佔山東，引發了廣大中國人的憤慨，爆發了抗日熱潮，在重壓之下，中國政府不得不照會日本駐華公使，要求日本撤兵。以大隈重信為內閣的日本政府不但無視中國政府的要求，反而直接向時任中華民國總統的袁世凱提出了更無恥的要求，這就是意欲滅亡中國的「二十一條」。

這是一個由五個部分組成，觸角直抵中國山東、滿蒙、華中、華南，意欲在領土、政治、軍事及財政等方面都徹底控制中國的霸權要求。苛酷的條件，完全暴露了日本企圖侵佔整個中國的野心，這種貪婪超過了西方任何一個列強國家對中國的佔有，它甚至越過一般外交程序，直接向大總統提出，這在古往今來的國際關係史上極為罕見，可見當時日本政府之猖狂，彷若中國已如囊中之物，隨時想要便取之，更可見當時之中國是何等軟弱可欺。

日本以支持袁世凱稱帝引誘於前，以武力威脅於後，企圖使袁世凱政府全盤接受。不過「二十一條」嚴重損害了中國主權，消息一經傳開，反日輿論沸騰，袁世凱不敢立即表示接受。而歐美列強雖不滿日本損害了它們的在華權益，卻無暇東顧。不堪忍受新仇舊恨的中國人反日鬥爭日趨高漲，日本見事態嚴重，便表示願放棄最後一條干涉內政的要求，而袁世凱指望歐美列強干涉落空，又怕得罪日本做不成皇帝，便以中國無力抵禦外侮為理由，簽署了修改後原有的四部分「二十一條」。由此，日本的侵略勢力在滿蒙和山東得到了鞏固，在華中和華南也有所前進。

日本在侵佔中國取得階段性成功後，又盯上了時局動亂的俄國。俄國歷經「十月革命」後，新政府初建，政局尚不穩定，要求協約國派艦隊幫助維護其穩定。日本以此為契機，在一九一八年一月，派兵進入俄國符拉迪沃斯托克（海參崴）港口，八月份又侵入西伯利亞。到十月底，入侵西伯利亞的日軍達七萬二千，耗費高達十億日圓。日本政府如此大舉入侵俄國不僅僅是乘機窺視其領土，更重要的是，日本國內由於戰爭對物資的巨大消耗，造成生活物資稀缺，物價持續高漲不下，尤其是米價，已經超出了老百姓購買的能力。在新興資本家和封建殘餘勢力對物價操縱和收入雙重剝削下，人民生活苦不堪言，反抗鬥爭越演越烈，呈蓄勢待發之勢。而恰逢此時，俄國十月革命取得勝利，勞動人民在歷史上破天荒第一次掌握了政權，這給長期處於被壓迫、被剝削的工人和農民階層帶來了希望。為了阻止國內日益高漲的農工運動，帝國主義者決定對俄國實行武裝干涉，企圖扼殺俄國革命，用武裝干涉俄國革命來抵消本國人民的革命情緒，企圖封住爆發的火山口。

伴隨著日本入侵西伯利亞軍增援的投入，日本國內米價隨之暴漲，嚴重威脅了老百姓的生活，而天皇不過是資本家和封建殘餘勢力掌控的工具，不但坐視不管，還想盡辦法鎮壓起義者。蓄勢已久的怒火終於在一九一八年底爆發了，這就是著名的「米騷動」暴力反抗事件，從富山縣一個漁村開始，在將近兩個月的時間裡，暴動席捲了全國三十七縣，數百萬人。此次暴動使日本統治階級受到極大震動，寺內正毅的內閣因此倒臺，新上臺的原敬內閣懾於聲勢浩大的革命運動不得不收斂統治者威風，對人民做出讓步。

雖然國內剛落下帷幕的暴動讓當權派憂心，但國際周邊有利環境再次趨向日本。一九一八年十一月，第一次世界大戰以同盟國集團失敗告終，翌年一月十八日，戰勝國在巴黎召開巴黎和會，處理分贓問題，英美列強本來打算制裁損害了他們在華利益的日本，但是俄國的十月革命打破了這一計畫，美國要在帝國主義國家之間建立一個抵抗蘇俄的國際聯盟，而日本是和他們在此能串通一氣的東方重要盟友，因此他們決定犧牲中國利益，寬恕日本對他們犯下的錯。

「弱國無外交」說的正是如此，中國代表在巴黎和會上收回山東權利的外交失敗，消息傳到北京後，北京學生掀起了轟轟烈烈的五四運動，在舉國憤怒的強大壓力下，中國代表團沒有在《凡爾賽和約》上簽字，對於一個沒有任何國際地位的國家，沒有簽字，並不代表著就能維護自身利益。

巴黎和會雖然暫時調整了帝國主義國家在西方的關係，但它們在東亞、太平洋地區的矛盾仍然十分尖銳，日美之間既為盟友，又是敵人，彼此利益的爭奪使得矛盾尤為激烈。為了緩解複雜的矛盾，解決帝國主義列強間關於海軍力量對比和在遠東、太平洋地區特別是在華利益的衝突，完善戰後帝國主義的和平體系，一九二一年十一月十二日在華盛頓召開了以美、英、日等國為主的國際會議。

在這次會議上，美國不再姑息日本無限膨脹的軍事野心，決定從根本上制約日本，要求日本限制海軍噸位，經過拉鋸似的談判，最後達成美、英、日保有軍艦排水量五：五：三的比例。日本主力艦為三十萬噸，比英美要少二十萬噸。在中國問題上，美國遵循一貫的孤立主義外交方針，如總統華盛頓所說「我們真正的政策是避開與外界任何部分的永久聯盟」，仍然貫徹其開放中國門戶，實行「機會均等，利益均沾」的意見，此意見雖強調保持中國的領土和行政完整，但美國並不為之承擔政治保障義務，因此中國提出的撤銷領事裁判權、實現關稅自主、交還租界地、解決山東問題和廢除「二十一條」的要求，受到日本阻撓的時候，沒有國家出來做出行之有效的支持。為了各自的利益，列強國家之間只會維護自己的在華權益。最終，英日同盟廢除，列強否定了日本大戰期間在華取得的獨霸優勢地位。日本在取得中國的賠款之後，從山東撤軍，使中國恢復到幾個列強共同支配的局面，遠東形成了新的政治格局。

經過被稱為「天佑」的第一次世界大戰，日本國內的資本主義有了飛躍的發展。由於歐洲大多數國家捲入戰爭，無暇兼顧輸往中國和亞洲各國廣大市場的工業品，同時日本還拿到了歐洲各國的軍需及生活用品的大批訂單，日本藉此發展海外貿易。一九一五年，日本對外貿易實現了出超，重化學工業在這一時期得到迅速發展，工業部門的產值超過國內總產量的一半，日本不僅從農業國迅速轉化為工業國，還由債務國變成了債權國。同時紡織資本開始向中國發展，在青島和上海，日本企業建立了工廠。

不難看出，日本從明治維新到第一次世界大戰，每逢一次戰爭，資本主義就獲得一次飛躍的發展。日本壟斷資本家倚靠戰爭壯大起來，他們的財富可說沾滿血腥。伴隨著工業的發展，資產階級勢力也在加強，其參政議政的機會也大大增加。資產階級勢力希望打破藩閥執權、軍部干政的局面，與民主人士主張憲法與政治民主，要求實施競選，建立政黨內閣的要求遙相呼應。在日本國內民主運動此起彼伏，與當權派反覆磨合後，一九二四年終於實現了政黨議會，這個成果被稱為「大正民主」，但是大正民主並沒有改變日本對外侵略擴張的發展戰略和外交政策。

延伸閱讀

同盟國：第一次世界大戰時期建立的國家聯盟，參與該聯盟的國家主要有德意志帝國、奧匈帝國、鄂圖曼帝國（**又稱鄂圖曼土耳其**）、保加利亞王國等數個國家。值得注意的是，義大利雖然曾是同盟國國家，但在一九一五年五月加入協約國。三國同盟遂告瓦解。世界大戰末，美國加入協約國，同盟國最終失敗。

協約國：第一次世界大戰中以英國，法國，沙皇俄國為主的國家聯盟。它與以德意志帝國、奧匈帝國為中心的同盟國集團形成了第一次世界大戰的對立雙方。一戰中後期，美國、日本、中國等一些國家也先後加入協約國集團，而俄國在十月革命爆發後退出了戰爭。最終，協約國贏得了第一次世界大戰的勝利。

戰後經濟危機

第一次世界大戰隨著華盛頓會議的結束而徹底落下帷幕，國際時局慢慢穩定下來，這使得仰仗戰爭大發其財的日本暫無動亂之機可乘。故事的結束或許使得日本悵然若失，不過惆悵還未來得及舒展，高速運轉的海外貿易鏈戛然而斷帶來的慣性衝擊已經迎頭撞來。日本雖然透過戰爭財，暫時緩解了國內矛盾，經濟得以飛躍發展，但這繁榮下的浮華表象，卻難以掩蓋企業急速膨脹遭遇市場冷卻的危機。戰後，歐洲各國致力於恢復生產，並重返世界市場，歐美各國商品大量湧向日本及亞洲市場，日本貨從國內到國外節節敗退，這使得急速擴大產業生產的日本面臨生產過剩的局面。從造船、採礦、機器製造、生鐵到面紗、生絲等主打產品價格均大幅下降，產品價格下跌導致股票價格暴跌，日本經濟轉入慢性蕭條期。

屋漏偏逢連夜雨，一九二三年九月一日，日本關東一帶發生大地震，地震又引發火災、海嘯等特大災難，東京和橫濱的建築絕大部分被毀，造成十五萬人喪生，兩百多萬人無家可歸，財產損失達一百億日圓之巨，使已經處於深度蕭條中的日本經濟雪上加霜。在這場大地震中，中國不計前嫌，號召全國人民慷慨解囊傾力援助日本，然而日本政府和軍國主義團體利用震後混亂，散布「朝鮮人要暴動」的謠言，藉機屠殺僑居日本的韓國人和中國人，大批在日華工和留學生無故被殺害。消息一經傳開，中國震驚，實行對日經濟封鎖，民眾抵制日貨。

在社會動盪、經濟危機的情況下，日本政府採取向美英等國借巨額外債的措施恢復國內經濟，數量高達九點一億美元，加上戰爭中撈取的儲備，日本政府向國內各大財團發放高達十三億日圓的救濟貸款，並實施了一系列與之相應的改革措施。日本經濟雖然逐漸擺脫蕭條，卻加速了壟斷資本和金融資本的形成，如三井、三菱、住友、安田、淺野、大倉、古河、川崎等八大財閥，這八大財閥的資本佔日本全國企業資本的百分之六十四。

未等日本的經濟緩和過來，更大的經濟災難又撲面而來，一九二九年十月二十四日，從美國爆發的經濟大危機襲捲而來。持續蕭條的日本經濟，遭受到更嚴重的打擊，出口額再次驟減，企業紛紛破產，失業隊伍越發龐大。隨後，城市的危機也波及了農村，為了抑制通膨，政府從臺灣和朝鮮進口了大批廉價的米，這使得國內的稻米種植業毫無利潤可圖。經濟危機中的美國，不再從日本進口生絲，生絲和稻米的價格暴跌到成本價之下。農業也遭受了沉重打擊。到一九三一年全國農民的收入不足一九二六年的一半，加之城市失業者紛紛回鄉務農，租地競爭加劇，連續幾年乾旱和嚴重的霜凍天氣使得農民生活雪上加霜，千百萬農民家庭陷入赤貧狀態，僅靠挖草根和從松樹上剝軟樹皮充饑，逃荒、賣兒賣女的現象舉目可見。成千上萬的人死於饑餓、流行性感冒和肺結核。在日本的歷史上，這個島國第一次走上了全民暴動的邊緣。

從經濟蕭條到大地震，從大地震到經濟危機，這過程產生了兩個意義深遠的後果：日本欠下巨額國際債務，成為引發大蕭條的國際債務鏈的重要環節；大量中小企業破產倒閉，日本資本和金融高度壟斷化。壟斷財閥控制的日本經濟一方面加強了技術更新，另一方面則實行有利於自身的貿易保護。而靠「戰爭財」壯大的財閥們對擴張的支持又使得實行軍國主義的政治力量進一步壯大，日本國小資源貧乏，加之地震不斷，為解脫生存困境就必須向外擴張，爭奪更大的市場和勢力範圍，濱口內閣藉機實行經濟軍事化，以增加國力為名，大幅度提高陸海軍經費，大財閥如三菱、三井，住友和一批新興財閥放手發展軍事工業，為加快發動侵略戰爭做準備，軍國主義勢力抬頭。

時間回到一九二七年六月二十七日至七月七日的日本，身陷經濟蕭條的軍國主義權閥們加緊實施「侵略中國的戰略準備」。時任日本首相的田中義一在東京召開「東方會議」，拋出名為《對華政策綱領》的侵略中國方針，公然將中國領土分為「中國本土」和「滿蒙」，陰謀把中國東北地區分割出去，使之變成日本的殖民地。

而今，經濟危機下的軍國主義日本，希望日本沿著東方會議「滿蒙分離政策」的道路走下去。在具體的實施步驟上：一派主張先推翻國內的政黨政治，建立軍部內閣，再對外實行武力擴張；另一派以石原莞爾（**九一八事變策劃者**）為代表，主張「確保滿蒙先行論」。在此基礎上，結合德國軍事家克勞塞維茲的《戰爭論》又發明出「最終戰爭論」，他鼓吹未來世界的衝突是東方文明和西方文明的衝突。作為「東洋文明中心的日本」與「代表西方文明的美國」勢必有一場「最終的戰爭」，以此來決定人類社會的走向。

除此，石原莞爾認為，在這場「最終戰爭」的較量中，日本在戰略地位上處於不利位置，國土狹小，沒有足夠多的戰略物資資源，在這場持久戰的過程中，日本一定要一個後方基地，這個基地就是滿蒙，佔有滿蒙是唯一的出路。一方面佔有滿蒙可防備蘇聯的進攻；另一方面滿蒙可給日本提供戰略資源，還可提供體力勞作。這就是所謂的「滿蒙生命線論」。在關東軍內部石原的構想得到越來越多的支持，而在舉國低迷、壓抑的環境下，這構想也成為貧民百姓充饑的「畫餅」。

延伸閱讀

日本國內情況雖不樂觀，但在田中「滿蒙積極政策」提出以後不久，日軍為阻擋國民政府北伐軍進入濟南，在濟南展開大屠殺，製造了「濟南慘案」，試圖阻止北伐軍。北伐軍不得不繞過濟南。此時，田中想讓張作霖撤回關內，但是張作霖拒絕。急不可待的關東軍已經不顧政府的考慮，獨自決定採取武力解決。河本大作策劃在皇姑屯炸死了張作霖。

一九二八年十二月二十九日，在拒絕日本人的再三干涉之後，張學良在東北易幟，通電擁護南京的中央政府，中國實現了形式上的統一。三十一日，國民政府任命張學良為東北邊防軍總司令。事態的發展與日本的願望背道而馳，田中處心積慮要把東北從中國肢解出去的陰謀破產。田中內閣一年後垮臺，但是武力侵佔中國東北的更大陰謀已在策劃之中。

全面侵華戰爭

說起日本的侵華事件，最早可追溯到明朝的戚繼光抗倭。不過，當時的倭人擾境，並不是政府組織的武裝侵犯，只是失意武士、政客和浪人在國內動盪時局中失去依託後對邊境民眾掠奪的私人群體行為。但不管是社會群體行為還是之後的政府行為，其目的都赤裸裸地指向財富掠奪，大概亦可從民眾行為中窺出日本政府掠奪行為的根源。

如果要做一個回顧，說起日本正式武裝侵華事件，那便要從一八七四年日軍入侵臺灣說起。在這次入侵中，日本獲得琉球的佔有權以及五十萬兩中國賠償的白銀。更重要的是，實施了從豐臣秀吉時代便有其思想根源的大陸政策第一步「侵佔臺灣」；一八九四年七月，日軍為爭奪中國的制海權，發動了中日甲午戰爭。當然，這場戰爭的最終目的是為侵佔滿蒙做戰略準備，實施大陸政策第二步「吞併朝鮮」和第三步「侵佔滿蒙」。透過這次戰爭，日本獲得了佔有朝鮮的有利條件，割據臺灣和澎湖列島以及獲賠款兩億兩白銀、在中國增開港口。而俄、德、法三國的干涉，使得日本侵佔滿洲的企圖遭到粉碎。一八九八年日本強行將福建劃為其勢力範圍；一九〇五年，透過對俄戰爭，終於取得滿洲控制權，與此前佔領的臺灣和福建一起構成了侵略中國的南北之翼。一九一四年八月，日本趁第一次世界大戰期間，歐美國家無暇東顧之機，侵佔原為德國侵佔區的山東黃河以南地區。一九一五年五月，日本迫使袁世凱接受滅亡中國的「二十一條」要求，以實施大陸政策第四步：滅亡中國，至此日本霸佔中國的野心暴露無遺。

為了徹底佔有整個東北地區，一九二八年五月，日軍製造「濟南慘案」，阻止北伐軍進入濟南，六月，日本在瀋陽皇姑屯車站炸死不肯撤回關內的張作霖，陰謀奪取整個東北。

從「脫亞入歐」到「大陸政策」，從「大陸政策」到「滿蒙生命線」，侵華的戰略計畫可說步步為營，越來越周密，越來越具體。終於，一九三一年九月十八日，日本在瀋陽挑起事端，製造「九一八事變」，擁兵五十萬的東北邊防軍總司令張學良接到蔣介石「不抵抗」的命令，不戰而退，三萬日軍僅用短短三個月就佔領了東北三省全境，日本與中國之間的矛盾進一步激化，而在日本國內，主戰的日本軍部壓倒一切勢力，導致日本走上全面侵華的道路。

翌年一月，在東北取得全面勝利的日軍進犯上海，與奮起抵抗的駐上海十九路軍激戰三十三天，最終簽署停戰協定，三月，日本扶植了傀儡政權「滿洲國」。緊接著，一九三三年的一到五月間，日軍先後佔領了熱河、察哈爾兩省及河北省北部大部分土地，進逼北平、天津，並於同年五月三十一日，迫使國民黨政府簽署了限令中國軍隊撤退的《塘沽協定》。同年，日本成立了「關東軍防疫供水部」，也就是惡名昭著的七三一部隊，該部隊後來擴大成一支大規模的細菌戰部隊，用中國人進行鼠疫、霍亂、梅毒等細菌以及毒氣、槍彈等的活體試驗，並大量製造鼠疫、霍亂等各種細菌，用飛機播撒在中國各地，殘害中國人民。

一九三四年五月，日軍在天津南開八里台和吉林伊蘭縣強佔民地修建機場，並動用飛機轟炸伊蘭縣，炸死民眾兩萬餘人。一九三五年十一月，日本唆使漢奸殷汝耕在通縣成立「冀東防共自治委員會」。冀東二十二個縣宣告脫離中國政府管轄，淪為日本殖民地。受共產黨影響的北平學生和民眾舉行了聲勢浩大的示威遊行，史稱「一二九運動」。

在成功佔領臺灣、朝鮮、滿洲後，為進一步挑起全面侵華戰爭，日本陸續運兵入關。到一九三六年，日軍已從東、西、北三面包圍了北平（今北京）。一九三七年七月七日，蓄謀已久的日軍製造了「盧溝橋事變」，之後日軍以重兵三路進攻華北，展開全面侵華戰爭，日本經過長期推進的方針終於得以實施。

同年八月，日軍大舉進攻上海，國軍經過三個月苦戰後撤退，日軍於十一月佔領上海。佔領上海後，日軍在上海南市放火連燒九日，軍民死傷無數，五千家中國工廠被佔，造成經濟損失超過八億元。

九月，日軍在山西和河北交界要地平型關遭遇伏擊，在兩天激戰中，日軍第五師團損失一千多人，汽車一百多輛，大批武器、軍用品等被繳，這是中國抗戰以來第一次獲得全勝的殲滅戰，史稱平型關大捷。

而上海淪陷後，近在咫尺的首都南京直接處於日軍的鐵蹄下，十二月十三日，日軍沒費什麼工夫就攻下南京。日軍進城後進行了慘絕人寰的大屠殺，在六週內燒殺淫掠，殺死三十萬手無寸鐵的中國軍民，凶殘地姦殺中國婦女，南京三分之一的房屋被燒毀，造成了城內幾乎無中國人的驚人局面。

一九三八年，攻佔南京後，日軍信心大增，隨即分兵北上，企圖與經由津浦鐵路南下的日軍夾擊徐州，打通南北戰場。徐州位於蘇、魯、豫、皖四省交界處，銜接黃河、長江兩條水路、毗鄰南北大運河古城，自古以來就是兵家必爭之地，具有非常重要的戰略位置。在徐州的台兒莊，日軍遭到國民黨將領李宗仁及其部隊的奮勇抵抗，損失兩個精銳師，兩萬多人。後在援軍的協助下擊退中國軍隊，日軍佔領徐州後在城外製造數起屠村事件。攻佔徐州後，日軍隨即在六月攻佔河南、開封，十月日軍佔領武漢、廣州。

一九四〇年五月，日軍對重慶進行了二十多天的轟炸，死傷者無數，半個山城被炸毀。翌年六月，日機夜襲重慶，在校場口防空洞內躲避轟炸的三萬多居民窒息而死。

一九四三年到一九四四年，河北、鄭州、長沙、衡陽等地相繼被日軍的戰火侵佔，至一九四四年十二月，日軍攫取了大陸交通線。

從一九四四年到一九四五年，日軍主要盤踞在河北一帶，同時在其他所佔領的各個省份實施殘暴的殖民統治，包括違背國際公約肆無忌憚地使用生化武器等。其令人髮指的殖民統治達到了頂峰，同時其累累罪行也激起了中國人民的對日大反攻，國軍在此期間乘勝追擊收復大量失地。不僅在中國，在太平洋和西南太平洋上的日佔區，日本也遭到了反侵略人民的反攻。另外美國等盟國也相繼向日本宣戰，一九四五年的日本四面楚歌，除了日佔區，就連本土安全也堪憂，可說腹背皆受創。隨著世界各地反攻戰爭的節節勝利，日佔區隨之步步丟失。八月六日，美軍搶先蘇聯一步在日本廣島投下第一枚原子彈，三天後又在長崎投下第二枚原子彈，對東京及其機場與九州進行轟炸，炸彈與子彈齊下，日本十二城市告急。

八月八日蘇聯紅軍也對日宣戰，發動八月風暴行動，九日蘇聯更出動百萬大軍分四路越過中蘇、中蒙邊境，向駐守東北的關東軍發動全線進攻。七十萬部署在中國東北和朝鮮半島的關東軍遭到一百五十萬蘇聯紅軍的攻擊，另外美軍的空軍襲擊也給了在華日軍沉重的打擊。

如日本天皇的詔書所言：「鑑於世界大勢及帝國之現狀，欲採取非常之措施，以收拾時局……

億眾庶之奉公，各盡所能，而戰局並未好轉，世界大勢亦不利於我。如仍繼續交戰，則不僅導致我民族之滅亡……」一九四五年八月十五日，日本政府正式宣布無條件投降。

從一九三七日本發動全面侵華戰爭到一九四五年八月宣布投降，八年中，除西藏、西康、新疆、陝西、甘肅、寧夏、青海、四川外，中國大部分省份皆遭日軍鐵蹄蹂躪。傷亡人數達三千五百多萬，直接和間接財產損失共達六百二十多億美元，凍死、餓死者不計其數，被抓到日本的華工大約一千多萬。

日本長達八年的侵華戰爭，在漫長的歲月裡，這些大大小小無以計數、攙裹了人性深處最黑暗力量的侵略戰爭，給中國社會帶來了巨大災難。日軍所到之處，無不瘋狂地洗劫各種物資財富，對中國文化遺產進行了罕見的摧殘與毀滅，對中國人民展開了人類史上最凶殘的屠殺，中華民族的物質精華，遭受巨大破壞和損失。這場人類史上最殘忍的侵略戰爭，嚴重破壞了中國國家安全、主權獨立和領土完整，給中國造成巨大的物質、文化財產損失，破壞力滲漏社會的方方面面，對中國社會發展與進步產生嚴重滯礙作用，對戰前中國積累起來的現代化經濟的嚴重破壞。對此，有人說中國是二戰期間遭受損失最慘重的國家，我完全贊同這個說法，而且這個說法毫不誇張。而戰後中國政府迫於國際形勢的變化和出於中日兩國人民友好的美好願望，放棄了戰爭損失賠償要求。

延伸閱讀

八月風暴行動又稱蘇日戰爭，它的發生和廣島、長崎原子彈的爆炸，使日本奪取勝利的希望徹底破滅。雖然當時日本仍有超過百萬陸軍在中國，但隨著日軍在滿洲和朝鮮的迅速潰敗使他們的幻想化為泡影。於此，日本長谷川毅研究指出，原子彈爆炸並不是日本投降的最主要原因，蘇聯在一星期內迅速擊敗關東軍和滿洲國軍，佔領滿洲全境以至朝鮮半島北部，才是日本投降的最主要原因。

延伸閱讀

軍事上的成功使蘇聯確保得到雅爾達會議中西方國家承認的蘇聯的利益：外蒙古的獨立以及日俄戰爭後失去的領土等。

此外，蘇聯在戰役中攻佔了整個庫頁島、千島群島、旅順口和大連，以及南滿鐵路的控制權。其後蘇聯把旅順口和大連以及南滿鐵路於一九五五年交還中華人民共和國，但其餘所佔土地到今日仍然歸蘇聯最大的加盟共和國——俄羅斯所擁有。日本至今仍然堅持擁有南千島群島（**北方領土**）的主權。而蘇聯撤出南滿，大規模拆運滿洲地區的工廠、機器、鐵路設施等，據統計共計當時十三億美元。

朝鮮半島北部被蘇聯佔領，但由於補給受阻，未能奪取其餘半個朝鮮半島。美國在紅軍能重新動員之前搶先在仁川登陸，從日軍手上接管北緯三十八度以南的朝鮮半島，自此朝鮮南北分裂直到今天。一九四八年金日成在蘇聯佔領區建立朝鮮民主主義人民共和國，李承晚則在美國佔領區建立大韓民國，這也是兩年後韓戰爆發的原因之一。

軍國主義下的法西斯統治

日本軍國主義的極端表現形式便是一九三六年上臺的法西斯統治，而日本法西斯統治最淋漓盡致體現，竊以為是讓無數國人痛恨的「南京大屠殺」和公然以活人做慘絕人寰生化實驗的「七三一部隊」，而這兩起歷史事件不過是穿越無數血肉模糊侵華歷史事件中最難讓人忘懷的事件，它們以沾染了軍國主義病毒的法西斯刀槍血淋淋地刻入了每個中國人的靈魂，時至今日，在年復一年的紀念日裡，屍骨如山的照片依然直擊每個中國人的內心，在那裡隱隱作痛，因而，這也是中國人將日本人定格在凶殘暴力、變態冷酷認知上的直接原因。

當然，除了回顧國仇家恨，將日本人的罪行釘死在恥辱柱上痛罵一番外，這種一廂情願的民族仇恨並不能改變什麼，甚至連我們心中由此而生的疑慮都無法解答，這個巨大的疑問就是，他們何以能做出如此喪盡天良的事？他們的精神構造到底是怎樣的？我們要做的就是摸著這些石頭探尋災難的起源，而沿著這個起源，我們不難找到這些災難的源頭，那就是日本軍國主義，在歲月的深處它依然發著讓人毛骨悚然的寒光。說到這裡，也許你會問，那麼日本軍國主義又是怎樣產生並作用於法西斯統治的呢？追溯到這裡，我們的記憶裡赫然閃現出與之遙相呼應，氣味相投的「武士道精神」，這便是它的根源、它的種子、它的來處、它滋生的環境。

武士的產生最早可以追溯到十世紀的莊園興起時代，實際上，武士是莊園時代的產物，那個時候武士還不叫武士，叫「郎黨」，是莊園「地主」看家護院的打手，地位低下，隨著「地主」與天皇朝廷對抗深入，到了十一世紀，武士群體依仗雙方的需求頗成規模地發展壯大起來，進而奪取政權，開啟了武家當政的幕府政權時代，並形成了對日本影響深遠的武士道精神（**為主君不怕死、不要命的覺悟為根本，強調「毫不留念的死，毫不顧忌的死，毫不猶豫的死」**）。

從此，長達上千年的日本歷史裡，專事征戰殺伐為職業的武士階級成了統治階級。而到了明治維新時代，武士雖然從形式上漸漸消失，但他們的精髓卻成了掌控大權的「藩閥政黨」，比如：最著名的「維新三傑」大久保利通、西鄉隆盛、木戶孝允以及壟斷日本政權幾十年的伊藤博文、山縣有朋、松方正義等均為舊武士出身，到大正時代的首相原敬、加藤高明，昭和時代軍部法西斯魁首東條英機、宇垣一成，板垣征四郎等也都是武士出身。

軍國主義的形成與明治時代有著必然的聯繫。我們在之前談到：維新變革過程中，明治政府銳意改革，但整體而言較為偏重促使國家快速強盛，這個結果遺留了許多問題：如天皇權力過大、有權有勢的藩士長期掌控國政，形成勢力龐大的「藩閥政治」體系……這些改革不徹底遺留下來的問題，使得議會、內閣和政黨均受制於天皇的特權和軍部的強權，而國家的領導權落集中在武士出生的藩士手裡，又使得在改革中「富國強兵」成了終極目標，這些藩士（**武士**）出生的領導者既是武士道精神的傳承者，也是軍國主義的鼓吹者和推行者，正是他們從德國複製又結合本國國情制定了軍國主義制度。

因此，再度登上日本歷史舞臺的天皇制便也攜帶了軍國主義基因，使得「天皇」成了「幕府將軍」一職的接替者，不過是以新的「武士道」形式存在罷了，而天皇制的確立更為軍國主義的產生和發展提供了基礎。首先，明治政府仿效西方發展資本主義，通過「殖產興業」為軍國主義的發展提供了經濟基礎，同時仿效西方國家尤其是德國組建了推行軍國主義的現代化軍隊、警察、監獄機制；其次以山縣有朋為代表的藩閥們大力提倡「強兵」建設，比如一九〇七年九月，軍部頒布軍令，宣稱軍部是直屬於天皇的軍令機關，獨立於國政之外，首相無權過問軍部事務。一九〇八年又修改為「參謀總長直屬於天皇，運籌軍務於帷幄，掌管國防及用兵計畫。」將參謀本部的政治地位提高到政府和首相之上。這些舉措將軍部改造成了不斷發動擴張的戰爭機器，擴張戰爭的勝利又反過來抬高了軍部的地位。

可以說近代天皇成了日本軍國主義的重要組成部分。在這個體制中，軍隊是「皇軍」，士兵必須一心一意為天皇賣命。透過改革，明治時代從政治、軍事、經濟、文化（**軍國主義意識灌入教育**）等方面確立了軍國主義的國家體制。

伴隨著擴張戰爭的節節勝利，軍部和軍人的地位亦節節攀升，日本國內外再無制約軍部勢力和阻遏軍國主義發展的力量。日本對外侵略屢屢冒險卻輕易得手，更刺激其向軍國主義道路急速邁進。日本軍國主義的發展，完全是靠進行不間斷的瘋狂侵略戰爭來推動的。

瘋長的軍國主義推動著日本在一戰中崛起，隨著軍國主義國家（**德國**）的失敗，又將它在一戰後狠狠地摔下來。像騰空而起的氣球遠離地面，失去了限制力，在遙遠的高空膨脹而亡，日本極端的擴張方式正是它在一戰後失敗的原因。

隨著戰爭結束而來的災難是：經濟衰退。經濟危機衝擊下人民生活困苦不堪，階級矛盾尖銳，來自社會各階層的反抗鬥爭無處不在，國內環境危機四伏動盪不安，而國際制裁（**以美國為首的強**

國通過條約來制約兩國的武裝力量等）在又它們心裡埋下了的仇恨種子。

受困的日本軍國主義在國際壓制環境和國內矛盾尖銳的環境中，何去何從呢？這兩個矛盾使得它在逼仄的通道裡走上了和德國、義大利一樣更瘋狂的軍國主義形式——法西斯專制政治制度，這是它最完整、最狂妄、最頂峰的體現。它在國內消滅民主政治，壓制自由經濟，以天皇制意識形態禁錮人民思想；它在國外瘋狂侵略擴張，屠殺平民。日本法西斯是日本歷史上最黑暗的一頁，從一九三七年開始的全面侵華戰爭就是它運行的傑作。

而奇怪的是，德國和日本均以大壟斷資本集團（如日本三菱、三井、住友等資本主義財閥）為總後勤發動對外侵略戰爭，然而本來在經濟危機中仇視資本家和資本主義制度，嚮往國家社會主義、民族主義的國內廣大民眾在後來卻擁戴這種法西斯向外擴張形式。

這種行為不是單一的政府或者民眾行為，它是國際國內形勢的產物，是國家與人民相互作用的結果。它既是為了對付國內民主主義運動和工人運動高漲、以及殖民地解放運動發展的國家政府行為，又與日本悠久的武士道精神相聯繫。它的由來歷史深遠，用一句話來概括便是：當武士道精神遇見軍國主義，當軍國主義遇見法西斯，它們內裡相似的精神內核使得它們一脈相承。

我們由國家政府行為回歸到社會，回歸到個人。也許能從中發現點什麼。

提到日本的法西斯主義，就不得不提到一個叫北一輝的人，據說他是日本法西斯的理論創立者，在日本的法西斯主義運動中，他的作用舉足輕重，影響深刻久遠。而讓人匪夷所思的是，此人一開始並不是什麼軍國主義者，而是一個痛恨資本社會的愛國熱血青年，希望通過改革擺脫經濟危機現狀。然而「島國焦灼」的情緒使他迫切尋求短時間內大規模改變社會現狀的捷徑，所謂過猶不及，捷徑終變企圖，在屢次碰壁後，他發現「國家意志的統一有利於改造社會」，「專權體制和專權領袖是高效率的政府體制」，「總能得逞的戰爭掠奪」成了暗合他意的首選，他的出路。於是這個痛恨社會道德淪喪的愛國熱血青年，變成了一名狂熱的軍國主義份子走上了擁戴天皇專權、主張法西斯主義的道路。

北一輝不過是當時那個社會民眾思想的代表和縮影。一九一九年，北一輝、大川周明等在民間成立了法西斯團體猶存社。此後各種民間法西斯團體紛紛出現，著名的像井上日召的血盟團、橘孝三郎的愛鄉塾、橋本欣五郎的櫻會等，為法西斯主義的社會動員起到了關鍵作用。他們真刀真槍地「除奸」，或組織暗殺民主人士、或陰謀政變，攪得日本社會動盪不安，法西斯團體透過暴力逐漸控制了政府，日本從內閣制走向了法西斯專制統治。

不管是軍國主義還是法西斯主義，它們自有其民眾基礎，它們的民眾基礎就是，千百年來深刻在日本民族心靈上的武士道精神。好戰的武士是悠長時光裡日本社會的主流群體，他們的人生觀亦成了日本社會的主流價值觀。這種狹義的愛國主義、極端的民族主義捆綁在一起，成為軍國主義猖獗至極的助推力量。而當政府的需求和民眾的極端訴求交織在一起的時候，就變成了互為利用，互為條件的戰爭利器，社會改造激情難免滑向對外強權的政策。「日本的民族特性決定了軍國主義（**法西斯主義**）的存在。」此話不無道理。

李兆忠先生在《曖昧的日本人》一書中說：將日本老百姓與統治者一分為二的社會學思維方式不適合日本民族。這點我也贊成，日本首相東久邇宮稔彥王在戰後檢討戰爭失敗原因時，提出「一億總懺悔」的口號，日本共產黨則乾脆認為「一億人民一億戰犯」並不是說日本沒有反戰人士，沒有正義之聲，他們的聲音和全民的狂熱比起來算得了什麼呢？在《南京大屠殺和日本人的精神構造》一書裡作者這樣記錄到：「東史郎接到徵召令後，他母親前來告別，很冷靜地說：『這是一次千金難買的出征。你就高高興興地去吧！如果不幸被支那兵抓住的話，你就破腹自殺！因為我有三個兒子，死你一個沒關係。』他母親送給他一把刻有文字的匕首。東史郎寫到：『母親的話讓我多麼高興。』」

至此，你也許找到了他們在侵華戰爭中對中國人做出那樣慘絕人寰暴行的答案了。日本的軍國主義（**法西斯專制統治**）蘊含了太多的日本因素，已成為影響日本的一種綜合性的歷史積澱，在短時期內是難以消除和改變的。它就像飄蕩在靖國神社周圍的幽魂一樣，在日本上空久久不能散去。我們絕不可對這個「進取心十足」的國家放鬆警惕。

延伸閱讀

繼「石原構想」後，北一輝又提出了一套日本法西斯化設想——《日本改造法案大綱》，詳細描述了日本走向法西斯道路的步驟：第一步，以天皇的名義發動政變，拋棄憲法，解散議會，全國戒嚴；第二步，依靠復員軍人建立以天皇為首的軍事獨裁政權，根除階級鬥爭，禁止罷工，標榜限制私有財產；第三步，向海外擴張，建立遍及亞洲太平洋的日本大帝國，其帝國所及猶如蛇吞大象，不僅要佔領中國、印度，還要把東南亞和西南太平洋併入日本的版圖，甚至打算攫取澳大利亞和西伯利亞。

二戰中的日本

一九三九年九月，德國入侵波蘭，英國、法國因承諾維護波蘭的主權完整，對德國宣戰，第二次世界大戰全面爆發。它爆發的根本原因來源於一戰結束後戰勝國（英美等國）對戰敗國（德國）的嚴厲制裁和軍事限制。一戰後，發生了世界性的資本主義經濟大危機，因應這動亂的土壤，戰敗國仇恨的種子得以利用國內民眾的盲目忿恨破土而出。這顆種子最終在專制政府的培植下長成一棵壓倒一切勢力的法西斯專制政權大樹，在國內鞏固、確立。隨著法西斯體制在德、義、日的確立，以及圍繞戰爭而建構的軍事實力的恢復，德國和日本等到了反抗英、美等國制裁的機會，他們要求重新劃分世界勢力範圍，軸心國和同盟國間的矛盾因此而尖銳起來，戰爭在這種對峙下以戰敗國德國挑釁的姿態引爆了。

第二次世界大戰爆發之際，日本在侵華戰爭中雖在中國各地取得勝利，但整體而言已遭到中國戰場的牽制，企圖北進的計畫變得難以實施。日軍在接下來的戰爭推進過程中舉步維艱，侵華戰爭無法速戰速決，陷入長期作戰的泥沼，戰爭支出大大超出日本國力。據統計，從一九三七年到一九四一年的四年間，日本支出軍費就已達五百億日圓，這筆支出超過了明治維新至一九三六年近七十年預算總和。而英、美在一戰後，對日本的懲罰包括禁止向日本輸送石油等戰略物資和經濟制裁，前方戰場如火如荼，後方軍需物資出現匱乏，日本政府為此憂慮重重。

一個進取心十足而又來勢洶洶的國家怎會坐等滅亡，尋機主動出擊成了慣用的方式，打仗是唯一的出路。日本對東南亞的戰略位置（切斷中國與英美聯繫的國際通道）及豐富的米、橡膠、錫、石油等戰略資源垂涎已久，早就渴望奪取南洋作為支持其持久侵略戰爭、獨霸亞太地區的基地。

第二次世界大戰爆發，荷、英、法等國忙於應付歐洲戰場而無暇顧及東南亞殖民地，為日本提供了侵佔東南亞的絕好時機。加之在中國北方戰場受阻，這個良機毫無懸念地戰勝了之前搖擺不定的向南還是向北進軍計畫。在一九四〇年八月，近衛內閣提出「大東亞共榮圈」的基本國策綱要，其範圍包括西伯利亞東部，內外蒙古、滿洲、中國、東南亞各國、印度及大洋洲。這樣，日本在「大陸政策」後，再度將擴張範圍劃指向全世界。

在制定這個綱要的時候，日本與德國、義大利在柏林簽訂了《德義日三國同盟條約》，這是一個狼狽為奸重新瓜分世界的條約，他們相互承認彼此在其他國家的侵略行徑，結成同盟對任何一個「攻擊」其中之一國的國家進行圍攻。日、德、義企圖建立「世界新秩序」。

此外，為了各自的利益，原本在中國北方戰場交戰激烈的日、蘇雙方也達成協定，日本尊重蒙古人民共和國領土完整和不受侵犯，蘇聯聲明尊重「滿洲國」領土完整和不受侵犯。蘇聯得以將遠東兵力調往歐洲，日本則解除了南進的後顧之憂。

一九四〇年日本佔領法屬印度支那（越南和柬埔寨），美國對日本妄圖稱大的野心異常惱怒，羅斯福總統下令徹底凍結日本在美國的資產，完全停止對日石油輸出，英國、荷蘭也隨之做出相應的決定。這個嚴厲的制裁使得本就陷於軍需物資危機的日本雪上加霜，日本海軍軍令部總長如是說道：「三年後，日本將一籌莫展，不戰而屈服於經濟封鎖。」而陸軍大臣東條英機則更直接地做出判斷：

「坐等三年，日本將淪為三等國。」軍需物資瀕於枯竭的危機加速了進軍東南亞的計畫，而進軍東南亞就避免不了要與英美（東南亞主要是英美的殖民地）開戰，為了順利實施南進計畫，日本軍閥一致認為「不論世界形勢如何演變，帝國均以建設東亞共榮圈為方針。」為此，日本不惜與英美一戰，山本五十六海軍大將發出命令，將襲擊珍珠港（美國海軍基地和造船基地，北太平洋島嶼中最好的安全停泊港口）作為重要的戰略目標納入南進計畫，以卸除美國對日本在太平洋上的阻礙。

在臨近開戰的日子，當時的日本首相近衛文麿預感惹怒美國將不會有好下場，這個一向優柔寡斷的首相對軍部的決定舉棋不定。一九四一年十月十八日，軍部決定拋棄近衛文麿，任用堅決主戰的東條英機組閣，這個獨斷專行的領導者認為「人生有時不妨閉著眼冒一次險。」果斷地宣布進入戰備狀態！

數月後，經過對珍珠港大量情報的收集，日軍進行了周密布局，軍部將十二月初定為襲擊珍珠港的日子。與此同時，為了麻痺美國，日本派出特使假意與美國進行和平談判，在為期二十天的談判裡，雙方進行了九次會談，這正是日本對美開戰前的二十天，為日本的真實意圖做了很好的掩護作用。除此之外，日本刻意把軍事行動密集在東南亞戰場，刻意將美國海軍部的視線轉移到東南亞戰場上，使之放鬆警惕。

當然，美國對此並非完全一無所知，據說美國情報局根據收集到的蛛絲馬跡對日本襲擊珍珠港的意圖有所洞悉。不過情報局的推斷未引起海軍軍部的重視，驕傲自大的美國海軍軍部，下意識否認了這個軍事實力遠在自己之下的國家做出瘋狂行徑的可能。並以珍珠港距離日本太遠，是空海戰場，沒有航道以及珍珠港太淺，不會遭魚雷攻擊（魚雷爆炸前，需潛入七十五英呎深海，而珍珠港只有四十五英呎）作為回覆情報局的理由。如此一來，從美國海軍軍部上至軍官下至士兵，多數人依然認為美國可以在二戰中袖手旁觀，不會捲入戰爭。

時間到了十二月七日，美國高層還在猜測日本的真實意圖，就在日本戰機已飛入珍珠港上空時，值班人員還以為是自家巡邏歸來的飛機。潛伏在珍珠港附近海域的三十多艘日本戰艦，以及成群訓練有素的日本飛機，在清晨七時許，一起向美國海軍基地發起猛烈精準的進攻。瞬間，彈落之處爆炸聲震耳欲聾、燃燒的戰艦火海一片，滾滾硝煙瀰漫了整個珍珠港上空，偷襲行動前後持續一小時五十分。許多美國士兵在清晨的睡夢中還來不及還擊就已葬身海底，共計兩千四百名美軍死亡，擊沉戰列艦五艘、損壞三艘，重創巡洋艦、驅逐艦和各類輔助艦十艘，擊毀飛機一百八十八架，美國太平洋艦隊遭受沉重打擊。日本只損失了二十九架飛機和五十五名飛行員以及幾艘袖珍潛艇。美國隨即對日宣戰，數天後，德義兩國對美國宣戰，太平洋戰爭爆發，第二次世界大戰因美國的加入達到頂峰。

在接下來的六個月中，由於卸除了美國艦隊在太平洋的威脅，其他列強國家（這些國家的主要兵力在歐洲戰場）在東南亞的勢力對日軍基本不構成什麼威脅，加之其打著「大東亞共榮圈」的幌子，以「共存共榮」為甜言蜜語，忽悠了東南亞國家的大部分人民，未遭到有力的抵抗。此後日本一路凱歌，十二月佔領香港（英殖民地）、泰國，攻佔美國海軍基地關島和威克島；翌年一月佔領馬來西亞；二月攻破新加坡，控制了麻六甲海峽，徹底摧毀了英美在南洋的統治；三月進入荷蘭殖民的東印度群島；五月佔領菲律賓。在西南太平洋，日本佔領了俾斯麥群島、索羅門群島、新幾內亞北部，直逼澳大利亞。

到一九四二年春，日本佔領了整個東南亞、南中國海、西太平洋所有英美海軍基地，奪取了制海權、制空權，美國太平洋艦隊和英國遠東艦隊均遭到重創，世界五分之一的領土盡握日本之手，並奪得急需的重要油田。但同時日本的勝利也加劇了它的失敗，如此寬廣的領域，暴露出其戰線太長，分身乏術的致命弱點。為了封鎖中國，日軍繼而侵佔緬甸，進逼印度。

日本襲擊珍珠港，重創美國太平洋艦隊後，取得了一系列的成功，從短期和中期的效應來看是一次非常成功的決定。但從長遠的戰略角度來看，襲擊珍珠港挑戰美國仍然是日本軍部一個失敗的決定。如山本五十六所預測的那樣：「只能帶來一年左右的戰略優越性」，美國雄厚的經濟實力決定了它在短時間裡恢復戰鬥力量的能力。更重要的是，美國在珍珠港的失敗將舉棋不定的美國團結起來一致對外，捲進了二戰的浪潮中，注定了日本在接下來的戰鬥中必敗的命運，而美國在國際政治上的支配性地位也導致了法西斯國家聯盟在全世界的覆滅。

幾個月後，日本的戰況開始急轉直下。一九四二年三月，美國調整了太平洋地區的指揮機構，任命麥克阿瑟上將為西南太平洋戰場海、空軍總指揮，開始對日本進行大反攻。四月十八日開始，美中型轟炸機從航空母艦上起飛，空襲日本東京、名古屋等城市。五月，美國海軍航空兵在珊瑚海迎擊日本海軍，阻止了日軍向西南太平洋擴張。

六月，美國海軍航空兵在中途島大敗日軍，摧毀日本四艘航母，兩百四十八架飛機，重巡洋艦一艘，三千人喪生。這是日本海軍十九世紀末以來第一次失敗，而美國在此次戰鬥中僅損失一艘航母，一艘驅逐艦，三百六十二名士兵。中途島海戰是太平洋戰爭的轉捩點，日本在太平洋上的海、空控制權落於美國之手，不過，為了保持民眾對戰爭的熱情，日本官方掩蓋了失敗的事實。

接下來，一九四二年八月到一九四三年二月間，美軍與日軍在所羅門群島南部的瓜島進行了長達半年的浴血爭奪戰。日軍戰敗，美軍佔領了瓜島。太平洋戰爭以此為轉捩點，日本由此進入了節節敗退的階段。

在戰況低迷的情況下，一九四三年四月十四日，日本聯合艦隊司令山本五十六決定親往前線鼓舞士氣。這個消息以電報的形式傳送到前線，同時也「傳送」到了美國海軍情報部門，美國海軍部長得知此消息後，下令幹掉這個偷襲珍珠港的元凶。四月十八日，當山本座機還未抵達前線地面，就被美軍戰機傾瀉而下的子彈炸得支離破碎，伴隨著滾滾濃煙消散在異鄉的土地。他的死訊猶如晴天霹靂，日本舉國震驚，日軍士氣遭到沉重打擊。

一九四三年九月十六日，美軍攻佔新幾內亞，日軍陷入戰爭泥沼，十三萬日軍陷入孤立。日本只能退守到馬里亞納群島，坐以待斃。

一九四四年六月，美軍大型艦隊接近塞班島，開始攻擊馬里亞納群島上主要日本基地，日本重新整編機動部隊，包括九艘航空母艦和四百五十架飛機，與美國展開了一場異常慘烈的戰鬥。這是美國與日本在太平洋的一場決定性戰役。

七月七日，塞班島失守，關島和天寧島也相繼失守，美國佔領了整個馬里亞納群島，日本失去了太平洋全域的制空權和制海權。群島的失守，使得日本列島大部分地區都暴露在美軍的轟炸範圍之內。此後，美軍轟炸機持續大規模空襲日本本土。

一九四四年七月十八日，日本首相東條英機被迫辭職，轉入陸軍「預備役」，由日本駐朝鮮總督小磯國昭和米內光政聯合組閣。繼續和美國對抗。

在轉入攻勢以後，美軍在麥克阿瑟的指揮下，在菲律賓雷伊泰島與日軍進行大戰，美軍避開日軍重點把守、戰略地位並不重要的島嶼，直接奪佔對進軍日本本土有「跳板作用」的島嶼。一九四五年四月一日，美軍開始進攻掩護日本本土的最後一道屏障——沖繩島。此時日本的海空力量已經消耗殆盡，只能採取瘋狂的自殺式襲擊——「神風特攻隊」，但這並不能扭轉失敗的命運。六月二十一日，美軍佔領沖繩島，徹底摧毀了日本本土的周邊防線。

其間，五月八日，德國投降，日本只剩自己在戰鬥，日本受到來自中英美三國的大反攻。取得制空權的美軍開始對日本本土持續不斷地空襲，大量房屋被炸成廢墟，六百多家主要軍工廠被炸毀或遭受嚴重破壞，沉重打擊了日本的軍事工業。而美國潛艇對日本軍艦和外海航運給予毀滅性打擊，加快了日本在二戰中的失敗。此外，日本的海上補給線被切斷，日本沒有了石油和食物，本土人民開始忍饑挨餓。

接下來，在朝鮮、緬甸、菲律賓、印尼、馬來亞等地，抗日民族解放運動熱潮越演越烈，日本陷入孤軍奮戰的境地。而來自中國的一輪又一輪攻勢，使得日本在中國華北、華中、華南戰場上節節失利，至一九四五年夏，中國軍民共殲滅日偽軍四十七萬餘人，收復城市七十餘座。日軍在中國戰場上全面失利，本土作戰也頻頻失敗，日本陷入了空前的絕境。

在這樣的境況下，日本還幻想著與蘇聯進行和平斡旋，不願放棄最後一線可以扭轉戰局的希望，軍方強硬派還在主張本土決戰「一億玉碎」（**當時日本有一億國民，一億玉碎就指一億國民全部戰死**）的瘋狂夢想。

一九四五年七月二十六日，美、英、中三國從柏林發出促令日本無條件投降的《波茨坦公告》。盟軍的轟炸機在日本各城市上空撒下數百萬張即將轟炸的警告日語傳單。七月二十八日，日本正式拒絕《波茨坦公告》，它的強硬態度隨之帶來了危險的後果。

八月六日，美軍在廣島投下人類第一顆原子彈。八月八日，蘇聯對日宣戰。就在日本最高戰爭委員會仍然為是否投降爭論不休的時候，八月九日上午，美國又在長崎投下第二顆原子彈。與此同時，蘇聯大軍長驅直入，在幾天內橫掃在中國東北的日本關東軍。

八月十日凌晨，日本天皇被迫做出決斷，向美、英、中、蘇發出乞降照會，接受《波茨坦公告》，同時要求保留天皇地位。八月十二日，中美英蘇四國覆文，指出：自投降之日起，日本天皇及日本政府統治國家的權力須聽從盟國最高統帥部的命令；日本天皇必須授權並保證日本政府及帝國大本營在必要的投降條款上簽字，命令日本全部陸海空軍停止戰鬥，交出武器。

在最後討論四國覆文的會議上，軍部主戰份子強烈要求修改天皇的「終戰詔書」，不願捨棄在長達十多年的侵戰中得來的戰果。就在天皇錄製詔書的錄音以後的十小時裡，還發生了最頑固的軍國主義份子包圍皇宮、發動兵變、佔領電臺、制止投降的瘋狂舉動。

八月十四日，日本政府正式宣布接受同盟國要求，十五日，裕仁天皇通過電臺放送接受無條件投降的《終戰詔書》。這是全國人民第一次在廣播裡聽見天皇的聲音，又被稱為「玉音放送」。為了顧全天皇的顏面，戰書絕口沒提「投降」二字，把責任全部推給軍部，聲稱自己為了保護自己的國民而不再把戰爭進行下去，忍下了不能容忍的事情，步上和平之路。

九月二日，在東京灣的美國戰列艦「密蘇里號」上，日本政府代表在中、英、蘇三國代表的見證下，與盟軍最高統帥麥克阿瑟將軍、尼米茲海軍上將簽署了無條件投降協定，日本軍國主義的美夢在二戰中徹底破滅，這個由法西斯專制政權操控的國家，將面臨人類良知與正義的審判。

延伸閱讀

「大東亞共榮圈」實際上是日本企圖建立一個以本國為主宰，以日、滿、華的牢固結合為基礎，囊括印度以東、澳大利亞和紐西蘭以北的所有地區和國家的殖民大帝國。在經濟上由日本壟斷「共榮圈」內的豐富資源和廣闊市場；在軍事上通過佔領南洋地區，利用其資源和戰略基地，與英、美進行爭奪亞太地區霸權的持久戰，建立日本的勢力範圍。

延伸閱讀

「神風特攻隊」主要是指日軍駕駛的飛機，載滿炸彈直接撞向美軍戰艦和運輸船的自殺式攻擊組織。而「神風」的命名來源於阻止成吉思汗侵略的拯救了日本的颱風。這種大規模自殺攻擊組織在一九四四年十月，日美兩軍在菲律賓雷伊泰島之戰時開始組建，確保以微弱的力量取得最大戰果。事後，倖存的神風特攻隊員如此說道：「有人說我們是自願飛行，這完全是謊言。軍部領導認為把這解釋為飛行員的勇敢自願的行為要比說成是強迫行為好得多。」

之所以有如此瘋狂的行為，是因為日本在戰爭後期的飛機數量、品質、航艦的數量都遠不如美國。加之日本有經驗的老飛行員在戰爭中消耗殆盡，匆忙訓練的年輕飛行員，由於缺乏汽油而沒有足夠的訓練時間。如果和美軍飛行員進行空戰，結果必然只能是對方的靶子。因此日本軍部認為，只有對美國軍艦進行不顧死活的自殺攻擊才可能取得戰績。

戰爭中的日本人

在此前，我們對戰時日本國的政局以及其在國際環境局勢中的動向，以及作戰過程均津津樂道。從甲午戰爭到第一次世界大戰，從第一次世界大戰到全面侵華戰爭，從全面侵華戰爭到第二次世界大戰，我們關注整體，卻忽略了細節，忽略了這個國家的基本構件——它的人民。實際上，和大多數人一樣，我對戰時的他們充滿好奇，他們在戰時是怎樣一種思想狀態和生活狀態？是什麼支撐著他們如此狂熱地投入侵略戰爭？是解決「島國焦灼」出路的掠奪、是極端的軍國主義裹挾？還是為天皇獻身的光榮使命？

不管是軍國主義利用了民眾的「出路」，鼓動他們去「山東吃蘋果」、「朝鮮搶大米」、「東南亞奪油田」……還是實際上由天皇操控的軍國主義組織，它們都是互相作用、環環相扣的因素，而不是獨立存在的。它們和根深蒂固的武士道精神一起構成了戰時日本人的國民性。

戰爭中的日本軍人，以不怕死、嚴格服從命令、擅於襲擊、殘忍變態……為我們熟知，如果說極端的軍國主義和誓死效忠天皇支撐了他們的血肉之軀，將這些普通人變成殺人狂魔，那麼又是什麼支撐了他們的軍國主義思想和誓死效忠呢？

接下來，我們順著這些問題追尋下去，一直行進到它的根源之處。美國作家露絲・潘乃德在《菊與刀》裡，這樣分析戰鬥中日本人的狂熱投入和不怕死的精神根源：日本政府打著「大東亞共榮」旗號將侵略戰爭正義化、合理化，並把這種等級制度觀念深入人心；另一個舉措是，提倡「精神戰勝死亡」，其實這與不怕死的武士道精神一脈相承。基於這樣的基礎，日本國內大部分人義無反顧投入戰爭，軍人在戰鬥中死不投降，勇猛鬥狠，以死為榮。

在「大東亞」這個圈子裡，日本自封為主導國家，明治維新後日本得以全面發展，因此它認為自己有義務幫助落後的中國，把美國、英國、俄國趕出這一地區，從而佔領中國，日本必須為在國際上建立一個「大東亞」等級秩序而奮鬥。實際上這個所謂正義的構想是披著「共榮」外衣、侵佔內核的軍國主義一廂情願的幻想。它把侵略戰爭合理化、正義化，稱之為「聖戰」，讓「島國焦慮」的人民以正義之名心無顧慮地投入其中。一個國家和他的人民，如果在觀念認知上出了偏差，並對此深信不疑，做出集體瘋狂的舉動也就不足為奇了。

日本人對天皇無以復加的崇拜情結，也是全民狂熱和不懼死地投入戰爭的根源，它和軍國主義相互勾兌下的法西斯專制對戰爭是最主要的助燃劑。天皇在其臣民中擁有多大的影響力？日本作家丸山竹秋如是說道：「天皇制是建立在由幾千年歷史培養起來的情感基礎上的，是全體日本人生命的存在，這不是來自某種道理和簡單的感情，而是來自漫長的歷史中由那種刻骨銘心的『永遠信賴和敬愛』結成的一體感。這種一體感平常也許感覺不到，甚至還會忘記，一旦日本面臨重大歷史關頭，它的重要性就自然而然顯示出來。回顧歷史，事情就非常清楚……即使在絕望的深處，在人們心底裡，還是有一種讓人感到安定的東西，這就是天皇的存在。」縱觀它的歷史，天皇所起的作用確實如此。

而實際上，在日本長達幾百年的幕府統治中，天皇不過是傀儡，一般人只忠於自己的主人——

大名或者將軍，沒人在意是否忠於天皇。天皇被幽禁在與世隔絕的皇宮中，其活動和儀式均受將軍制定條款的約束，日本的平民百姓更不知道天皇為何物。直到明治天皇時，為了加強天皇在人們心目中的地位和樹立天皇權威，政府安排天皇到各地進行一次又一次的巡幸，關於這個場景，日本社會主義者木下尚江記錄道：「……在雨中，從十里、二十里的山中，背著嬰兒，扶著老人，互相招呼，出來『參拜』天皇。一旦允許自由通行，道路兩旁的男男女女爭先恐後地跑出來，互相衝撞，互相擁擠，豁出弄髒了衣服，在泥中爭搶馬蹄踢起的和馬車濺起沾滿泥土的小石塊，因為如果拿到天子走過的砂石，則家裡安寧、五穀豐登」。日本國民又緊密地團結在曾一度退出百姓視野的天皇周圍，並深切地擁護他。

在戰爭中，只要天皇有命，日本人將拼死戰鬥到最後一顆子彈。同樣，只要天皇下令停止戰鬥，即使是最好戰的關東軍也會毫不猶豫地放下武器。因此，再沒有用言辭侮辱天皇、對天皇進行人身攻擊更能刺激日本人的民族感情的了，這是他們共同的信仰。對於和日本共屬亞洲文化圈的我們，對此可能並不難理解。我們的先輩們也曾用「愚忠」的方式來表達他們對皇權無上的崇敬，並以這種崇敬為榮，所謂「君要臣死，臣不得不死」。這種忠同樣不以是非和道德為基礎，還要以「死得其所」作為標榜。所幸我們受的是儒家文化的影響而不是武士道文化影響。不然，在皇權至上的時候，說不定也能做出此番瘋狂的事情。

「那些負隅頑抗的日軍戰俘將自己的極端軍國主義情結和天皇聯繫在一起，認為自己是在『遵奉御旨』，為了『讓陛下寬心』，自己要『為陛下獻身』，因為『天皇領導國民進行聖戰，服從是軍人的天職』。然而，那些反戰的戰俘也同樣把他們的和平主義和天皇聯繫起來。對所有日本軍人來說，天皇代表了一切。日本天皇是日本國民的象徵，是宗教文化的核心，是超宗教的信仰對象，沒有天皇的日本不叫日本。」露絲・潘乃德如是敘述道。

了解以上種種，你就不會對一個剛剛發展起來的島國，竟然有劃分世界等級秩序的野心，並將這種「蛇吞象」的妄想「膽敢」付諸行動感到驚訝了。它的「膽敢」來於何處，除了天皇的號召力，更來於無堅不摧的精神、鐵一般的信念。他們認為精神決定一切，戰勝一切，超越物質意義上的強大，永恆不變。這種信念如同武士道精神一樣通過反覆訓練，灌輸進每個國民的心裡，所以它的國民和軍人通常表現得意志堅強、韌性十足、視死如歸。這種對精神的崇尚被直接應用於戰爭中，日軍的戰鬥手冊中有一句口號：「用我們所接受的嚴格訓練對抗敵軍數量上的優勢，用我們的血肉之軀對抗敵軍的鋼鐵大炮。」並在軍事手冊的第一頁強調「必讀必勝」。

戰場上的日軍很少主動投降，大部分時候，他們會用最後一顆手榴彈自殺或對敵方陣地進行自殺式衝鋒，像櫻花那樣寧願短暫也要燦爛地死去。這讓我想起日本某位文學家的話：「美即是善，美即是倫理」，這種美的形式極致又殘忍。如果不幸受傷失去知覺被俘，他將感到名譽被玷污，從此以後他就相當於行屍走肉，與死無異。他們寧願戰死，守護名譽，也不願苟活。《菊與刀》提供了這樣一組資料：「在緬甸北部的戰役中，被俘與陣亡的人數為一四二與一七一六六，即一比一百二十。而且在這一百四十二個被俘的人中，絕大多數屬於受傷昏迷後被俘的，極少出現一個單獨投降或兩三人集體投降的情況。西方的軍隊如果陣亡率達到四分之一或三分之一時，往往選擇投降。」

「只有不怕死的犧牲精神才是最英勇的，死亡是精神勝利的表現」這種精神價值取向不僅體現在自殺式襲擊的作戰方式上，也體現在他們對待傷病員的態度上。他們認為傷病員沒有任何價值。因此，在戰爭中，日軍不會致力於配備與救護隊相關的醫療設施，只補給藥品。在緊急情況下，他們並不先轉移傷病員，而是直接殺死傷病員，或是留手榴彈讓他們自殺。

上面大段的描述了戰爭中的日本軍人，而戰爭期間日本國內的老百姓同樣值得關注。實際上，這個小小的島國，因為戰線鋪設太長，涉及戰場之廣，大部分能上戰場和不能上戰場的男人都上了戰場，徵兵年齡由原來的二十歲以上降至十五歲以上，不在應徵之列的壘球明星、相撲選手，以及本應「放下屠刀，立地成佛」的和尚們也拿起了武器奔赴戰場。此外，工程師、技師、工頭和技術爛熟的工匠等對於工業生產至關重要的人們也被徵召去了前線，國內所剩，除了老弱病殘就是婦女和孩子。

男人們留下的職位空缺，則由傳統上一旦結了婚就該辭去工作的家庭主婦承擔，連向來由男人擔當的神道教神職人員也由女人代替。婦女和女學生們在煤礦和鋼鐵中負擔起繁重，甚至危險的體力勞動。到一九四四年，有超過一千四百萬的婦女都在掙工資，而當時日本人口為七千三百萬。她們每天工作長達十二到十六個小時。

日本政府在戰時展開國民精神總動員的指導思想「舉國一致、盡忠報國、堅忍持久」。這些留在國內的女人，回應政府號召，積極致力於「後方」服務，從事支援侵略戰爭的戰備工作。在戰爭期間，隨著時局的進展她們組成多個婦女團體和組織，諸如愛國婦人會、大日本聯合婦人會、大阪國防婦人會、大日本國防婦人會、選舉肅政婦人聯合會、大日本女子聯合青年團等，戰時體制下的婦女團體幾乎囊括了日本國內的所有婦女，對戰爭起到了積極的推動作用。

成千上萬被稱為「軍國之母」、「軍國之妻」、「靖國之妻」、「軍國少女」的日本女性與侵略戰爭、與日本法西斯軍國主義有著密不可分的聯繫。國防婦人會的婦女們把支持國家的戰爭看作高尚的事業，母親們將自己的孩子送上前線，支持他們去殘殺鄰國無辜生命，認為自己是在為國家盡力效忠；年輕女人積極與即將出征的士兵結婚，以示對軍人的崇敬；女學生給出兵國外的士兵寄慰問袋，縫製病號服；藝妓們也走進了深山，砍柴拾禾。

除此之外，一有空閒，她們便去街上製作護身符「千人針」，通過這種方法來幫助那些素昧平生的前線士兵，鼓舞士氣。所謂「千人針」即由一千個街上的行人在一塊布上一人縫一針。這種護身符使前線士兵確信自己擁有來自身後那片國土上人們全身心的支持。

有這樣一個故事，反映當時大部分日本女人對戰爭的極端支持態度。一九三一年，日本關東軍佔領中國東北，井上千代子是大阪步兵第三十七連隊所屬的井上清一中尉的新婚妻子，為了勉勵出征中國東北的丈夫，使之無後顧之憂安心作戰而自殺身亡。這件事在當時被報紙、雜誌廣泛宣傳，成為舉國皆知的愛國「烈婦」典型。

隨著勞動力短缺的日益嚴重，正在上學的孩子們也在農業、工業生產中扮演著越來越重要角色。婦女們在煤礦中吃力的揮舞著鎬頭，孩子們在農田和工廠裡長時間的工作，老人則挖掘松樹的根來做燃料。這就是戰時日本國內的勞動場景。

臨近戰爭後期，戰備物資的大量需求，使得列島上幾乎每一寸可以耕種的土地，包括公園、體育場，甚至還有被取消的原定用於一九四〇年東京奧運會的運動場，都被用來種植糧食作物。

在整個戰爭期間，日本的軍費支出在國民總收入中所佔比例高得驚人，而且比例隨著戰爭的擴大不斷提高。在偷襲珍珠港的那一年，陸海軍的軍費佔了將近國民總收入的一半。而用於民生的財政支出僅佔政府總支出的百分之十七。

在戰前準備中，大多數日本人為了響應政府的節約號召，自願進行食量節制，勒緊褲腰帶，戒食珍貴的大米，只吃少量水果和蔬菜。政府還號召穿戴從簡，女人們把和服及華服束之高閣，換上適合勞作的襯衣和寬大褲子，一切化妝品禁用，短髮是最流行的髮式，美髮店統統關門大吉。而日本男人則將筆挺的西服換成毫不合身的卡其布制服。由於所有能利用的皮革都被用於為軍隊製造軍靴，所有平民不得不穿上笨重的木屐。

儘管「萬眾一心」，但沒完沒了、巨大的戰爭消耗，國民仍然免不了要挨餓受凍，他們忍受著漫長的饑荒煎熬，到一九四三年，日本遍地都是饑餓的民眾。政府的口糧只能提供戰前標準的一半，而口糧中那些沒有脫殼的稻子和其他粗糙的穀物使一家人都病倒了。人們忍受這一切。他們吃野菜以及一切地裡長出來的東西。

到了一九四四年，為了緩解軍事產品所需的各種金屬和合金的短缺，日本政府發起全國範圍內的廢品徵集運動，僧侶捐出廟裡金屬做的鑼、花瓶和燭臺；孩子們交上塑膠和金屬玩具以備回收再利用；女學生們從和服中抽取金線和銀線；數以萬計的家庭主婦們交出金屬容器，每個家庭只有一個鍋和一個桶。每一個人都把手裡的鋁製貨幣換成新鑄造的錫製貨幣，因為製造飛機需要鋁。因為絕大部分石油被戰爭耗用，街上只有自行車和偶爾幾輛燒木炭、冒著黑煙的汽車駛過，昔日熙熙攘攘的城市街道冷寂而空曠。

「聖戰」掀起的集體行為，延伸至對戰死者的追悼儀式，政府鼓勵大家到靖國神社進行公眾性祈禱。當一名士兵死後，絕不會屍橫異邦，一般情況下其骨灰會被送回家鄉。隨著戰爭死亡人數不斷增加，每天有成千上萬失去親人的平民來祈禱，行人們經過靖國神社都停下腳步並深深鞠躬，表示對戰死者的至高崇敬。

不管是「一億玉碎」還是「一億人民一億戰犯」或者「一億總懺悔」，絕大多數日本人遵從「天皇的旨意」，像飛蛾撲火，毫不猶豫地撲向戰爭，他們齊心協力的狀態，好像比中國全面抗戰還團結，為已近力竭的戰爭機器輸送最後一點力量。

美國佔領下的日本

日本投降後，雖然由美、英、蘇、中、法等十一個國家在華盛頓組成「遠東委員會」對日本進行戰後管理，然而這些組織僅具原則上的象徵意義。美國隨即以聯合國的名義獨佔日本，一九四五年八月至十月初，四十多萬美軍陸續進駐日本，在日本橫濱，設置了聯合國（盟軍）駐日佔領軍總司令部，九月十五日遷至東京。

此後的日子裡，美國毫不讓步地獨家支配「聯合國軍總司令部」，操縱日本一切戰後重建事務。在對日戰爭中立下「汗馬功勞」的美國太平洋陸軍總司令麥克阿瑟被任命為盟軍駐日最高統帥，杜魯門總統將「改造」戰後日本的權力全權交由麥克阿瑟負責。

而日本國內，天皇廣播投降詔書後，鈴木貫太郎內閣因為結束「聖戰」而總辭職。東久邇宮稔彥王因為身兼陸軍大將銜又是皇室人員，成了收拾戰後殘局最合適的人選。為了藉助皇室權威控制住當時日本的局勢，穩定民心，八月十七日，以東久邇宮為首相組建了皇族內閣，這是日本歷任唯一一位擔任首相的皇室人員，不過也是日本史上最短命的內閣。

九月二十二日，美國政府正式發布《日本投降後美國初期對日方針》：保證日本不再成為美國乃至對世界和平安全的威脅；最終建立一個和平、負責的日本政府，該政府尊重他國權利，支持體現聯合國憲章的理想與原則。在此基礎上督促日本放棄海外殖民地，徹底解除武裝實行非軍事化，消除法西斯軍國主義份子的權利及其影響，建立議會民主制度，發展民主自由與和平經濟。

根據以上方針，要實現「改造」日本的目標，根絕其戰爭能力與軍國主義成了首要任務。而要根絕其戰爭能力和軍國主義，就得解散軍隊、拆除戰爭工業設備、開除軍國主義執政者……更重要的是應從教育制度中剷除，舊陸海軍、職業軍人及下級軍官等軍國主義以及極端國家主義的代表人物，均應從監督及教育地位中剷除之。

隨即，「公職追放」與舊政體解散工作在日本展開：解除日本本土及在外日軍的武裝，令其復原；解散一切與侵略有關的軍事指導機構；廢除阻礙民主化進程的《國防保安法》、《軍機保護法》、《治安維持法》、《思想犯保護觀察法》、《治安警察法》等一系列為法西斯專制服務的軍國主義法令，維持日本舊政體的一整套法律體系就此崩潰；禁止與軍事有關的生產及科學研究，拆除戰爭工業設備……在解散法西斯專制政體的同時，九月，盟軍司令部開始對侵略戰爭的主要戰犯進行逮捕，包括天皇親信在內的一百多人被指名通緝。到十二月，遠東國際軍事法庭正式對日本戰犯進行審判，經過兩年半艱難的審判，東條英機、土肥原賢二、板垣征四郎等七名一級戰犯被立即逮捕，並處以絞刑。在逮捕戰犯的期間，盟軍總司令部釋放了大批包括日本共產黨人在內的政治犯和思想犯。不過，隨著美蘇冷戰的不斷升級，美國對日政策也隨之發生逆轉，將對日「改造」的初衷改變為致力於將其培養為在亞洲反蘇反共的對抗體。在美國庇護下，日本不僅免除了戰敗國應該承擔的賠償責任，沒有掃清軍國主義勢力，大批日本罪犯得以釋放。

九月二十七日，日本天皇裕仁拜訪麥克阿瑟將軍，這次會見情況不得而知，只留下兩人並肩而立的三張合影照片。天皇的動向來牽動國民神經，照片一經刊登，日本騷動，不明所以的日本老百姓可能以為日本就要亡了。皇族內閣立即禁止相關機構刊登照片，而盟軍司令部馬上針鋒相對，下達指令撤銷所有對出版物的限制。一夜之間，思想控制的閥門被打開，東久邇宮內閣因不能很好地傳達和落實盟軍司令部下達的指令，集體辭職。東久彌宮內閣因此垮臺，僅歷五十四天。

東久邇宮內閣倒臺後，昭和天皇任命親美英派的幣原喜重郎組閣。不久，麥克阿瑟以對日方針為指導思想，向繼任的幣原首相下達「五大改革的指令」：賦予婦女參政權；鼓勵成立工會組織；實行教育自由化；廢除專制機構；促進經濟制度民主化。從此，美國開始了對日本的一系列非軍事化和民主化改革，它包括政治、經濟、社會、文化各個方面。

維持日本舊政體的一整套法律體系雖然崩潰，但改造並未觸及其根本。一八八九年由明治政府制定的《大日本帝國憲法》才是這個舊政體的根本，是它確立了天皇制國體的法律，是日本走上軍國主義和法西斯專制的法律幫凶。對日本進行非軍事化和民主化建設，迫切需要一部新的法律作為支持和依據。一九四五年十月，麥克阿瑟指令幣原內閣起草新憲法，以掃清擋在建設和平民主化國家路上的絆腳石。

不過，幣原內閣起草的法案受到盟軍司令部的批判，麥克阿瑟認為幣原內閣不具備撰寫憲法草案能力，他隨即提出「麥克阿瑟三原則」，這三原則是：改革天皇制；放棄戰爭、放棄擁有戰鬥力、放棄交戰權；廢除封建制度。並命盟軍司令部的民政局在此基礎上起草新憲法。一九四六年六月，新憲法通過日本議會審議，一九四七年五月三日，修改後的《日本國憲法》正式施行。但這部憲法並非以美國自由體制為參照，而是以英國議會政治作為其藍本。據說由此這部新憲法與日本人的政治經歷相適應，得到絕大部分人的熱烈歡迎。

以「麥克阿瑟三原則」為指導思想的新憲法確立了日本人民不論男女擁有自由、平等的權利；雖承認皇位世襲及天皇的元首地位，但卻否定了天皇的神格，天皇僅受人民、國家委託依據憲法行使其職務及機能；設置專項條款限制日本軍國主義隨意發動戰爭。條款這樣規定：「日本國民誠懇地謀求基於正義與秩序的國際和平，永遠放棄以國權發動戰爭、武力威脅或武力行使作為解決國際爭端的手段。為達此目的，不保持陸海空軍及其他戰爭力量，不承認國家的交戰權。」

一九四六年一月四日，盟軍司令部繼續推進「公職追放」，發出解散「右翼團體」及裁撤軍國主義領袖公職的指令。規定所有戰爭「協助者」，一概從政界、經濟界、言論界的崗位上解職，並剝奪其競選議員的資格，以排除其政治影響，約十二萬名舊政府公務員遭到「放逐」的命運。不過，不管是追究戰犯責任還是公職驅逐，天皇始終被排除在外，之所以既沒追究其戰爭責任又沒罷免其「公職」，其原因在於盟軍司令部希望利用日本國民對天皇的信仰，順利推行其「改造」政策。

其後，在《日本國憲法》的基礎上，參議院和眾議院先後制定了與此相關的一系列法律，細化了政治體制改革，將天皇總攬國家大權的舊政體細分為內閣、國會、法院分別行使行政、立法、司法的三項大權，三部門互相制約，稱之為「三權分立」。盟軍司令部基本完成了對日本舊有專制政體的民主「改造」，為戰後日本走上和平、民主的發展道路提供了基礎。

經濟改革方面，盟軍司令部提出「農地改革」，這一項改革也是明治維新改革不徹底遺留下來的問題。這項改革和日本政府內部的意願不謀而合。日本政府強制徵收規定數量以外的土地，徵收回的土地優先賣給耕種這塊土地的佃農，地主們得以留下來的規定數量內的出租地，以貨幣地租代替實物地租，地租不得超過農產品收穫總值的百分之二十五。農地改革改變了作為日本軍國主義重要支柱的寄生地主土地所有制，建立起耕者有其田的自耕農制度。

另外，打擊協助軍國主義政黨的財閥也是解除日本武裝力量的重要途徑，這些大財閥正是發動侵略戰爭的經濟基礎，亦是禍根之一。比如三菱集團在「七七事變」之後的八年中，生產和銷售各種飛機一萬八千多架，佔同時期軍用飛機總產量的四分之一。因此，解散財閥、禁止壟斷是盟軍司令部「改造」日本的又一指令。

一九四五年，美國盟軍司令部下令凍結三井、三菱、住友、安田等十五家壟斷財閥的資產。翌年八月，又對這些財閥企業進行控股，把財閥家族成員排除在企業管理之外，對財閥企業的股票進行控制和分散，並分割經營，一家大型企業往往分解成上百家公司。不過，這項改造工作在後期出於「冷戰」的需要，操作過程虎頭蛇尾，沒有嚴格執行，實際被解散的只有三十二家企業。這次改革有其積極的一面，它打破了封建財閥壟斷經濟的局面，對日本戰後經濟發展起著積極作用，有能力的中高層管理人員得以登上舞臺。龐大的企業分解為獨立公司後，獨立性和靈活性大大增強，集體領導代替了個人獨斷，企業不再是為某一個特定家族服務，而是共同利益的體現。

在此期間，脫離天皇專制統治後，日本各種黨派如雨後春筍，相繼出現，如日本進步黨、日本自由黨（**舊立憲政友會鳩山派**）、日本社會黨（**舊無產政黨諸派的統一黨**）、日本協同黨等政黨結成，除此外無數的小政黨也在這個時候紛紛建立。戰前屢遭打壓的社會運動組織者再次活躍起來，他們大都得到青年階層的擁護，積極展開民主化運動。同時，盟軍司令部還進行勞動立法，給工人階級提供了獲得權利的平臺，以勞動階級為主體的人民作為歷史創造者，開始全面走上社會運動的舞臺，推動著日本社會的進程。麥克阿瑟對日本的「改造」，在某種程度上使日本完成了在明治維新時僅實現的經濟上現代化而政治制度上依然停留在封建制的「半現代化國家」的全面現代化，是日本繼明治維新後的又一次大變革。

不過，令美國當局沒有想到的是，隨著對日本舊政體「改造」的深入，卻給了日本左派帶來了前所未有的機會。在政治、經濟等各個領域中左派運動迅猛發展，爭取權利的勞動爭議日益增多，日本的報紙與廣播，對本國舊體制進行了不遺餘力的抨擊，力主將一切舊體制的代表從權力寶座上驅除出去。

美國對日本戰後的強制性「改造」，在給日本帶來利益的同時，也帶來弊端。因為這種改造來自於外部力量的介入，而不是來自於內部發展後的結果，在提供條件的時候，也製造麻煩。比如在經濟方面，因為美國人常常不了解細節就指手劃腳，給經濟造成不必要的損失。雖然改造者打著「民主」的旗號，但這「民主」卻是有限的，是在權力掌控者圈定範圍內的，一旦「民主」蔓延過了這個圈定範圍，勢必受到「勸阻」。左派的迅猛發展也給自己帶來了「麻煩」，因為美國絕不允許日本民主的將來交到共產黨的手裡，於是違背初期「方針」，放任軍國主義勢力復甦。

這次「改造」雖是一次全面現代化的大變革，但對日本固有的封建社會基盤沒有也無法觸動，而美國對「冷戰」的需要，又對日本舊政治、文化形態採取容留與溫存的態度。這就使「根絕軍國主義」的目的未達成，也給和平世界的建設留下隱患。

時至今日，美軍依然駐紮在日本領土上，「白宮」影響力仍然主導「日美聯盟」，左右日本在國際政策中的決策，成為日本揮之不去的「陰影」和難以擺脫的「枷鎖」，它的法律依據正是一九五一年的「美日安保條約」。這一依據成為日本其後至今執政黨的外交政策軸心和基石。如果說美國佔領日本之初是為了「根絕日本的戰爭能力與軍國主義」、「透過民主化使日本成為世界國家中的一員」為目的的「和平主義」行為。那麼在隨後的「冷戰」中為了與以蘇聯為首的社會主義陣營抗衡，強行將日本捆上冷戰戰車，以及為了掌控亞洲主導權的戰略需求，將日本作為軍事活動基地的行為，就是某種程度上的霸權行為。不論怎樣，美國對日本的佔領，就意味著日本將作為美國「棋子」的命運。

延伸閱讀

美國派出的教育使節團在日本的教育改革中起到了指引航向的作用。一九四七年三月底，《學校教育法》和《教育基本法》同時頒布施行。這是一個以提倡個人價值與尊嚴、教育和研究自由為中心的教育改革方案。削弱了文部省的中央統治權力，實行教育的地方分權。在學制上實行了男女合校的六三制義務教育。對日本戰後的經濟和社會的現代化產生了決定性的影響。

戰後經濟復甦軌跡

第二次世界大戰是一場名副其實的大戰，它席捲世界上幾乎每個大洲和每個國家的人口。不僅如此，它的戰場從原有單純的海陸戰場上升至大規模的空中戰場，武器也上升至更有殺傷力和防禦性的科技武器，比如航空母艦、雷達、戰鬥機和原子彈。參戰國家的經濟實力、尤其是工業生產力成了戰勝與否的條件，美國憑藉巨大的經濟生產能力最終獲得勝利。

日本戰敗之時，經濟遭受巨大損失。一方面，長期的對外侵略戰爭消耗了日本大量的人力、財力、物力；另一方面，美國對日本的空襲和原子彈轟炸，破壞了日本大批工廠和生產設施。到二戰結束時，日本國民財富的百分之四十五以上都被耗費和破壞掉了。戰後第一年即一九四六年，日本的主要生產指標均大大低於戰前水準，工業技術水準比美國落後了三十年，勞動生產率比英、法等國也低得多。加之賴以生存的海外貿易正常管道中斷，原本可以從中國和朝鮮進口的生存物資失去供給來源，導致國內生存物資稀缺，物價飛速上漲，街市上飲食店幾乎絕跡，政府供給少而不穩定，很多日本人不得不忍饑挨餓，營養不良、面黃肌瘦。

而戰敗的負面情緒縈繞在民間，美國的介入，實際上使日本喪失主權，日本社會的危機感與悲情交織在一起。伴隨著新自由主義浪潮在政治精英層面的蔓延，面對「民主、民生、民族」的危機，這些政治上的新生力量開始尋找解困的出口，那就是政治和經濟層面上的戰後改革建設。政治已被美國操控，那麼經濟建設就被提上了改革的日程。

一九四六年八月，日本政府成立了經濟安定本部，負責制定和實施經濟政策；十二月，日本政府採納了東京大學教授有澤廣巳提出的「傾斜生產方式」。所謂「傾斜生產方式」就是在資金和原料嚴重不足的情況下，集中一切力量恢復和發展煤炭生產，用生產出來的煤炭重點供應鋼鐵業，再用增產的鋼鐵加強煤炭業。目的是努力造成煤和鋼鐵擴大再生產的能力，並以此為槓桿，帶動整個經濟的恢復和發展。根據這個經濟發展戰略，日本政府專門設立了「復興金融金庫」，向重點產業提供低息貸款。一九四七到一九四八年中，日本向煤炭業發放了四百七十五億日圓貸款，佔據該公庫全部貸款總額的百分之三十六。一九四六年日本產煤二千二百七十四萬噸，而一九四七年則達二千九百三十二萬噸，增長近百分之三十；同期的鋼產量也增長了百分之二十一。到一九四八年，日本透過這一方式出現了初步的經濟好轉跡象。

與此同時，隨著國際形勢的發展變化，西方和蘇聯已經處於冷戰狀態，中國革命迅猛發展，美國認為中國已「淪喪」於共產黨之手，再無力壓制。為了「獨霸世界」的戰略需要，美國轉而大力扶植日本的經濟，由過去瓦解日本軍國主義基礎，變為有意幫助、扶植，使日本成為其對蘇發動「冷戰」的工具和在亞洲「遏制」共產主義勢力蔓延的對抗堡壘。不僅免去了日本對美國的戰爭賠款，還阻止亞太地區其他受害國對日本進行索賠。一九四九年二月，美國政府派底特律銀行董事長約瑟夫·道奇作為駐日盟軍總司令部的財政金融顧問。在道奇的指導下，日本停止政府資助的傾斜發展，改用均衡發展模式，一年後，日本財政出現盈餘，並通過制定美元、日圓的固定匯率有效遏制了惡性通貨膨脹勢頭。

但道奇的均衡式發展在帶來收益的同時也遭遇了反彈，一些失去政府補貼的企業失去競爭力紛紛倒閉，工人失業。就在日本的生產開始出現再度萎縮的時候，轉機出現了。一九五〇年代，韓戰和越戰爆發，給日本經濟帶來了又一線生機。作為美國的軍事基地和作戰物資供應地，日本接到來自美國的大量軍需物資訂單，從韓戰爆發到一九五三年停戰，美國對日本的特需訂貨達二十三點九億美元，佔日本出口總額的百分之五十點六。日本首相吉田茂高興得稱韓戰是「來自上帝的禮物」。一九六四年，美國製造海上事端，挑起對越南的戰爭，又向日本訂購軍需物資四十億美元，到一九七五年越戰結束時，日本外貿出口額比一九六四年增加了近四倍。這在很大程度上得益於韓戰和越戰。

外貿的發展，促進和帶動了日本其他各個行業的發展。在此期間，日本除了把握機遇，同時也意識到美國援助和戰爭橫財並不能長期作用於日本經濟的長期發展，為了徹底實現經濟自立，日本政府實施產業合理化改造。所謂產業合理化，即是在企業周邊環境建立適合未來產業結構的各項產業指導方針，在企業內部通過其自身的創造性實現企業內部合理化，而採用最先進的技術成了這一改造的重點工程。

最先實現產業合理化的是鋼鐵行業，一九五〇年代後期，日本即實現了高爐大型化，由原來年產三十五萬噸的高爐發展成為年產四百五十萬噸的高爐。到一九六〇年，日本鋼鐵企業達到世界先進水準。工業的發展高度依賴能源，日本政府在能源開發方面也頗費心思，由早期的水力發電到國產煤炭火力發電、再由火力發電到抓住時機用當時比水還便宜的中東石油發電，在不到十年的時間裡，日本能源更新換代的速度非常驚人。另外隨著「美日原子力協定」的簽署，一九五七年，日本開始出現核能，各大企業相繼開發核能。這場能源革命以及帶來的進步革新，為日本經濟的高速發展打下了良好的基礎。

能源革命的發展帶動了用以運輸石油的海運業發展，日本政府為重建海運業，在財政上支持各海運公司造船，實行了計畫造船的政策。在政府的大力扶持下，一九五六年，日本造船業超過英國居世界第一位，到六〇年代其造船產量佔世界造船總量的一半以上。汽車工業也是政府特別扶持的產業，日產、五十鈴、豐田、日野等汽車生產廠家花大錢引進外國先進技術，為後來日本汽車製造工業的現代化打下了基礎。

最值得注意的是，日本政府巧妙地利用技術引進節約了研發成本，並縮短了研發時間。幾乎在日本的所有機械工業中都採用了引進再改造的模式。日本採用這種方式，把國際最先進的技術在很短時間內吸收、改進，生產出與國外產品相匹敵的產品，打入國際市場。汽車和電子產業表現得更為明顯，體現了日本產業界和技術人員的學習精神和頑強的創造力。

大型企業的發展也帶動了配套加工的中小企業的發展，這些中小企業在為大企業服務的同時也利用手中的原料，開始生產生活必需品。在政府的支持下，中下企業也以「中等先進產品」走入國際市場。五〇年代，號稱「三神器」的洗衣機、電冰箱、黑白電視機生產問世，人民收入普遍提高，「三神器」得到廣泛普及。到了六〇年代，彩色電視機、空調、小轎車又走進尋常百姓家，並成為世界上的電視機生產出口國之一。分期付款的信用體制也在這一時期形成，國民生活發生了巨大改變。到此，日本戰後經濟恢復期結束，重建基本完成。

一系列的戰後改革為日本建立起了比較完整的現代資產階級政治體制和經濟體制，成為現代日本的全新起點。日本經濟在這個基礎上迅速起飛，很快成為世界經濟大國。一九五六年到一九七〇年間，日本經濟進入高速發展時期，出現了長達五十八個月的經濟繁榮期，年均實際經濟增長率百分之十一點六。一九六四年到一九七一年間，年均出口率達百分之二十，這種長期、持續的高速增長在世界資本主義經濟發展史上也是罕見的。這十七年的高速發展（一九五六年到一九七三年），使日本國民生產總值超過了英國和法國，一躍成為僅次於美國的第二經濟大國，成功實現了日本近代史上的又一次改革，這時期甚至被稱為「經濟奇蹟」。

但七〇年代中期以後，日本經濟的高速增長進入末期，這一時期，由於國內外經濟形勢的變化，使日本的經濟危機、生態危機和能源危機交織迸發，經濟開始進入低速發展時期。嚴重影響這一時期日本經濟發展的主要因素是國際環境：一九七三年十月，第四次中東戰爭爆發，引發石油危機，石油和電力供應短缺給日本主要產業如鋼鐵、石油化工等部門帶來了巨大的損失，失業人數達一百一十二萬人，國民生活受到嚴重影響，首次出現戰後經濟負增長，使日本經濟遭到戰後最嚴重的打擊；一九八五年，受接踵而來的兩次金融危機影響的美國，財政出現赤字，對外貿易逆差大幅增長，為擺脫國際債務壓力，美國給日本施加壓力，日本被迫與美、德、法、英簽訂「廣場協議」，共同干預外匯市場，使美元與其他主要貨幣的比率在兩年內貶值百分之三十。在美國政府的強硬壓力下，不到三年時間，美元對日圓貶值百分之五十，日圓對美元升值一倍，日圓的升值導致出口企業及其配套企業在國際市場失去競爭力，收益迅速惡化，政府對市場的干預又導致資金流向獲利又高又快的房地產、股票市場，使得房地產、股票的價格飆升，產生泡沫經濟；進入九〇年代，日本政府雖通過一系列政策擠壓了股價、地價泡沫，抑制了通貨膨脹，經濟進入復甦階段，但緊隨其後的亞洲金融危機，使剛復甦的日本經濟遭到嚴重打擊，陷入新一輪的衰退之中。

日本在九〇年代的經濟繼續下滑，引發內閣頻繁更換。為了扭轉本國經濟低靡狀態，在新的國內國際形勢下，日本政府在對其行政結構改革外更著重其產業結構進行根本性改造。即用消耗資源少、附加產值高的知識密集型產業取代大量消耗資源、消耗勞動和產生公害的重、化工業。同時，在經濟政策上也做了相應調整，即一方面鼓勵壟斷資本擴大資本輸出，把能耗高、污染環境的產業轉移到發展中國家去；另一方面大力扶植汽車、電子、精密機械、航空、核能等工業部門的發展。另外，不斷加大科研投資力度，堅持「科學技術立國」，努力邁向「自立自主技術時代」。

日本政府實行的一系列經濟政策和發展戰略使日本經濟雖不景氣，但實力依然強大。九〇年代，除一九九六年外，日本貿易收支一直保持雙位數的增幅，外匯儲備額也從一九九一年的六百八十二億美元，一路增至二〇〇〇年的三千六百一十六億美元。經濟增長率雖呈低迷狀態，但二〇〇四年的GDP仍高達三點七四五兆美元，GDP實際增長率百分之二點九，人均GDP為兩萬九千四百美元，仍然是僅次於美國的第二大經濟強國。

九〇年代日本與美國的經濟發展較量，差距漸漸拉大，在日本陷入長期經濟不景氣之時，美國的經濟開始反敗為勝，呈現欣欣向榮的景象。早前，在六、七〇年代，日本在紡織、造船、摩托車和照相機行業打敗美國，八〇年代又對美國的核心工業汽車和資訊技術產業發起挑戰，使得美國汽車工業陷於崩潰邊緣。緊接著日本又在機床、機器人、視聽設備、通訊終端、電腦周邊設備和資訊技術的基礎產業半導體等領域戰勝美國。但到了九〇年代，美國憑藉資訊技術帶來的產業革命，成功找到新的經濟增長點，進而在高新技術領域中領先日本，並重新成為世界最大汽車生產國。日本政府未能在世界經濟發生改變時及時地改變經濟發展戰略模式，依然陶醉在「製造業大國」的成就中，導致在高新技術，尤其是資訊技術的競爭中失敗。這影響了日本生產力和競爭力的提高，也影響企業的盈利水準，而這些反過來又會對投資者的信心產生消極影響，因而九〇年代日本經濟處於停滯狀態是和高新技術發展勢頭減弱密切相關的。日本之所以長期居於「老二」的位置，也與其置於美國保護之下有關，在這把保護傘下日本受益的同時也受制於美國，從戰略、經濟、價值體系上對美國的依賴，注定日本在相當長一段時間裡只能屈從於美國，只能按美國的要求出牌。美國需要日本時，日本就是受益者，一旦美國不需要日本了，或者是美國自身出現問題時，受益者就會變成「受害者」。

二十一世紀，在全球化的新世紀中，為了拉近與美國間的經濟差距，更為了與國際接軌，日本將在二十世紀九〇年代失利於美國的高新技術發展作為重中之重。與此同時，積極創建適應全球化和國內快速發展的經濟、政治制度和規則；培養具有全球化素質的人才，比如熟練掌握資訊技術（**電腦和網際網路等**）和可以流利使用英語和世界其他地區雙向交流的人才，並把有無全球化素質作為關係國家興衰的大問題；進行ＩＴ革命，在國內廣泛建立資訊技術基礎設施，提供廉價、高速的資訊通道；解決老齡化社會所將面臨的問題，把生命科學和生物技術應運到老齡化社會中，切實有效地完善福利體制，建立高品質的養老設施等。

目前，在外需（**日本經濟依靠外需，因國內市場狹小**）依然低迷、失業率持續上升以及企業投資意願不強的背景下，日本經濟的復甦必將是漫長而艱難的。英國的日本問題專家胡德認為：「作為一個島國，日本應當深刻反思，經濟上的從美路線，勢必讓它在政治上成為跟班型的國家，另外也會受到亞洲鄰國的更多防範。這對於日本的發展將造成很大的局限性。」而回歸亞洲的聲音也在日本出現。日本政府在參照「美國模式」的前提下，有必要走一條適合本國經濟發展的道路，改變現有的經濟發展戰略模式，加大相關經濟政策的改革力度，才能使日本經濟從復甦走向新的增長道路，在將來的某一天再創「經濟奇蹟」。

誰托起日本戰後奇蹟

對於日本戰後經濟復甦取得的矚目成就，在驚歎「經濟奇蹟」之餘，人們總是對那段歷史充滿了探知欲，比如日本為什麼能在戰後短時間內重建並趕超英、法、德躍居世界第二大經濟強國的地位？日本的發展有什麼優勢？而對於這些問題大概沒有比中國人更關心的了。關於這件事的原因，熟悉這段歷史的人會給出這樣的答案：日本戰後經濟快速復甦是美國一手促成的。但緊隨其後，大概又有人會反駁：美國先後在韓國、馬來西亞也給予了同樣的支持，為什麼這些亞洲國家與日本的經濟實力比起來要遜色不少呢？

最後這兩個問題揭示了兩個層面上的原因，即內因和外因，可以說日本在六、七〇年代創造的經濟奇蹟，是外因和內因相互作用的結果。與當時特定歷史條件成就的，既與美國的支持有關也與日本本身具備的條件基礎以及政府舉措得當的政策有關。

二戰後日本之所以能創造經濟奇蹟，絕不是一個偶然現象。自有其先決條件。日本透過明治維新後的長期發展就已奠定了其雄厚的經濟基礎和政策條件。在二戰中，日本本土雖遭到美國空襲和原子彈轟炸，造成了一定程度上的損失，但日本畢竟沒有經歷過「本土作戰」。經歷的兩次大戰均遠離日本國土，所以日本的主要基礎設施、重要的工業設備和大量技術工人隊伍及知識份子等並沒受到太大損失，對國民經濟也就沒有造成毀滅性的打擊，而國土的完整為其提供了健全的統治機構，這些都是日本戰後經濟迅速恢復和發展的「本錢」。反觀原來的經濟大國英、法、德等國，兩次世界大戰都在各國本土展開過，因此對其國民經濟的破壞也是巨大的，致使這些歐洲列強國家的戰後恢復要更艱難，恢復所需時間更長。

「戰爭橫財」亦是奠定日本在二戰後經濟高速復甦發展的基礎。日本在二戰中雖沒撈到什麼好處，但眾所周知在二戰之前日本在歷次侵略戰爭（**二戰之前的發展史就是一部日本的侵略掠奪史**）中大發橫財。僅甲午戰爭，日本就從中國索得賠款達二億三千萬兩白銀，相當於當時日本財政收入的四・三七倍。在此期間，日本前後從中國得到的經濟利益，相當於清政府十七年的財政收入，日本發展的經濟基礎也有中國的一份功勞，這是頗具諷刺意味的；日本在一戰中，前期隔岸觀火，大做軍火生意牟取暴利；後期宣戰，輕易奪得西歐各國在亞太地區的利益以及德國在中國山東青島的特權，從中漁利。一戰後，日本從戰前的三億日圓債務國變為擁有十七億四千萬日圓的債權國。一九三七年以後由中國掠奪的財富，更是不計其數。正是這些戰爭橫財，日本建立起了百分之八十四以上的大工商業，為二戰後日本經濟迅速崛起提供了雄厚的物質基礎。

當時的國際環境也非常利於日本的發展。二戰結束後，世界格局變成美蘇兩大陣營，一邊美國與西歐國家組成了北大西洋公約組織；另一邊，蘇聯將大多數東歐國家集結在一起作為對抗，共同組建了華沙條約組織，簡稱華約。這兩個集團在政治、經濟、外交、意識形態等方面都進入冷戰狀態。而當時中國的政權正逐漸被共產黨掌握，美國出於戰略需要（**日本處於特殊的地理位置**）從削弱日本轉而進行大力扶持，使日本成為其對蘇冷戰的工具和在亞洲遏制共產主義勢力蔓延的基地。

日本有效地利用美國佔領，在劣勢中尋找優勢。在美國這隻大手下，它既是提供保護的傘，又是投下陰影的約束者。美國的介入在一定程度上成就了日本六、七〇年代的經濟奇蹟（卻也使日本在「廣場協議」後陷入了從九〇年代至今的漫長經濟低谷期，成為美國經濟危機的犧牲品）。它在日本進行戰後民主改革（如農地改革、解散財閥、工會自由等一系列民主改革）取得實效，清除了日本社會殘存的封建因素，改善了生產關係中其他落後環節，完成了明治維新未能完成的歷史任務，推動了社會生產力的發展。如果上述行為是美國在削弱日本政策中「無意」而為的話，那麼接下來的對日政策，就是美國為扶持日本而有意為之。在此期間，美國免除了日本的戰爭賠償，允許日本保留賴以恢復生產特別是軍工生產的基礎設備。為了使日本盡快擺脫戰後的通貨膨脹和糧食危機，還派出專家協助日本制定出一系列行之有效的穩定經濟政策。日本處於美國獨自佔領下，並在一九六〇年一月，雙方簽訂了新的《美日安保條約》，約定美國對日本負有防衛義務，因此日本不必擔心他國來犯。又因為在美國制定的「和平憲法」名義下，日本大部分軍人被解散，各項軍備縮減，軍費開支壓縮在不到國民生產總值百分之一的水準上。在這種情況下，日本擺脫了戰時沉重的軍費負擔，得以把資源、勞動力技術開發與科學研究的主要力量，集中於和平經濟的發展。

美國對日本戰後經濟發展的支持，最廣為人知的就是美國在韓戰和越戰中，將日本作為後方物資供應地。在此期間，美國向日本提供了大量軍需訂單，這些數額巨大的訂單給日本剛剛起步又陷入困難的經濟注入了一管有效的復活劑，一些瀕死的企業藉此恢復活力。「外需」的發展，促進和帶動了那個時期日本其他各個行業的發展，這亦被看作是日本經濟高速發展不可忽視的外在原因。

雖處於冷戰狀態中，但當時的國際環境總體說來相對還是和平、穩定的，對日本經濟的高速發展在客觀上也是有利的。與此同時，日本國內的政治環境（自民黨執政三十八年之久）也相對穩定。世界各主要國家都專注於國內經濟建設，恢復和發展民族經濟，資本主義也進入繁榮時期，國際貿易空前活躍。

在上述國際國內環境中，戰後日本歷屆內閣針對本國情況均致力於經濟發展，積極干預經濟活動。關於對經濟活動的干預，是日本現代化過程的基本特色，這點我們之後會詳細敘述。從吉田茂開始，多屆內閣都利用美軍的所謂軍事保護奉行「富國輕兵」路線，大力投資各項建設（**美國提供的大筆低息貸款亦用於投資戰後基礎設施建設**），為經濟發展創造良好的市場、資金、技術和資源條件，政府投資佔日本國內總投資的百分之二十以上，佔財政支出的百分之五十。

在加大國內各項設施建設的同時，日本政府揚長避短，緊緊抓住有利的國際環境機遇，制定外向型經濟發展戰略，加入國際競爭體系，也就是發展外貿。日本四面環海，各種資源、原材料短缺。這一地緣環境在在戰爭中處於不利地位，但在和平時期，它卻自有其補償優勢。日本雖資源匱乏，但生產能力很強，當時原料價格極低（**如石油價格最低時每桶一．二美元**），而海運的成本價格又比陸路運輸低得多。在和平條件下，海運的優越性就表現出來了，日本抓住這一時機充分發揮海洋經濟的優勢，利用戰後原料價格低的有利條件，確立了進口資源、出口產品，「以加工貿易立國」的發展戰略，初級產品的再加工和工業品的不等價交換讓日本獲利頗豐，極大促進了日本經濟的恢復和發展。

在此，你不得不感歎日本是時刻準備並擅於抓住機遇的國家。戰後初期，日本的工業技術裝備比歐美國家落後二、三十年，當時國際局勢趨於穩定，世界主要國家正掀起一場以電腦、雷射、核能和航太技術為標誌的科學技術革命，國際上的技術貿易和技術轉讓空前活躍。這次科學技術革命

（第三次科技革命），以空前的規模和速度，把科學技術水準推向新的高峰，開創了科學社會化和社會科學化的新紀元。而恰逢此時，美國將大量加工製造業放在加工能力較強的日本，日本壟斷資本家充分發揮自身「學人之長」的優點，抓住這一有利時機，在大力吸收美國資金的同時，積極學習、借鑑當時最為先進的美國先進科技和管理經驗，加強仿製和創新。正是基於此，戰後日本僅用了二十多年時間，就先後趕上並超過法國、英國和西德（**指國民生產總值，一九六六年超過法國、一九六七年超過英國、一九六八年超過西德**），成為僅次於美國的第二經濟強國。

戰後三十多年來，日本在引進技術裝備方面佔世界首位。因為「引進」比「研製」費用低、見效快。美國研製一項成果的成功率為百分之一，而日本的成功率為百分之七十以上。原因是日本不是「獨創」而是「改進」。就這樣，日本從一九五〇年到一九七五年共引進了兩萬五千多項技術，並用不到三十年時間，僅六十億美元左右，就把美國等西方國家用了半個多世紀，花了兩千多億美元的研究成果學到手。

此外，重視教育和人才培養，也是日本在戰後恢復中創造經濟奇蹟的重要因素，因為生產力中最主要的因素是人，這「資源」的素質可說在很大程度上決定了經濟發展的成敗。明治維新以後，日本就注意發展普及教育，培養和造就技術人才。早在一九四八年，日本就普及了初中教育，其後又普及了高中教育。教育經費由一九五〇年的一千五百九十九億日圓增為一九七二年的四兆零二百四十四億日圓，增加了二十五倍。在日本政府的行政費中，教育經費佔百分之二十以上，在資本主義國家裡是比例最高的。這一舉措極大地提高了日本國民的整體素質，為此後的經濟發展積蓄了知識力量。

我們之前提到日本政府戰後根據自身情況實施經濟干預，而對經濟活動的干預，是日本現代化過程的基本特色，它正是除美國扶持外日本創下經濟奇蹟的內因，也就是日本政府舉措得宜的一系列政策。這種干預帶有強烈的保護主義色彩，日本政府對經濟的干預包括：對內保護國內市場；對外開拓海外市場。正是日本政府對國內市場的保護，才使得戰後一些比較脆弱的企業得以存活，繼而在政府資金和政策的扶持下發展壯大。其中，日本對高科技和金融產業的保護尤其嚴格，通過政府政策推動，財政銀行支持（**日本銀行最大的特點就是不以盈利為目的，而以服務企業為己任**），日本扶植起一批如鋼鐵、電子等龍頭企業。在政府縱向支持企業發展的時候，亦注重企業產業鏈條的橫向支持，從而在日本形成一條龍式的完整產業鏈群體。這樣的群體涵蓋一個或幾個產業鏈條，持股人交叉持股，形成相互監督的利益關係。這種企業體制的優點是，一個龍頭企業的發展，能夠帶動集團內部整個產業鏈的發展，有利於建立和形成完整的經濟體系，企業內部自給自足，具有很強的排外性。而日本是一個四面環海的海洋國家，國內市場狹小，因此開拓海外市場，發展外貿也就是外需，對經濟的發展同樣重要。

基於此，除美國之外，是誰托起了日本戰後的經濟奇蹟？答案是，日本自己。「沒有什麼奇蹟，除非你自己去實現那個奇蹟」，這當然是比較詩意的說法。說至此，總結日本經濟在戰後高速發展的因素，它並不是一個因素單一作用的結果，而是多種主客觀原因、國內外各方面原因共同作用的結果。

延伸閱讀

一九五一年在簽署舊金山和約的同時，美日兩國簽訂了《安全保障條約》，規定美國有權在日本駐紮軍隊和建立軍事基地，一九五二年二月，美日又簽署了《日美行政協定》，就美國軍人在日犯罪的審判、日本無償提供基地並負擔駐紮費用等問題達成協議。日本從此被置於美國保護下，成為美國全球戰略中的重要一環。而《美日安保條約》的簽訂，宣示兩國將會共同維持與發展武力以抵抗來自外部的武裝攻擊，在冷戰時期，此條約強化了美日關係，也包括了後來進一步的國際合作與經濟合作的條款。

日本兩大政黨的恩怨

日本政黨政治有其獨特的發展軌跡。二戰前，為了發動侵略戰爭，日本實行法西斯專制統治，由軍部（**海、陸軍**）的人執政，天皇是最高統治者，因此各政黨備受打壓，也就沒有「政黨政治」。戰後，美國佔領日本並對其實施「民主」改造，盟軍總司令部頒布人權指令，解除黨禁，戰前受壓制的各種政黨也相繼恢復或建立。至一九四六年初，日本政治舞臺上出現了多黨林立的紛繁局面，經過一段時間的沉澱後，各種政治勢力經過分化、組合後開始向兩極集聚，一個是維護資產階級利益的民主黨和自由黨（**又合稱保守政黨**）；另一個是代表勞工利益的共產黨和社會黨（**又合稱革新政黨**），社會黨和共產黨爭取利益的方式有所不同，社會黨選擇合法議會展開工作，而共產黨則與當局對抗，因此曾一度處於非法地位。

一九四七年十月，在戰後首次選舉中，社會黨因著廣泛的群眾基礎——戰後日本民主運動高漲，成為第一大黨並聯合其他政黨組閣。社會黨執政期間，政黨內部因政見矛盾分為左右兩派。日本國內的政治環境和當時國際政治環境（**共產主義興盛**）相呼應，因此在大趨勢下，一九五五年十月，社會黨左右兩派實現政治統一。

然而，此時國際局勢又緊張起來，美國以「冷戰」形式向共產主義國家展開攻勢，決定把日本建成防止共產主義威脅的政治壁壘。國際趨勢反映到日本國內，保守政黨和革新政黨之間的矛盾始終是政治鬥爭的焦點。美國從其全球戰略出發，根據自己的需要，對保守政黨進行扶植。為了抗衡廣受歡迎的社會黨，在美國的介入和日本財閥集團的推動下，一九五五年十一月十五日，自由黨與民主黨合併，稱為「自由民主黨」，簡稱自民黨，並在一九五八年五月眾議院選舉中，成為國會第一大黨，社會黨淪為最大的在野黨。以此為開端，形成了主導日本政壇兩大政黨對立、一黨優位的體制，又被稱為「五五年體制」。這種政黨制度既不同於歐美國家的多黨制，也不同於各種一黨制，而是在多黨制的條件下，自民黨長期單獨掌握政權。

關於自由黨、民主黨和自民黨的由來，期間還有這麼一段小插曲。此時的自由黨、民主黨均源於一人之手，除此之外，此人和自民黨也有些淵源，這個人就是鳩山一郎。這個名字，可能會給你一種熟悉的錯覺，你大概會想到另一個叫鳩山由紀夫的人——二〇〇九年至二〇一〇年日本首相，新民主黨黨首。歷史總有巧設之處，這兩個男人不僅有祖孫間的血緣關係，更代表日本政壇的兩個時代——自民黨時代和民主黨時代。鳩山一郎是鳩山由紀夫的祖父，而更巧合的是，鳩山一郎是民主黨創始人兼第一任總裁，並在擔任首相期間促成自由、民主兩黨合併成自由民主黨。而鳩山由紀夫正是終結自民黨獨攬日本政治三十八年之久的新民主黨黨首。

當然，用「新」字加以區別的原因在於，它們並非一脈相承，也就是說此民主黨非彼民主黨。日本歷史上有不少「民主黨」，剖開它，裡面是紛繁交織的小政黨，你很難窺清內裡這些小政黨的來龍和去脈，它們像數目繁多游離不定的份子，在對立的兩大陣營間由著此一時彼一時的政見附著，其沒有鐵打的營盤，只有流水的兵。因此，鳩山一郎的「民主黨」到孫子鳩山由紀夫的「民主黨」，早已是滄海變桑田，不是當初模樣。

說至此，你也許會問，鳩山一郎為什麼會組建兩個政黨呢？這個人難道是政黨狂人、組黨癖？當然不是，這自有其歷史原因。一九四五年，鳩山一郎抓住解除黨禁之機，出山召集舊部於同年十一月創立日本自由黨，自任總裁。翌年四月，自由黨在戰後首次大選中獲得一百四十一席，成為議會第一大黨。此時，原內閣（幣原喜重郎）辭職，按照議會政治的常規，新內閣應由議會第一大黨組織，也就是說，首相一職非鳩山莫屬。然天有不測風雲，正當鳩山準備組閣時，佔領軍當局（盟軍總部）發出開除鳩山公職的整肅令，理由是他在戰前協助軍部，助長軍國主義。

鳩山一郎被開除公職後，自由黨內尋不出適合接替總裁之位的接替者，推不出總裁就無法組閣，意味著政權將旁落他黨之手。鳩山只好邀請吉田茂入黨，並將政權暫時委任給他，吉田在這種背景下組閣，他與麥克阿瑟討價還價保住了天皇制，麥克阿瑟也樂於利用天皇和舊官僚對日本實施間接的軍政統治。如此，戰後日本的政黨政治並不發達，政治家（切實代表人民利益）與官僚（脫離群眾、宗派性）之間的摩擦從未間斷。從西方搬來的「議院內閣制」在日本變成了「官僚內閣制」，這當然是後話。

吉田上臺後面臨諸多難題，最嚴重的是日本戰後國內經濟生活幾乎全面崩潰。經濟的嚴重衰敗，加劇了社會矛盾，民主運動高漲。為了維護壟斷資產階級的統治，吉田茂上臺後採取措施控制通貨膨脹，加快恢復生產，為此設立了「經濟安定總部」，頒布「復興金融金庫法」，對重點骨幹產業提供貸款支援，採納著名經濟學家有澤廣巳的建議，推行「傾斜生產方式」。在美國的支持與援助下，吉田茂推行的一系列緊急經濟對策取得成效，糧食危機也逐步得到緩和。吉田茂在解決困難的同時也奠定了自身的政治威望。在其經營下，自由黨黨內幾經換血，早已悄然培植了大批吉田茂的黨羽，「吉占鳩巢」已成定勢。

鳩山賦閒歸來，已是五年後了，這不短不長的時間足以改變很多事情。一九五〇年，韓戰爆發後鳩山才得以恢復公職，按照約定，吉田茂也應該將自由黨總裁一職「職歸原主」了。但吉田茂卻以總裁職位是公器不應私相授受為由，拒絕了鳩山的要求。鳩山憤而與吉田茂決裂，召集舊部和改進黨合併，組成日本民主黨，任總裁。最後吉田茂在內外交困下，見大勢已去，被迫總辭職，一九五四年十二月，鳩山的民主黨成為執政黨，鳩山終於當上首相。

這就是民主黨和自民黨的由來和之間的淵源。至鳩山一郎起，自民黨開始了它對日本長達三十八年的統治。

延伸閱讀

吉田茂，一八七八年生於東京府的一個武士家庭，當時正是動盪無常的明治前期，父親是「自由黨」的著名志士竹內綱。他出生九天即過繼給橫濱的大富商、英國怡和洋行的實業家吉田健三做養子，養母出生書香世家，精通漢學，這為他此後能學貫中西奠定了基礎。其前半生為外交家，以親英美而干涉中國內政而聞名；後半生，就任首相五次，長達七年之久。任期內進行農地改革，制定《日本國憲法》，根據道奇路線調整經濟，建立警察預備隊，簽訂《舊金山和約》和《美日安全保障條約》。同時配合韓戰制定《破壞活動防止法》，鎮壓日本共產黨。與中華民國簽訂《中日和約》。是日本戰後最有影響力的政治巨人之一。

自民黨和它的首相們

從二十世紀五、六〇年代至八、九〇年代，充斥兩三代人的日本新聞裡，自民黨基本上就是日本的代名詞，無論是冷戰時期日本經濟的高速增長，還是冷戰後泡沫經濟破滅導致「失去的十年」，日本經濟的榮光與暗淡，都深深刻上了自民黨的烙印。可以說它是這些歷史時間段裡的「經濟命脈」和「政治骨骼」，是它撐起了二戰後的日本，在其執政生涯裡正是日本騰飛之時，亦是興衰並濟之時。這個成立於二戰後的政黨，曾控制日本政治近半世紀，至一九九三年短暫下野外，單獨執政長達三十八年之久，其所具備的經濟實力和政治勢力深深影響著日本政局。這樣一個日本政治結構中最為重要的政黨，當然值得我們花上一點時間專門聊一聊。

首先，我們循著歷史的蹤跡，簡單地梳理一下自民黨作為執政黨期間，每一年代裡每一任首相對現代日本「添磚加瓦」的推進貢獻。這個過程雖然有些漫長，但卻是了解自民黨上任始末對日本影響最好的途徑，順著這個脈絡，我們可以「沿途觀景」，走進它所領導下近代日本的歷史進程。

鳩山一郎一開始當然是代表其執政黨民主黨上臺組閣的，在其組閣期間，民主黨和自由黨合二為一變為自民黨，這才把他也算作一位。

鳩山上任之時，託吉田茂內閣致力於經濟復甦的福，戰後日本的經濟已經全面復興，國民生產總值早已超過戰前最高水準，正處於高速增長的前夜。由於此前簽訂了《舊金山和約》和《美日安全保障條約》，佔領軍統治時代已經結束，日本政治出現半佔領半獨立局面，鳩山謀求政治上的獨立便有了其先決條件，也是其內閣擔負的歷史使命。

因此，鳩山在任內積極擺脫美國控制，擴展外交空間，發展經貿。他一上臺就奔著「修改憲法」、「重建軍備」而去，對外展開自主外交，恢復日蘇邦交，恢復日蘇邦交的目的在於使日本的獨立得到國際上的承認。不過，其修改「和平憲法」的主張，遭到當時最大的在野黨社會黨和飽受戰爭災難的日本人民中大部人的反對而未能成行。雖然在自由、民主兩黨合併成自民黨後，其仗著政治勢力加強，強迫議會通過《憲法調查會法》，為修改憲法做準備，但最終在其任期內該想法在遭遇和平力量時還是以失敗告終。然而，在重建軍隊方面，卻取得成果，在他執政的兩年內，自衛隊的兵力由十五萬二千人，增加到二十一萬四千人，並強迫議會通過了旨在擴軍的《國防會議法案》。

鳩山在任內的最大目標是恢復日蘇邦交，使日本真正實現外交上的獨立。他為此不惜和親美派對抗，以自己的政治生命作賭注。日蘇談判時斷時續，遲遲沒有實質性進展，關鍵是在北方四島歸屬問題上，日蘇雙方都不肯讓步。其執著的追求既定目標，終於在一九五六年十月簽定《日蘇共同宣言》，結束了兩國戰爭狀態，恢復了邦交。對最為敏感的北方領土問題，雙方同意在簽訂和約之後，將齒舞群島、色丹島歸還給日本（**雖然北方四島問題至今未解**）。有了《日蘇共同宣言》，日本就得到了正式加入了聯合國的門票。一九五六年十二月十八日，第十一屆聯合國大會全體一致承認日本加入聯合國，這標誌著日本重新正式回到國際大舞臺上。

此外，鳩山在任時還積極恢復中日關係，不過由於當時政治形勢所限，中日邦交條件尚不成熟。但鳩山一郎通過其親信部下石橋湛山的努力，達成了中日民間貿易的協定，為中日關係的發展奠定了發展的基礎。在完成其既定的政治任務後，鳩山內閣於一九五六年十二月二十三日宣布總辭職。鳩山內閣辭職後，石橋湛山僅任了兩個月自民黨總裁便因病辭職。

一九五七年二月，自民黨幹事長、外務大臣岸信介受命成立新內閣，這位重返政壇的甲級戰犯上臺後，正趕上日本史上所說的神武景氣（**意即神武天皇以來最繁榮時期**）。按照石橋內閣既定的財政方針，岸信介於一九五七年展開了財政預算。這個戰後最龐大的預算後果是，導致設備投資和技術引進規模急劇擴大，引起國際收支不平衡，出現大量外貿逆差，反而壓抑了國民經濟的增長速度。到一九五七年夏，繁榮之氣漸消，日本經濟進入低迷階段。

為了改變經濟發展不利境況，岸信介提出「經濟外交」政策，即在追隨美國的同時，以所謂「和平的積極力量」作為主要手段向外發展，達到恢復發展經濟、培育國力的目的。「經濟外交」主要針對東南亞的出口和投資，並開拓歐美市場。此外岸信介內閣還附和美國敵視中國共產黨的政策，支持國民黨反攻大陸。

在其任期內，一九六〇年一月，在蘇聯默許下，美日簽訂了日美安保條約，由於新條約不僅喪失主權（**讓美國來負責日本的國防**）更具有軍事同盟性質，有可能將日本捲入因遠東地區糾紛而引起的戰爭中。因此在簽訂前夕，遭到社會黨議員在國會內提出激烈的抵抗，學生和市民也進行了大規模示威遊行，反對美日安保條約。但最終自民黨主導的日本國會還是強行通過了新的「美日安保條約」。因為美日安保條約的簽訂，岸信介內閣受到人民的抵制，於一九六〇年六月集體辭職。

岸信介內閣下臺，自民黨在五〇年代這一篇章結束。

接下來，由池田勇人組閣，自民黨進入六〇年代的日本政治時代。池田內閣一上臺就努力消除日美新條約引起的社會矛盾，安定社會環境。此時的日本經濟經過前任岸信介的「經濟外交」有所回溫，呈現高速發展趨勢。池田所面臨的是，在國家高速發展的同時，如何保證國民收入與GDP的增長維持正比，因為社會生產力與消費水準的巨大反差會阻礙經濟的可持續發展，而美國掌管國防已成定局，在這種國際國內局勢下，池田提倡將政治先放一放，把發展經濟作為施政重點。

在這種情況下，若要持續發展經濟，勢必就要提高國民收入，因此，池田對內實行《國民所得倍增計畫》，保障工人和農民收入，解決國家經濟中內需不足、產能過剩問題，同時還推動中小企業的現代化發展；對外，在「政治與經濟分離」的政策下，持續岸信介內閣主張，擴大貿易經濟外交，加強與美國的雙邊經濟關係，同時恢復中日民間貿易。池田政策成為了日本經濟起飛的基礎和轉捩點。一九六七年日本提前完成翻一番的目標，實際國民收入增加了一倍。

池田任期內的一九六四年，日本加入國際經濟合作與發展組織，正式成為發達國家的一員，這一年還成功舉辦了東京奧運會。也是在這一年，池田因病辭職，佐藤榮作出任首相。

岸信介胞弟佐藤榮作未經國會推選，經黨內各派協商就出任首相，隨後又被選為自民黨總裁。佐藤由此開始了長達七年零八個月、幾乎是整個六〇年代的執政生涯，亦成為日本內閣制度形成以來任期最長的首相。佐藤上任後，盡享歷屆政府的成果。比如鳩山一郎、岸信介在任時，通過恢復日蘇邦交，日本加入聯合國以及簽訂新安保條約，基本解決了戰後日本政治、外交上的最大懸案；池田時代日本經濟的飛速發展，為其施政奠定了雄厚的經濟基礎。正因為當時國內外局勢相對穩定，佐藤才得以維持長期政權。而佐藤能連任的另一個原因是，當時自民黨內最大派別的領袖和總裁職位的有力競爭者大野伴睦、河野一郎、池田勇人等相繼死去，極大地削弱了黨內的競爭勢力。

另外其擅於「政權操縱」、掌握充足的整治資金也是不可忽視的原因。

佐藤榮作在任期間，最關心的仍然是經濟增長速度。其先後採取了兩種刺激經濟的方案：日本銀行主張的金融緩和論和大藏省堅持的金融緊縮論。結果表明，金融緩和論僅靠調整金融政策的方法，已不能收到刺激經濟高度景氣的預期效果。而金融緊縮論依靠增加政府財政支出、擴大國債發行和大幅度減稅等方法，使日本經濟出現了堪與池田時代媲美的超高速增長。國民生產總值大幅度提高，在資本主義國家中由一九六六年時的第五位，一躍而成一九六八年的第二位，超過西德而僅次於美國，成為名副其實的「經濟大國」。由此，佐藤也在歷任的成果上創造了日本的經濟奇蹟。

「經濟外交」仍然是佐藤發展經濟的策略，在任期間與韓國締結了《日韓基本條約》，建立邦交關係。另外從美國手裡收回小笠原諸島、琉球和沖繩，這被看作是其在任期間的最大政績。不過，雖然是收回了沖繩等島，但允許美國在歸還沖繩後繼續使用沖繩作為軍事基地。

在「日本一旦與中蘇爆發戰爭，希望美國能立刻實施先發制人的核打擊」的基礎上，佐藤榮作於一九六八年一月提出「不製造、不擁有、不引進核武器」的非核三原則。因著這三原則，他獲得一九七四年的諾貝爾和平獎，也是迄今為止唯一獲得過此獎的日本首相。

然而，諷刺的是，他也是迄今為止參拜靖國神社次數最多的人，多達十一次，可謂「前無古人，後無來者」。他與其兄岸信介一樣支持中華民國。一九七一年，佐藤政府聯合美國提出修正案，阻撓中共加入聯合國。

「沒有永遠的朋友，也沒有永遠的敵人。」這話放在以利益為驅動的政治結盟裡，再合適不過了。佐藤執政末期，美國突然改變對華政策。一九七一年十月，聯合國大會通過決議，承認中華人民共和國在聯合國的合法席位，中華民國則在表決前退出。一九七二年二月，尼克森訪問中國。之前美國並未事先告知日本改變對華政策，使佐藤內閣受到衝擊。在尼克森訪問中國後，佐藤亦打算親自訪華，不過遭到中方總理周恩來的拒絕。歷史的發展提出了新的任務，而佐藤在完成歸還沖繩的使命後，已無力承擔新的責任。一九七二年七月七日，在「尼克森衝擊」後，佐藤率內閣總辭職。

佐藤下臺，六〇年代結束，自民黨進入七〇年代的政治生涯。進入七〇年代，影響日本發展的內外因素已發生巨大變化。一方面，國際政治繼續向多極化發展，美國終於放棄了孤立中國的政策。一九七二年尼克森訪華後，迫使一貫向美國看齊的日本政府在對華政策上做出新的選擇，恢復中日邦交正常化，已成為亟待解決的外交課題。另一方面，佐藤內閣雖然實現了經濟持續高速增長，但隨之而來的物價上漲、公害（污染、噪音等）、城鄉人口分布不均等問題卻日趨嚴重，影響日美關係的日美經濟摩擦也已發生。

一九七二年七月七日，田中角榮內閣成立。面臨上一屆遺留下來的問題，田中在內政方面，決定憑藉已取得的經濟增長成果，謀求國土的完善利用，加強基礎設施建設，以解決日趨嚴重的空氣污染、交通堵塞、住宅緊張、城鄉人口差距等問題；在外交方面，加快與中華人民共和國的邦交正常化，在激蕩的世界形勢中，強力推進和平外交。

田中一上任就採取積極的對華方針，一九七二年九月二十五日，田中訪問北京，兩國先後簽署了《中日聯合聲明》、《中日航空運輸協議》，實現了中日關係正常化。在恢復中日邦交的問題上，面對來自各方面的壓力，其表現了一個政治家的遠見和魄力，這也是他在任期間的最大政績。

關於內政，在上任前田中便已著手「日本列島改造」計畫，進行國土開發與改造的綜合性調查與研究。上任後他加快實施改造計畫，內閣會議於一九七三年一月和三月，先後提出了《土地對策綱要》和《國土綜合開發法案》，並制定了具有「列島改造」特色的一九七三年度大型財政預算，開始了實施第七次道路整頓五年計劃，農村綜合整備事業五年計劃。

然而，進入七〇年代後，支撐日本經濟高速增長的條件正在急劇喪失，比如美國支持，比如中東戰爭引發的石油危機（**石油危機在日本引發骨牌似的產業鏈條打擊效應，使日本經濟遭到戰後最嚴重打擊**），日本經濟的高速增長進入末期。經濟的萎縮導致依賴高速經濟增長為改造基礎的計畫最終流產，從這個意義上來說，田中錯誤地估計了形勢，選錯了實施計畫的時機。改造計畫的失敗、經濟危機致使物價上漲、通貨膨脹，引起民眾不滿。

一九七四年十月《文藝春秋》又刊載了評論家立花隆的文章：《田中角榮研究——他的財源和人緣》，揭露了田中資產來路不明和包括男女關係在內的私生活。這被稱為「金權政治」的醜聞使倒聲一片，迫於黨內壓力及在野黨追擊，田中角榮宣布內閣總辭職。日本政局伴隨著自民黨的弊端乍現開始了震盪之路。

伴隨著日本經濟高速發展進入末期的同時，七〇年代末，自民黨也開始衰落。雖然它仍處於領導地位，其領導人卻從田中開始就一直醜聞不斷。政黨統治開始飄搖不定。

同年十二月初，三木武夫接替田中上臺組閣，派閥林立的自民黨，歸屬小派別的三木被裁定為總裁，隨即擔任首相在當時著實讓人意外。三木一上臺便打出「廉潔、誠實」的政治主張，決定對自民黨的現行體制進行改革，力圖改變自民黨「金權政治」和「派閥政治」的形象，恢復自民黨在國民心中的威信。

首先他對滋生金權政治和派閥政治的一些規定進行修改——《政治資金規正法》和《公職選舉法》，意圖對政治資金的籌措方式從數量與來源上進行限制，並且公開化，最終使企業與政治關係淡化，嚴防可能發生的公職選舉違法行為。此兩項修改法案由於觸及自民黨內大部分人的利益引起強烈不滿，最終在參眾兩院反覆審議後，才勉強通過。但其關於修改《獨佔禁止法》的提案，在財界及自民黨保守主流派的強烈反對之下未能通過，其威信遭受巨大打擊，隨後各修正案接連擱淺，支持率急速下降。

隨後發生的「洛克希德事件」——美國飛機製造商提供巨額活動經費給日本政界幕後人物以推銷飛機，成為了其內閣垮臺的直接導火索。三木徹查此案，這個日本戰後最大的賄賂案件由此拉開紛亂複雜、牽涉廣泛的帷幕，與此有關的前首相田中也因此被送進了拘留所。

然而三木對追究洛案的積極、堅定態度對他的仕途無疑是雪上加霜，因先後實施對自民黨的改革在黨內樹敵無數，此番作為更使其陷入孤立兩難的境地。黨內「倒三木」運動接踵而至，三木政權遂呈瓦解之象，黨內勢力最大的福田派（福田赳夫為代表）與大平派（大平正芳為代表）合作向其施壓，而田中派（以田中角榮為代表）議員則直接要求他下臺。

在一片倒三木聲中，一九七六年十月二十一日，自民黨推舉福田赳夫為繼任總裁，三木武夫並未對此妥協，拒絕辭職。由於金權政治的醜聞已導致自民黨在國民心中地位下降，加之為爭奪總裁之位黨內派系之間爭鬥頻繁，在十二月五日的眾議院選舉中，自民黨得票首次低於總議席半數，自民黨與在野黨在實力上已經可謂不分伯仲，情況十分尷尬。三木內閣未能完成上臺之初做出的挽救自民黨在國民心目中的承諾，在十七日引咎總辭職。

三木在任期間，在對外關係上主張美、中、蘇三邊並重，曾參加一九七五年法國倡議召開的「六國集團峰會（G6）」，維持和中國的睦鄰友好關係。然而這個貌似遵循和平原則的人，卻在在任期間先後以私人身分三次參拜靖國神社，招致社會各界的強烈不滿。

三木內閣末期，福田赳夫與大平正芳為迫使三木下臺，曾私下和解並達成協定，決定由福田赳夫接替三木擔任下屆總裁，福田赳夫之後由大平正芳接班。自民黨內最大的兩派達成協定後，一九七六年十二月二十四日，福田赳夫得以順利出任日本首相。福田上臺後，實際接手的是一個爛攤子，其對自民黨的衰敗狀況也深為憂慮，在這種情況下，對自民黨的體制改革成了迫在眉睫的事。一九七七年春，在他的主張下，自民黨成立了《自民黨改革實施本部》，由於改革搶在了黨派換屆選舉前，勉強挽救了自民黨淪為在野黨的下場。

福田時期，日本遭受第二次能源危機（一九七八年底）的衝擊，但經濟並未受到太大打擊。因為在第一次能源危機後，日本各屆首相均通過對內對外經濟政策，致力於經濟復甦。至福田時，整個日本經濟已經完成產業結構調整和升級（**由石油、鋼鐵、化工製品等依賴能源的產業轉向汽車、電子等依靠高新技術的產業**）。

雖然福田並不是「親華派」，但在歷史和潮流的大勢所趨下，在任期間他致力於恢復中日邦交，簽訂了《中日和平友好條約》，並促成了鄧小平的首次訪日和會見昭和天皇。從此，中日關係進入一個嶄新的階段。不僅如此，福田還重視與東南亞國家及其地區的外交關係，於一九七七年親訪東南亞六國，發表日本的東南亞政策，宣稱日本決心堅持和平，不做軍事大國，與東南亞各國建立「心心相印」的信任關係，以淡化右派軍國主義色彩，這一政策被稱為「福田主義」。

福田內閣的政績顯著，大有可能長期執政，大平派為此深為緊張。但在一九七八年十二月的總裁選舉時，大平正芳最終戰勝福田赳夫當選為自民黨總裁。大平的仕途夾在自民黨內的派閥之爭中，可謂一波三折，一度曾遠離政治核心，其與前首相吉田、池田、田中、佐藤等關係均頗為微妙。

大平上任面對的仍然是穩固自民黨政權的任務，從總體上來說，大平算是一個和平份子。對內，他提出建設「福利社會」為目標，主張通過同各在野黨協調對話，以此兩項政策穩固自民黨政權。對外，他主張仍以「美日安保條約」為軸心，加深與各國友好親善關係。積極解決日美貿易摩擦（**起於日本對美國汽車等行業的挑戰，這個競爭持續至今**），因此還發生過有名的「翻臉事件」。對華關係上，其在田中組閣，擔任外相期間，就曾訪問過北京，為日本與中國的關係正常化鋪平了道路。

歷經坎坷晚年上任的大平正芳似乎不願辭職，於日本國會舉行眾參兩院同時選舉之際，病逝於任期內（一九八〇年六月十二日），鈴木善幸作為大平派的負責人登上了首相寶座。

自民黨統治的七〇年代日本亦在此結束，翻開八〇年代日本發展的篇章。經過自民黨從五〇年代至七〇年代對日本經濟優於政治的持續建設，到八〇年代，日本已經穩居世界第二經濟大國的地位。之所以經濟發展優於政治發展，與其在對外關係上以美日安保條約為軸心密不可分，如此一來，對美國的依賴，不可避免地在經濟和政治上變成美國「跟班」，在短時期內，這種關係為日本提供了遠離紛擾，相對穩定的發展環境。從長遠來看，這種關係將把日本牢牢釘在「經濟大國、政治小國」的形象上。為此，進入八〇年代，歷史發展向新任自民黨總裁提出了新的發展任務。

在八〇年代，出任自民黨總裁的是鈴木善幸、中曾根康弘、竹下登、宇野宗佑、海部俊樹。其中中曾根康弘連任三屆，從一九八三年持續到一九八六年，是繼吉田、佐藤之後日本戰後歷史上屈指可數的長命政權之一。因此又可認為八〇年代是中曾根康弘時代，其餘幾任也可以當作是「過客」，我們權且從簡敘述。

鈴木任期短暫，在內政方面大力進行財政改革，強調不增稅的財政重建，由於當時全球經濟不景氣，鈴木的財政改革受挫，另外他還致力於團結黨內分裂。在外交方面，他認為日美同盟關係不包含軍事意義，使日美關係出現波折，其外相更為此辭職。在內外交困的境況下，鈴木於一九八二年十月宣布下臺，由中曾根康弘接任首相。

中曾根上臺，面對的是明治維新以來一百多年間發展留下的各種弊端和其政黨（自民黨）地位動盪的局勢。他是一位富有挑戰精神和超前政治意識的首相，他清楚地認識到這一年代將是日本重大的歷史轉折時期，是向二十一世紀過渡鋪設軌道的準備階段。針對國內和黨內各種弊端，他提出「戰後政治總決算」的矯正口號，希望通過改革建立與未來政治大國相適應的政治、經濟、教育、安保、福利等體制，迎接日本的新未來。所謂「總決算」即是對國家行政、財政、教育進行改革以及挑戰二戰後美國對日本設置的「禁區」——增加防衛經費、修改憲法。

在施政方面，他以「總決算」為方針，提出三大基本改革方案：即行政改革、財政改革、教育改革。行政改革主要針對中央和地方行政機構，在提高政府部門辦事效率的基礎上精簡機構和合理整頓公司團體。以重建國鐵為開端，推動改革事業，促進日本電信電話公社和日本專賣公社的民營化改革、養老金和醫療保險制度的改革、特殊法人整頓合理化及地方官吏制度的改革等，改革從上至下、由中央到地方推進到全國；財政方面致力於順應新的經濟社會發展形勢，協調指導國家與地方及民間的關係，以保持社會經濟機制的活力；教育改革方面實行教育制度改革，探索教育內容的多樣化、彈性化，強調視家庭和社會教育的結合，重視人才的全面教育和培養。試圖全方位打造適應國際化日本的政策，這一切都表示二十一世紀日本必將是中曾根政治的繼續。

在外交方面，中曾根以「政治大國」理想為基本前提和政治思路，奉行自民黨歷任以來的「日美」關係路線、以及後期主張的東亞集體安全保障路線，其中對東亞各國的政策又以美國對東亞的戰略動向為指導。

中曾根在任期間，日本外交空前活躍，因此被稱為日本最國際化的政治領導，又因為其在早期政治立場不穩定被稱為「風向雞」。他密切「日美同盟」，希望以此為相輔相成的戰略路線，步入國際國家行列。一九八三年一月，在其剛上任不久就訪問美國，強調日美是一個命運共同體，直言日美同盟具有軍事性質，更投美國所好，提倡「美日安全合作體制」，深得美國信任。同年五月，中曾根參加在美國召開的七大工業團峰會（G7）西方七國首腦會議，他宣稱日本要和其他北約六國結成共同安全保障關係，在構築世界新秩序中共同發揮核心作用。顯然，日本已將自己視為大國中的一員，西方的合作大夥伴。在其連任三屆日本首相期間，訪美多達七次，會談達十二次之多，雷根總統也曾兩次訪日，日美關係更親密，這是繼中日邦交正常化後，日本在對外關係上的又一次突破。他趁熱打鐵，以此為契機，企圖修改「和平憲法」，以失敗告終，但卻成功將一九八七年度日本國防預算提高到國民生產總值的百分之一・〇〇四，成為僅次於美、蘇的世界第三大軍費支出國，成功突破了日美軍事合作方式及防衛限額。

中曾根也重視發展中日關係，被稱為中日友好關係開拓時期的重要領導之一。一九八四年三月，中曾根以首相身份訪華，與鄧小平進行了第二次會晤，時值鄧小平構想改革開放藍圖時期，中曾根宣布一九八四到一九九〇年的七年間向中國提供四千七百億日圓的低息貸款，幫助中國的現代化建設事業，日本對華低息貸款對中國改革開放初期起了不小的推動作用。雙方還達成了成立「日中友好二十一世紀委員會」的協議，隨後，雙方又設立了中日關係中長期展望、中日經濟科技交流、中日青年文化交流三個專門委員會，促進了中日關係的發展。

然而，和歷任日本首相一樣，在不同時期根據不同需要發展中國、韓國以及東南亞各國關係的同時，又參拜傷害上述國家和人民感情的靖國神社。一九八五年八月十五日，日本戰敗四十週年之時，中曾根率其內閣正式參拜靖國神社。不僅如此，還在一九八六年修改教科書事件上，歪曲、掩蓋日本侵略歷史事件；一九八七年二月又將光華寮（**中國留學生宿舍**）判給了臺灣，這些事件又阻礙了中日關係進一步正常化的發展。

經歷兩次能源危機後，日本政府持續進行產業結構調整和優化，經濟運行能力不斷提高，漸漸走出能源危機帶來的經濟陰影。到一九八五年中曾根時期，日本已成為世界上最大的債權國，對外淨資產高達一千兩百九十八億美元。但好景不長，六、七〇年代日本經濟持續高速增長的黃金期似乎一去不復返。當時的美國遭遇金融危機，財政赤字越來越大，對外貿易幾近萎縮，「日美同盟」命運共同體，日本當然逃脫不了被牽連的命運。為了擺脫國際債務壓力，提高美國產品的出口競爭力，美國希望日本實行美元貶值，而美元的貶值意味著日圓的升值，日圓的升值又意味著依靠外需（**出口**）主導型經濟的日本經濟將遭受重創。迫於美國壓力，一九八五年九月二十二日，日本被迫簽訂了同意美元貶值的「廣場協定」。隨之而來的是，日本出口企業及其配套企業迅速惡化、政府對市場的干預導致泡沫經濟產生等一系列惡果。

中曾根未能擺脫日本經濟發展陷入泥沼的命運，一九八七年，加上輿論界不斷揭露其受賄嫌疑和桃色事端，難逃「金權政治」的負面影響，他為自民黨繼續執掌政權和避免黨的分裂，在連任三屆首相任期將滿時，指定黨內最具實力的竹下登為自民黨第十二任總裁。

竹下登一上臺就致力於協調黨內外關係以穩固自己的政權，提倡夥伴合作代替黨內優先制，實際上，在派系林立的日本政壇內，想要做到幾乎是不可能的，顧此往往失彼。在內政方面，他以承襲、仿效、柔和為特點，比如在田中角榮的《列島改造》和大平正芳《田園城市計畫》的基礎上制定土地政策，繼續推進中曾根對稅制、行政、教育的改革，建立健全而靈活的財政制度，刺激公共事業投資以保持經濟增長，另外還進行稅制改革。竹下登的政策在一定程度上剎住了中曾根時代瘋長的地價，一舉解決了長期懸而未決的稅制改革。由於遭受美國金融危機的影響，外貿遭受日圓升值的衝擊，因此竹下登在經濟上堅持落實外向型向內需主導型轉變的方針。

對外政策仍以日美同盟為基軸，繼續推行中曾根廣泛外交的路線，加強與亞太國家的關係，特別是以增進與韓國、中國、東盟等鄰國的關係為主要課題。在任期間未以公職身分和私人身分參拜神社，積極進行經濟合作，把緩和當時日趨緊張的日美經濟關係作為首要任務。試圖通過上述路線在經濟、政治、社會和文化等方面形成多邊而開放的市場，使日本的發展寓於世界繁榮之中，提高日本在國際社會中的地位。但其與中曾根強硬的「鷹派」形象有所不同，他主張貫徹專守防衛、非核三原則及文官控制制度，不做威脅他國的軍事大國。並在一九八八年二月二十二日，眾議院預算委員會上強調，不做軍事大國是日本的國策，在訪問朝鮮和中國時重申這一原則，給人以柔和的鴿派印象。此外，在蘇聯問題上，他遵循歷任原則，強調解決北方領土問題而後締結和約，努力打開日蘇關係僵局，樹立友好睦鄰關係。

日本經濟在竹下登的經營下，挺過了日圓升值的難關，開始向好轉的趨勢發展，正當日本朝野對其頗為看好，其本人亦欲鞏固政權，大展宏圖之際，「里庫路特事件」見諸報端，日本政界為之震動。所謂里庫路特事件即一九八八年「里庫路特公司」被爆賄賂政界、財界和新聞界，這一醜聞使竹下登的政權搖搖欲墜，加之剛實施的消費稅，加重了國民負擔，以及為緩和日美經濟關係對美國所做出的讓步（**農產品進口自由化，損害了保守農民的利益**）等都加深了國民的不滿，竹下登的支持率暴跌至危險線的百分之二十以下。迫於輿論壓力，竹下登於一九八九年五月二十五日辭職，並指定宇野宗佑為自民黨總裁和繼任首相。這是一位政治生命短暫的首相，剛上任便爆出桃色醜聞，社會各界和在野黨均對其猛烈抨擊，在任僅六十九日，同年八月八日，小派系出身的海部俊樹當選為自民黨總裁，出任首相。

在里庫路特受賄事件和桃色事件曝光後，自民黨再度陷入空前的政治危機中，為了改善形象，恢復在國民心目中的信任和支持，海部內閣再度致力於內政改革，並將前兩任留下的消費稅和農產品進口自由化問題作為處理重點，一九九〇年二月，自民黨在眾議員選舉中獲得了半數席位，穩定了政局。

自民黨走過其政黨風雨飄搖的八〇年代，進入政黨分崩離析的九〇年代。九〇年代出任日本首相的人數達七位之多，有海部俊樹、宮澤喜一、細川護熙、羽田孜、村山富市、橋本龍太郎、小淵惠三。其中海部俊樹和橋本龍太郎分別連任兩屆，宮澤喜一任期兩年，其餘均任期短暫。

海部上臺後，正值國內國際形勢風雲變化之際，一邊是所在黨醜聞頻發引發的民眾信任危機、日本泡沫經濟達到最高峰，股市和地產開始崩盤；另一邊是國際形勢的巨大變化，持續五十多年的美蘇冷戰宣告結束，隨後，德國統一、波斯灣戰爭爆發、蘇聯解體。面對複雜的國內國際形勢，海部對內持續革除政治弊端，恢復國民對自民黨的信任和支持，先後對引起民眾不滿的消費稅、農產品進口政策進行修改，通過減少流動資金和緩慢緊縮財政有效抑制了暴漲的土地價格；在外交上，海部內閣充分利用風雲際會的國際局勢，展開「大國外交」，積極參與構建冷戰後的國際新秩序，鞏固與美國相互信任的關係，同時積極加強與歐洲、亞洲各國的往來。

海部在任期間訪問了十九個國家，其中四次訪美，兩次訪歐，緩和了日美經濟摩擦，與「歐洲共同體」建立了合作關係，並以亞太為基點，多次出訪韓國、東南亞以及東盟等國，致力恢復與朝鮮的邦交，特別重視發展與中日的睦鄰友好關係；以支援前蘇聯經濟危機為條件，提出收回前蘇聯佔領的北方四島。在發展多邊外交的同時，海部內閣還加強了日本的防衛力量，為了向中東地區派遣軍事人員，向國會提交了《聯合國和平合作法》，因遭到在野黨的強烈反對而作廢，一九九一年十一月海部下臺。

一九九二年，宮澤喜一當選自民黨總裁，出任首相，通過了經過修正的《國際和平協力法》，已經實施四十六年經鳩山一郎、中曾根康弘兩任首相致力修改的「和平憲法」終於突破「禁區」，日本自衛隊向海外派兵合法化。而日本修憲成功與美國也不無關係，美國私下的積極慫恿正是修憲派政治家的精神動力。宮澤喜一上臺後，繼續實施政治改革，作為日本政界首屈一指的經濟通，在經濟建設方面提出了建設「生活大國」的五年計劃，使日本國民過上與國家經濟實力相匹配的生活，縮短勞動時間，改善居住環境和條件，增加國民收入，提升國民文化素質，發展社會福利事業。在外交方面，將日中關係與日美關係並列，在他的努力下實現了日本天皇首次訪華，促進了中日兩國間的友好關係。

當時的日本政局雖表面平靜，卻正孕育風暴，並不穩定。自民黨早在十幾年前，就開始提倡針對政黨弊端進行政治改革，但由於黨內保守勢力的牽制，一直未有實質性的成效。宮澤喜一也不例外，受到阻力後，他甚至違背選舉時政治改革的諾言，將與政治改革有關的提案推遲至下屆國會。一九九二年二月，自民黨再曝「金權政治」醜聞，東京佐川快遞公司總經理賄賂政界要人被捕，自民黨多名政要涉及其中，同時日本政界與金融界互利互惠的的「證券醜聞」也見諸報端，這對自田中角榮首相開始就醜聞不斷政黨地位飄搖不定的自民黨來說，無疑是一次重大的創擊。日本國民對自民黨的腐敗憤慨不已，舉行集會和遊行以示抗議，在野黨也趁機紛紛抨擊自民黨的腐敗，面對此番積重而成的變故，自民黨內部保守派和激進派陷入分裂。五月，原自民黨副幹事、熊野縣知事細川護熙脫離自民黨，創立「日本新黨」。一九九三年六月十七日，在野黨聯合提出對宮澤內閣的不信任案，自民黨小澤一郎、羽田孜等人在關鍵性投票中倒戈，導致不信任案通過。按照日本國憲法，在眾議院通過對內閣的不信任案以後，內閣要麼總辭職，要麼解散眾議院再次舉行大選。宮澤內閣選擇了後者，六月十八日晚，宮澤宣布解散眾議院，舉行大選。

在選舉拉開帷幕前，自民黨幹部武村正義等十人退黨，成立了「先驅黨」。六月二十三日，自民黨激進派首腦小澤一郎帶領黨內四十四人成立「新生黨」。自民黨其餘八十多人則以海部俊樹為核心組成聯盟繼續未完的政治改革任務。在接下來的大選中，新生黨與日本社會黨、公明黨、民社黨、社民連組成五黨聯盟，共同對抗自民黨。七月十八日，大選結果揭曉，自民黨雖然獲得最多席位，但不足過半席位，這是它繼一九七六年和一九八三年第三次未達過半席位，其他席位被五黨聯盟分得，選民的投票率則僅為百分之六十七．三，是戰後歷次選舉中投票率最低的一次。宮澤在自民黨內部不是一個善於進行黨派鬥爭的高手，他輸掉了自民黨一九九三年在眾議院的大選，同年八月，宮澤喜一辭去首相職務，結束了自民黨自一九五五年以來長達三十八年獨步日本政壇的歷史，短暫下野。

大選以後，自民黨席位雖不足半數，但卻仍是國會內第一大黨，五黨聯盟積極拉攏日本新黨、先驅新黨，這樣就形成了「七黨一會聯盟」，推舉日本新黨領袖細川護熙為首相侯選人，八月六日，細川護熙當選為首相，組成聯合政府。值得一提的是，細川是一九五五年後第一位非自民黨首相，他在內政上奉行民主，經濟上遵循市場規則，對外支持聯合國的活動，重視亞洲，發展日美關係，謀求兩國經濟一體化。大概因為其非自民黨的身分，在歷屆首相中，他第一個公開明確承認日本在二戰時發動的對外戰爭屬侵略行為。

聯合政府致力於選舉制度改革，但政治地位並不穩固，其八黨派之間為各自利益矛盾重重，外部又遭自民黨等在野黨發難，細川多年前向佐川快遞公司借貸等老帳被翻了出來，成為政治對手追究的把柄，上臺八個月的細川內閣被迫集體辭職；之後，聯合政府第二任首相羽田孜接任，執政不到二月，面對內憂外患，也以辭職告終。之後，在聯盟中遭冷遇的日本社會黨和先驅新黨離開執政聯盟，轉而加入在野的自民黨，餘下政黨嘗試組成少數派政府，但這一嘗試以失敗告終，一九九四年，社會黨和自民黨合組大多數聯盟組成新的聯合政府，自民黨於是再度得勢，雖然首相一職由日本社會黨村山富市擔任，他是繼細川護熙之後第二位以首相身分向二戰亞洲受害國口頭道歉的首相，也是第一位以首相身分就日軍侵華事件道歉的日本首相。

新的聯盟政府依然矛盾重重，自民黨和社會黨向來就是兩大對立的政黨，政治理念和政治主張均大相逕庭，在執政過程中狀況頻發。比如一九九五年一月阪神大地震和三月的奧姆真理教東京地鐵沙林毒氣事件，由於未能及時處理，造成民眾死亡慘重。隨之而來的便是民眾和在野黨的指責和批評，首當其衝的當然是村山和他的社會黨，在七月的參議員選舉中，社會黨敗北，村山被迫辭職，並將社會黨改名為「社會民主黨」，簡稱「社民黨」。

村山下臺後，在一九九五年九月擊敗小泉純一郎成功當選自民黨總裁的橋本龍太郎於一九九六年一月接替村山擔任日本首相，首相一職再度回歸自民黨之手。實際上，一九九六年至一九九八年間，最大的政敵社會黨下臺後，暫時沒有與自民黨抗衡的政黨，但在一九九八年民主黨成立後，隨著其政治勢力日益壯大，自民黨地位便再陷危機。

橋本上臺之時，正逢日本經濟經過漫長的蕭條後，逐步回暖。八〇年代中後期產生的「泡沫經濟」在政府的干預下，在此時也開始回歸理性，並緩慢發展。在這種情況下，橋本實施緊縮財政政策，減少政府對市場的資金「救濟」，並重提竹下登時期的增收消費稅，減少醫保補助，結果導致國民不敢消費，國內消費市場萎縮，經濟出現負增長，此時恰逢亞洲金融危機襲來，剛復甦的日本經濟遭受嚴重打擊，陷入新一輪的衰退。政府不得不再次出資啟動市場，一九九八年十一月十六日，橋本推出日本有史以來最大的經濟啟動方案，涉及金額高達十七兆日圓，相當於政府預算的百分之二十以上，並再次削減消費稅。但市場沒有由此甦醒，經濟形勢持續惡化。經濟的不景氣使橋本支持率下跌，被迫引咎辭職。

橋本龍太郎在位期間，突出的政治成績在於致力行政改革，提案對當時的日本政府結構進行改革，將原中央政府架構由原來的一府二十二省廳，精簡為一府十二省廳。在外交上依然遵循自民黨以日美基軸為核心，與亞太各國開展外交的政策。此外，橋本與美國總統柯林頓達成駐日美軍返還沖繩普天間機場協議（**不過卻遲遲未付諸實踐**），並與俄羅斯總統葉爾辛商談好了締結和平條約事項。

橋本下臺後，由同派系的小淵惠三任自民黨總裁出任首相。小淵接手橋本未完的「啟動市場」任務，終止橋本的「財政改革法」，由緊縮財政改以擴張型財政政策，啟用宏觀干預政策，促使經濟復甦，一九九九年日本經濟出現緩慢復甦，小淵救市政策的後遺症便是留下將近一百兆日圓的巨額政府債務。在改革經濟的同時，小淵在行政上改組內閣，自民黨與自由黨組成聯合政府，並繼一九九二年宮澤喜一打破和平憲法「禁區」——日本自衛隊向海外派兵合法後，通過了新的《美日防衛合作方針》等相關法案，再度將日本向軍事大國推進了一步。外交方面，除訪美外，一九九八年十一月正式訪問了俄羅斯，成為二十五年來第一個正式訪俄的日本首相；十一月二十五日，中國國家主席江澤民訪日，這是中國國家元首首次訪日。因此，這一年在日本外交史上是非凡的一年。雖然小淵實行了一些列改革，但改革本身並不順利，想要拉著「自民黨」這輛破車摧枯拉朽地向前，可謂阻力重重，在他籌備脫離自民黨之時，卻突然腦溢血昏迷入院。數月後不治辭世，成為自民黨第二位死在任上的首相。

隨著小淵惠三的辭世，九〇年代的日本消逝在歷史的塵煙裡。自民黨推出的十九任總裁——森喜朗翻開了日本政治新千年的篇章。實際上，森喜朗只是小淵內閣的暫時管理者，一個亡者的替代者。森喜朗身處的是日本多事之秋，政治、經濟、外交均處於微妙時期，將日本帶往何方的政策影響著未來一段時間的發展，擺在他面前的將是一條坎坷曲折的政途。在內政方面，自民黨內派系暗鬥升級，人心分散；經濟方面，急需行之有效的政策緩解政府負擔，同時進一步復甦日本經濟；外交方面，日俄和平友好條約的簽訂及日朝關係改善等問題已提上議事日程，作為日本外交基軸的日美關係中的一些問題也待解決，比如沖繩美軍基地問題、駐日美軍經費負擔、日美通商等問題。

森喜朗在位的一年多時間裡，日本經濟沒有起色，政治改革毫無成效，加之其多次在公眾場所頻頻說錯話，引起輿論的批判，對一些突發事件的應急處理反應過慢，引起民眾不滿。同時，森內閣成員的腐敗事件屢次發生，多名重要成員深陷受賄和桃色醜聞而辭職，民眾支持率直線下降，支持率降至前所未有的個位數百分之五・七。在野黨民主黨黨魁鳩山由紀夫取笑說：「森喜朗內閣的支持率堪比日本的消費稅率（百分之五）。」迫於輿論壓力，二〇〇一年四月十八日，深感無法贏得人民信任的森喜朗被迫辭職。

自九〇年代日本經濟發展再度陷入困境以來，內閣更替頻繁，十年換了九任首相，誰都只是匆匆過客，未能啟動日本經濟的新生，直到二〇〇一年四月二十六日小泉純一郎當選自民黨總裁，接替森喜朗出任首相，這種情況才有所好轉。

小泉是透過脫離自民黨第二大派閥森喜朗派，以黨內「自由人」身分競選總裁成為首相的。有人說，他的成功，改寫了此前幾十年由其政治對手橋本龍太郎一系（田中—竹下—小淵世系）掌控主權的政治局面。此話不假，但也從側面反映出小泉政權在有雄厚實力的派閥中並不佔優勢，憑藉「黨內自由人」和「派閥政權」一刀兩斷的噱頭獲得民眾支持，但其在派閥林立的黨內沒有雄厚的後臺，在今後的施政過程中難免困難重重。從某種意義上來說，小泉純一郎也是一位改革型首相，早在九〇年代中期，耳聞目染自民黨頽勢的小泉就出書批評自民黨的「金權政治」，建議郵政民營化，立志改革自民黨，加快黨內領導層的新老更替，他代表自民黨聯合公明黨、保守黨組成聯合政府。

「獨立特行」是擁有一頭「獅子頭」髮型的小泉標籤，他說「不進行結構改革，就不可能恢復經濟」，因此他上臺後就大刀闊斧地進行「結構性」改革。在內政方面，他打破常規，摒棄按派系實力分配權位的舊習，大膽啟用年輕有為的少壯派，甚至還啟用了五名女性閣僚，將改革的矛頭直指與自民黨「金權政治」關係密切的特殊利益團體。先是對道路關係四公團、石油公團、住宅金融公庫等這些帶「公」字的國營團體進行改革，把它們變成了特殊法人，政府一下子就變得小了不少，接著進行「郵政改革」，並把這個改革作為重中之重。同時積極推進包括財政在內的中央、地方分權。小泉的改革為陷入困境的日本經濟注入活力的同時，也帶來弊端，只不過這個弊端並不立見分曉，而是隱藏於其後的發展中。

如歷任首相對自民黨弊端改革所遭遇的那樣，因改革牽涉的政黨要員眾多、影響廣泛，因此阻力重重，進展困難。雖然如此，小泉在任期間，日本經濟進入復甦和全面轉型時期，經濟增長率由百分之負三・三，扭轉為百分之一・六。

在外交上仍以日美關係為基軸，和前幾任首相略有不同的是，小泉內閣並不重視與亞太地區的外交關係，他認為「國際關係正向著以美國為中心的的方向調整」而不是多極秩序的，轉而積極與美國達成戰略夥伴關係，利用美國的霸權主義，牟取日本利益的最大化。二〇〇一年十月，日本派自衛隊進入印度洋支持美國發動阿富汗戰爭，其後又堅定地支持美國發動對伊戰爭，並在二〇〇三年七月派自衛隊進入伊拉克。在任期間曾多次參拜靖國神社，使得與中國和韓國等亞太國家間的關係惡化。實際上，日本從未放棄做軍事大國的野心，通過修改「和平憲法」，逐步邁進後，到小泉時期的二〇〇四年，日本軍費數額高達四百二十四億美元，日本在軍事實力上已成為僅次於美國，超越英國的軍事強國。

小泉針對自民黨的改革雖然大部份受阻，但卻憑藉此獲得民眾居高不下的支持，穩穩佔據日本政壇五年半，一改此前日本內閣「短命」的命運，成為二十年來執政時間最長的首相，甚至超過前首相中曾根康弘，成為日本二戰後第三位長命首相，僅次於赫赫有名的前首相佐藤榮作和吉田茂。

二〇〇六年九月二十六日，小泉辭去首相一職，由安倍晉三接任。安倍晉三和小泉純一郎都屬對華強硬的「鷹派」，兩人均在公共場合多次否認日本的戰爭罪行。安倍更提出「日本戰犯不是罪犯」的觀點，多次對日本在二戰中犯下的戰爭罪行進行開脫，堅決支持參拜靖國神社的政治行為。他是小泉內閣的得力助手，二〇〇五年，小泉趕走反對參拜靖國神社的福田康夫，任命安倍為內閣官房長官，安倍得以把持內閣最重要位置，直達日本政治中心，因此日本媒體稱安倍晉三是「小泉的正統接班人」。在自民黨總裁選舉中，安倍晉三以四百六十四票的高票擊敗對手時任外相的麻生太郎當選為總裁，成為迄今為止當選時最年輕的總裁，二〇〇六年九月二十六日，安倍晉三出任首相，麻生太郎繼續留任外相。

安倍晉三一上臺就表明自己的政治主張，在內政上對行政機構進行徹底的改革、重組，強化首相的政治領導力，並以此為主導建立領導體制，利用民間力量，分散派閥權力，建立高效的小型政府；對教育進行「徹底的改革」，培養能活躍在世界各地並具有奉獻精神的日本人；在走出戰後體制的基礎上，奉行開放的保守主義，制定符合二十一世紀日本國情的憲法。在外交上，強化日美同盟關係，在亞洲建立穩固的合作關係，加強與中、韓等近鄰各國之間的信賴關係（安倍晉三上任後的首次外交訪問，一改以往首相的作風，首站訪問中國，而非美國，成為中日關係的一個新起點）；推動與美、歐、澳、印等擁有共同價值觀國家之間的對話；確保能源安全；要使日本成為世界上負責任的、發揮積極作用，能夠被世界信賴、尊重、愛戴、具有領導能力、開放的國家。

不過，安倍晉三出任首相一年即提出辭職，日本媒體報導說，安倍晉三是以「健康原因」為由辭職的。實際上，自八月自民黨在參議院選舉中慘敗以後，安倍辭職就成了勢在必行的選擇，最根本原因在於安倍政權失去了民眾支持，其領導的自民黨內部也缺乏凝聚力。直到九月十二日之前，安倍所有公開的政策運籌，均立足於繼續執政，甚至在任期將結束之際，安倍還改組了自民黨高層人事和內閣，以圖重振政權。而安倍晉三與掌握參議院主導權的民主黨黨首小澤一郎，就日本海上自衛隊基於《反恐特別措施法》在印度洋上是否繼續燃料補給的問題發生分歧，是其辭職的導火索。在供給問題上，安倍晉三以內閣集體辭職作為對國際社會的公開承諾，其強硬的態度引起在野黨不滿，並以要在國會上追究首相「政治與金錢」、養老金記錄缺失等問題施加壓力。在這種僵局下，安倍晉三意識到「我本身已成為繼續供油活動的阻礙」，使他下決心辭職打破日本政局的僵局。

安倍晉三的辭職在日本政壇引起強烈震動，有關人士擔心引起政局混亂，給經濟穩定及日本的國際信譽帶來不良影響。在國會召開會議前，安倍就辭職，這對自民黨來說相當不利。何以這麼說呢？殊不知，在自民黨漸成昔日黃花之際，民主黨正日益發展壯大，已經具備與政府和執政黨抗衡的實力，參議院力量對比因而發生變化。這次國會臨時會議就是在日本朝野政黨分別控制眾參兩院的情況下召開的首次會議，朝野政黨將在國會展開一場激烈的政治較量，隨著安倍晉三的突然辭職，自民黨頓失總裁，必將加劇政局混亂。而今後政府和執政黨提出的任何法案，都必須得到在野黨的合作才能順利地在國會獲得通過，從某種意義上來說，這是自民黨政權淪喪的開始。

想要穩定政局，自民黨的當務之急是盡快選出新首相，避免政治出現「空窗期」。二〇〇七年九月二十三日，在安倍晉三決定辭職後，自民黨召開了兩院議員大會，進行新總裁選舉，最終福田康夫以三百三十票擊敗麻生太郎（一百九十七票），當選為自民黨總裁。其後，在參眾兩院選舉結果不同的情況下，經兩院協商後當選日本首相。

福田康夫是前任首相福田赳夫的長子，也是迄今為止，日本唯一的父子兩代首相。福田康夫上任後面臨的局面是複雜的，不僅肩負著使自民黨重振旗鼓的重任，還得解決前任們留下的眾多難題：如謀求日本海上自衛隊在印度洋繼續對美英兩國的供油活動、解決養老金記錄不全、是否提高消費稅充當養老金填補巨大的財政空缺、消除城鄉差距擴大等問題。他還面臨著開支更多資金以吸引對政府不滿選民的壓力，但與此同時，他必須控制住日本巨額的公共債務，因為日本的公共債務在前幾任首相的透支下，已達日本國內生產總值的一．五倍。

而前首相小泉純一郎改革的風光過後，其負面影響開始出現，這使得福田康夫不得不將施政重點從前首相安倍晉三恢復傳統價值觀和提高日本國際安全作用角色轉而放在鄉村地區和其他受到小泉改革傷害的行業。關於外交政策，福田康夫堅持日美同盟和國際協調為基本外交政策，同時積極推進亞洲外交，表示要加強日中關係。

此外，控制參議院的反對黨民主黨一直要求盡早解散自民黨控制的眾議院，重新舉行全國大選。若果真如此，失去眾議院的自民黨將陷於生死存亡的境地，福田康夫的首相地位及其率領下的自民黨執政地位都將面臨巨大危機。福田康夫的歷史任務如此艱鉅，以至於完成它成了可以預見的不可能，而朝野兩黨緊張對抗的局面將使他在施政過程中將遭遇政策僵局，從而加劇這種艱難的程度。為了挽救自民黨，打破施政僵局，福田康夫上臺不久，便與民主黨代表小澤一郎會談，試圖與對方建立聯合政權，但遭到民主黨拒絕。

在這種情況下，福田康夫的每項政策都延誤於朝野兩黨的對抗中，比如，二〇〇七年十月十七日，福田內閣向國會眾議院提交了《新反恐特別措施法案》，由於民主黨的阻撓，該法案未獲國會通過，日本從印度洋撤回為美英等國軍艦提供燃料補給的艦艇，直到二〇〇八年一月十一日，該法案才在自民黨控制的眾議院以三分之二以上多數票強行通過，進而恢復印度洋供油活動，完成小泉對國際社會的承諾。

在福田執政將滿一年之時，其內閣成員受賄醜聞頻頻曝光，被在野黨指責用人不當，加之福田在朝野兩黨的矛盾衝突中施政猶如逆水行舟，倍感吃力。正如他在新聞發布會上所說：「民主黨試圖阻撓每項議案，致使貫徹政策需要花長時間，為了日本人民的利益，這一情況不能再重覆。」「如果我們優先考慮人民生活，就不能讓政治上的討價還價造成政治真空。我們需要一個新團隊實施我們的政策。」因此，在任期將滿、國會即將召開之際，他和前首相安倍晉三一樣選擇辭職，希望通過辭職打破兩黨對立的政治僵局。福田的辭職同樣震動日本政壇，被朝野兩黨人士指責為逃避行為，黨內人士本希望他排除萬難戰鬥到最後，卻成了一場空。自民黨兩年之間兩位總裁放棄政權，聲譽受損，同時也加劇了日本政壇誰主沉浮的動盪。

福田康夫宣布辭職之後，二〇〇八年九月二日，自民黨立即著手選舉下一任總裁，接連兩次在選舉中分別敗給小泉純一郎和福田康夫的麻生太郎捲土重來，終於一償夙願，當選為自民黨總裁。

麻生太郎為何兩次敗北呢？這與他性格中不討喜的缺點不無關係，麻生太郎出身政治世家（**吉田茂的外孫、前首相鈴木善幸的女婿**），祖上又世代經營礦業（**高祖是大久保利通**），出生即坐擁上億身家。上學期間成績平平，酷愛看漫畫，也熱愛辯論，卻常以漫畫中虛幻所述為論據，就任首相後這一愛好也未改變。第一次落選是在二〇〇一年四月，當時前首相森喜朗因醜聞被迫辭職，自民黨實力人物野中廣務想擁立麻生以打敗小泉，但就在決定前的一次內部會議上，麻生以調侃的口氣對野中的親信出言不遜，令野中大怒，放棄了支持麻生的打算，在隨後的大選中，麻生大敗而歸。第二次落選是在二〇〇九年九月，那時候日本首相安倍晉三突然宣布辭職，當時執掌黨務大權的麻生太郎被認為是新首相的不二人選，然而，前內閣官房長官福田康夫卻以三百三十票高票擊敗一百九十七票的麻生太郎單選為自民黨總裁。原因在於自民黨各個派閥，除了麻生領軍的十六名成員外，其餘所有派閥都支持福田，而這源於麻生在工作過程中排擠、打壓、得罪了一些黨內實力派人物，因此他們領導的派閥也一律倒向福田，使麻生太郎在大選中又一次失敗。

二〇〇八年九月，經過不懈的努力，麻生太郎終於得以出任日本首相。在內政上他強調恢復國內經濟和消除國民不安，主張積極增加政府開支刺激經濟，反對提高消費稅；在社會保障上，他主張實現「中等福利中等負擔」的社會保障體系。而我們知道日本的財政狀況，實在是不足以支撐麻生關於增加政府開支刺激經濟這一決策，使得這一決策成為空談。在外交上，麻生是有名的鷹派人物，還未從政前就經常發表激進的日本右派言論，上臺後更在公眾場合多次美化二戰日本的侵略史，質疑並否定南京大屠殺，漢語極其糟糕的麻生精通英語，有不少美國政界人脈關係，是典型的親美派。因此，他主張將日美同盟放在日本最優先的地位，對亞洲關係採取強硬政策，支持李登輝訪日，並在卸任後親訪臺灣，在任期間還參拜靖國神社並發表言論攻擊亞洲各國。

然而，這位倔強的鷹派首相終究沒有逃過命運，也沒能挽救自民黨，恰逢其執政黨沒落之時，首相之路頗為不順，敗北兩次才當選首相的他一直備受支持率低迷的困擾，在任不到一年，就面臨被撤換的危機。二〇〇九年月初，已如風中之燭的自民黨料定麻生太郎在八月大選中敗選，認為他不能代表自民黨的招牌，為免政權旁落他黨之手，自民黨策劃在大選前換掉他，以挽救自民黨淪為在野黨的局勢。此舉因在野黨的阻撓而未能成行，但這並不意味著麻生度過了面臨下臺的危險期，更大的危機正向他逼近。實際上，據調查到二〇〇九年五月麻生的支持率跌至百分之十一，百分之七十一的日本民眾盼望未能兌現刺激經濟承諾的他早日下臺；更糟糕的是，超過半數的投票者希望日本民主黨能在大選中勝出，只有百分之二十二的民眾支持自民黨繼續執政。當時的民主黨代表小澤一郎因涉及其首席秘書的案件，迫於壓力宣布辭職，時任幹事的鳩山由紀夫通過選舉成功當選為新一任黨代表。在即將展開的新一輪政權角逐中，民主黨積極拉攏民眾，打出「打破官僚主導政治」、「不浪費納稅人的錢」等口號響應民眾需求，加速了麻生太郎的下臺和自民黨政權的瓦解。

幾乎是毫無懸念的，二〇〇九年八月三十日，鳩山由紀夫帶領民主黨在眾議院選舉中取得壓倒性的歷史性勝利，以三百二十七票高票當選，在隨後的參議院投票中，鳩山也獲得過半數的票，順利當選日本首相，實現日本在第二次世界大戰後首次真正意義上的「政權更迭」。自民黨從一九五五年以來長期執政，五十多年裡僅一九九三年至一九九四年間短暫在野，期間由聯合政府執政，戰後政治體系由此終結，也標誌著前一個漫長時代的結束。

歷史總有巧設之處，從時間的彼端到此端的追溯，似乎剛好夠一個輪迴，從祖父鳩山一郎到孫子鳩山由紀夫，一個家族的兩個男人恰是日本的兩個時代，一個開啟者是另一個開啟者的終結者，亦是某種意義上的繼承者，這便是歷史不經意的有趣所在。

正如鳩山由紀夫所說，他肩負著「改變歷史的重任」，然冰凍三尺非一日之寒，制度和文化相互影響，政治詬病豈憑一人一黨之力就能根除？這注定是場曠日持久的改革之戰，並充滿艱難疼痛和不確定性。鳩山由紀夫帶領的民主黨面臨的政治形勢並不樂觀，新政府腳下可謂關山重重，收拾自民黨留下的爛攤子是首要的難題，比如在國債高築的情況下刺激經濟、增加國民收入、增進社會保障（**為解決財政危機，自民黨政府對社保經費進行了削減，導致醫療、養老等社會保障力度不足，造成民眾對生活心存不安**）等。而日本眼下面臨二戰後最為嚴重的經濟衰退，失業率屢創新高、通貨膨脹如影隨形……而刺激經濟的政府開支從何而來？又如打破「官僚政治」的主張，「官僚」體制在日本已持續一百多年，盤根錯節勢力非常強大，如何進行結構性改革，都是不小的難題。

時間是歷史最好的預言者和見證者，回到當下，我們有幸得見民主黨主導的今日日本態勢，但還無法完全窺知其政權擔當及運營能力，因為從二〇〇九年民主黨執政至今僅四個年頭，如初生者在實踐中探索方向，檢驗構想中政策的可行性，政途漫其修遠兮，它和日本的發展正向我們已知和未知的方向展開，在下一章節我們再把已知的故事詳細道來。

昔日自民黨今何從

對於掌控日本政局長達五十四年之久的自民黨緣何敗選，政治家們試圖從各個方面找尋其根源，找到導致它衰弱的機制。日本選民何以在二〇〇九年下決心顛覆自美國佔領以來的政治體制——「五五年體制」，是什麼導致他們毫無眷戀訣別過去選擇新生的民主黨？正如日本古籍《平家物語》開篇所言「盛者必衰」，自民黨昔日的輝煌注定它有朝一日會黯然退去的結局，如潮起潮落、生老病死揭示的自然規律一樣正常。然則，若一言概之，也就失去了探尋歷史的樂趣，糖紙裡包著糖的事實小朋友都知道，我們更想知道糖紙裡包著什麼味道的糖，以及這種味道緣何而來？像我們之前無數次做的那樣，回到從前，回到它的誕生之初……歷史的樂趣恰在於回到過去，刨根問底溯本求源。

日本的政黨，大多由各種政治理念不盡相同的派別組成，兩個政見不同的政黨（**自由黨的吉田注重經濟，民主黨的鳩山講究政治，主張修憲**）為了共同的目標——對付革新政黨社會黨，走到了一起。然而，兩派領導下的派系鬥爭後來以「派閥政治」的面目出現並貫穿於五十四年的執政生涯。自民黨內部的派閥整合從未停止過，派閥的消長是衡量自民黨內部權力傾斜、再分配的重要指標。一九九三年到一九九四年間自民黨的短暫下野，最根本的原因就在於政黨內部鬥爭引發分裂而造成的。從始至終，聯合體自民黨基本執行的是吉田路線，中曾根康弘要對日本進行「戰後總決算」、小澤一郎主張日本應成為「正常國家」，都是為了「矯正」吉田路線，屬於「鳩山路線」的延伸。

如我們在之前在《自民黨和它的首相們》裡冗長的描述那樣，它的優勢在某種程度上正是它的弊端，這是顯而易見的——備受日本國民詬病的「派閥政治」和「金權政治」，這兩個因素正是構成自民黨的重要基因。換言之，自民黨可以獨步政壇五十四年正得益於「派閥」和「金權」，「派閥」如「黃埔軍校」培養、儲備、輸送內閣人才；「金權」財團持續作用於戰後日本經濟發展，才有日本戰後騰飛的奇蹟。眾所周知，任何一種制度都無法制約腐敗，何況是以官商緊密合作為基礎的政權，在其後它演變成官商相互勾結的政策、或者財團左右國家政治也就不足為奇了。正因為如此，金權醜聞或是由此而生的諸多令民眾憤慨的行政措施和法令幾乎貫穿於每一個時期，從五、六〇年代的「岸信介醜聞」、七〇年代的「洛克希德案」、八〇年代的「里庫路特案」、九〇年代的「佐川急便案」等不一而足，引起全國關注的腐敗大案就有二十多起。田中角榮、竹下登、中曾根康弘、海部俊樹等多位首相均捲入其中，而參與腐敗的內閣大臣、國會議員更是不勝枚舉。政府政策重視大企業利益創造經濟奇蹟、獲得民眾長期支持的同時也在透支民眾信任，選民所憂慮的不僅是自民黨沒有能力處理腐敗，更擔心自民黨無力拿出切實有效的辦法來應對經濟復甦等極待解決的問題。也就是說除腐敗外，「經濟成敗」才是牽制自民黨興衰的真正原因。

「派閥政治」表現為「黨中黨」現象，而「二元體制」又是「派閥政治」的助燃劑，所謂「二元」，是指執政黨和政府。「二元體制」是指自民黨時代的預算和法案都要先經執政黨（自民黨）通過才能在內閣通過，這使執政黨內一些議員影響力過大，內閣往往被架空。說「二元體制」是

「派閥政治」的助燃劑，是因為在政黨內為了爭奪「誰說了算」的話語權，勢必要以「集體」的力量而為之。

「派閥政治」的深層原因當然不源於自民黨，那麼它源於何處呢？這便要追溯到幕府時期的政權體制，即是「藩閥政治」，這一日本傳統政治文化，正是它的根源，「藩閥政治」和「派閥政治」均是日本政治的特點，是某種程度上的一脈相承。與以血緣或裙帶關係為紐帶的政治組織不同的是，藩閥政治和派閥政治以地緣關係為紐帶，即將同一地區的人脈關係作為基本單位並賦予其組織性功能。明治維新時，新政府改革偏重於促使國家快速強盛，並未對藩閥政治體制進行改革。相反地，明治政府的要職均由倒幕有功的藩閥擔任（如長州藩、薩摩藩、肥前藩等），導致有權有勢的藩士長期掌控國政，形成勢力龐大的「藩閥政治」體系，以及新興財閥壟斷市場經濟等現象。這些遺留問題如病因一樣潛藏在日本歷史發展的洪流裡，遺傳給誕生於其中的自民黨，成為其與生俱來構成的一部分，因此，有人將派閥政治看作是自民黨尚未進化為真正意義上現代政黨的標誌。

那麼自民黨的「金權政治」從何而來呢？它恰是與其「派閥政治」相輔相成的產物，「派閥政治」就是「金權政治」的溫床、是金權政治在執政黨內蔓延的元凶。自民黨從誕生之日起代表的就是壟斷資產階級的利益，是錢的政權，這恰與金權政治的定義不謀而合。簡單地說，金權政治就是富者的統治，也就是亞里斯多德所說的按照財產分配權力的政體，也很好地代表了國家是階級統治的工具這一事實。而按照財產分配權力恰是自民黨派閥政治至始至終的做法，自民黨內經年流傳著「多數等於權力」的理論，正如前首相小淵惠三「不能沒有派系，如同人不能單獨活在人間（大概與日本民族性裡的集團精神有關）」的直言那樣，自民黨內大部分人均信奉「數量即力量」，這也是派閥體系雖屢遭質疑卻總能頑強存活下來的原因。「數量即力量」是指在國會中取得多數議席便可以成為執政黨，而在黨內擁有多數席位就可以成為派閥之長，左右首相人選。自民黨內如「田中」等大派系長盛不衰的法寶在於，其擁有其他派系無法匹敵的雄厚財力。而雄厚的財力從何而來？這主要取決於派系之首的籌款能力，政治家利用手中權力為企業提供方便是其慣用的手法。「派閥政治」和「金權政治」就這樣交織在一起，演變成「政官財」相互勾結的鐵三角關係，形成所謂「三位一體」的結構性腐敗，亦是自民黨雖提「結構性改革」卻仍不能「揮刀自宮」的原因。

描述了這麼多自民黨的陰暗面，正是因為它發出的光如此強大而奪目，才投以這樣讓人立見分明的陰影。它領導下的日本早在一九六八年就成為僅次於美國的世界第二經濟大國並持續至今，這是有目共睹的政績。不僅如此，它在公共服務方面也頗有成績，如劉瑜在一篇文章中所談到的那樣「拿公共醫療服務來說，日本的全民醫療體系舉世聞名，據說在日本買個香瓜可能要花三十美元，但看一次牙醫卻只需要二十美元……二〇〇八年世界銀行統計日本人均GDP世界排名十八，國際透明度的清廉指數日本也是排名十八。又拿衡量貧富懸殊的吉尼係數來說，日本長期穩定在〇．二五左右，與北歐國家大致相當，遠低於很多周邊國家。百分之三十八的議員是「太子黨」，卻沒有導致日本成為一個貧富高度懸殊的國家。」簡而概之，自民黨雖腐敗頻見報端，但它的政績比它的腐敗更深入人心，備受世人矚目。而最為重要的原因，大概就在於它的制度最終大於官僚本身，而不像諸多腐敗盛行的國家那樣，官僚大於制度，大於人民。

然而，如「虎落平陽」的淒涼，昔日輝煌的自民黨如今很難見諸報端，你只能從報紙不起眼的角角落落偶覓蹤跡。喪失政權後，自民黨派閥如失去凝聚力的散沙逐漸分崩離析，截至二〇一〇年四月二十日，已經先後有十名參議員、三名眾議員共十三名自民黨國會議員宣布退黨，其中不乏資深議員，而退出的成員分別成立了奮起日本、新黨改革這兩個新政黨。至此，自民黨能否再起，恐怕這個謎底得交給時間去解答了，因為在自民黨衰弱的另一面是曾經長達五十四年的興盛，如「百足之蟲，死而不僵」，其在戰後日本社會根深葉茂的社會資源，在各行業政策上的「遺產」，能否成為「過去式」全看民主黨在將來的執政業績。

延伸閱讀

《平家物語》是成書於十三世紀（日本鎌倉時代）的軍記物語，作者不詳。記敘了一一五六年到一一八五年間源氏與平氏的政權爭奪。主要敘述以平清盛為首的平氏家族的故事。前六卷描寫了平氏家族的榮華鼎盛和驕奢霸道；後七卷著重描述了源平兩大武士集團大戰的經過，渲染了平氏家族終被消滅的悲慘結局。全書引用了相當多數量的中國典籍，通篇以史書編年體為主，形成了以作者尋找平氏衰亡原因為主要線索的結構。其最大的藝術成就是塑造了王朝文學所不曾有過的披堅執銳、躍馬橫槍的英雄人物。這些形象的出現，標誌著日本古典文學開創了新的與王朝文學迥然有異的傳統，給後世文學帶來了極為深遠的影響。雖晚於《源氏物語》兩百年，卻與之並列為日本古典文學雙璧：一文一武，一象徵菊花，一象徵劍。

民主黨開啟日本兩黨制

二〇〇九年九月，這個原本平凡的日期，因民主黨的上臺在日本歷史上有了座標性意義。歷史如大戲，政權更迭向來是你方唱罷我登場，如此反覆、循環演繹著千秋萬代裡來來去去的人和紛紛擾擾的事，一切看似偶然，卻又用某些既定的因素昭示著它的必然性，日本民主黨對自民黨的替換正是這些因素作用的結果，這麼說來，彷若二〇〇九年九月這個日期就是為了民主黨的上臺而存在的。一個新政府，它總是誕生於人們對舊政府徹底不滿乃至拋棄之時，亦是人們未得滿足意願的載體，日本前執政黨某位首相說自己的政黨「過了耐用年限」，大抵就是這個意思。

因此，民主黨一上臺，人們就開始比較兩個政黨的不同之處，也就是民主黨取代自民黨的優勢所在，甚而猜測這是否是終結自民黨一黨獨大五十多年的開始，從而開啟真正意義上「美國式」的兩黨制。除此之外，人們更關心的當然是民主黨怎麼處理自民黨遺留下的諸多歷史問題：在經濟持續低迷，失業率攀高，政府財政赤字的情況下，如何刺激經濟，解決養老等民生問題，從而走出長達二十年的經濟發展陰霾，以及如何處理日美、日中等外交關係，是否持續自民黨以「日美同盟」為軸心的外交政策。歸為一點，即是民主黨內政和外交政策與前執政黨自民黨將有何不同？

當然，兩黨之間表象的差別是顯而易見的，這差別恰來自於民主黨為博得選民支持而對自民黨弊端的「矯正政策」，即是對「派閥政治」和「金權政治」的「矯正」。殊不知，這對症下藥，看似簡單顯而易見的疾在腠理，卻深入骨髓，非一番刮骨無以去疾。新生的民主黨能否完成矯正自民黨的遺留問題，進而改革日本政治、經濟結構的重任？這個歷史問題的答案除了時間，恐怕還是時間，因為時間是最好的良藥，像天平兩端制衡的兩種制度的形成。

民主黨曾在眾議院選舉中宣稱，要打破明治時代以來一百多年的「官僚政治」（**指政府高級公務員**），即是「派閥政治」，實行由「政治家主導」（**直接由國民選出的議員**）的政治，構築日本新自由社會，並將其作為施政的重點。針對自民黨的「二元體制」（**執政黨與內閣**），民主黨主張實現「一元化」，即決策權歸於內閣，意圖從一定程度上起到瓦解派閥力量，打擊「黨中黨」的作用。為了表達自己的政治主張，民主黨一上臺就廢除了被認為是「官僚政治」象徵的事務次官會議，新設首相直屬的「國家戰略局」，決定國家藍圖和預算分配等重要事項；向各省廳派遣約一百名國會議員，主導政策的制定。

面對自民黨執政時期「金權政治」帶來的一系列經濟弊端，民主黨開出的藥方是：收入再分配（**從國民的角度對預算和制度進行審查，防止浪費**）、刺激內需，將外需主導型經濟轉化為內需主導型經濟。自民黨執政時期，走的是官僚與產業相結合、外需主導型經濟（**出口增長拉動經濟**）發展道路，長期以來通過相關特殊法人等利益集團分配預算（**導致預算分配不合理**），重視大企業的利益，以大企業的發展帶動相關產業發展的經濟政策。這一系列相互依存的政策，曾在冷戰前依託有利的國際環境有效地推動日本戰後經濟的飛速發展，弊端也如影隨行，為「金權」與「政治」提供了剪不斷理還亂的曖昧環境。這一曖昧關係在一定程度上左右著經濟政策的決定方向，以致於在經濟發展出現政策性錯誤時，不能「揮刀斬情絲」，以市場為出發點制定出切實有效的救市政策。

而隨著國際國內經濟發展趨勢的變化，自民黨未能及時調整經濟發展戰略模式，更未對已出現的經濟發展問題做出正確的宏觀調整政策，而一些錯誤的經濟微調政策又將其一步步推向無法挽回的如財政赤字、經濟持續走低、失業率攀高、泡沫經濟的困境，最終走向喪失政權的地步。

自民黨執政期間，日本經濟發展興衰的脈絡清晰可見，其中不乏盟友美國的身影。一九八五年的《廣場協議》是日本經濟發展的轉捩點，也就是上一段裡說到的國際經濟發展趨勢變化中的國際因素之一。《廣場協議》將日本經濟捲入美國經濟危機的漩渦，日圓被迫升值，美元對日圓貶值，且不說當時日本是美國最大的債權國，單就日圓升值導致日本出口產品價格在國際市場失去競爭優勢，就使得以出口貿易為生的日本遭受嚴重損失。經此一劫，日本經濟發展進入了漫長的低谷期，雖然中途在相關政策（**擴張性經濟政策**）的刺激下有所復甦，但緊隨其後的一九九七年亞洲金融危機、二〇〇七年源於美國次貸危機的全球金融危機次使日本經濟遭遇了戰後更嚴重的創擊——因為美國是日本主要的貿易夥伴，以至於它至今也未能得以復甦。與其說日本經濟是遭遇了美國經濟危機的攜裹，倒不如說是日本經濟政策的不完善性造成了日本經濟的衰敗，當它堅定絕地選擇「外需主導型經濟」這條單行道而不是「外需」和「內需」相結合的雙行道時，就已選擇了冒險和走入局限，這一原本成為經濟增長發動機的政策也就注定成了日本經濟嚴重蕭條的罪魁禍首。由此而導致的自民黨政治危機是「擴張性經濟政策」，在戰後歷次經濟危機中，自民黨採取的救市政策都是單一地通過擴大政府開支刺激經濟，維持繁榮的政策，即「擴張性經濟政策」，也叫凱恩斯經濟主義，這就是日本政府財政赤字節節攀高的根源所在，亦是延續多年「提高消費稅」課題的根源。這一政策像一步走錯的棋子，使得自民黨在其後的決策中步步受制，其起到的救市效果與它產生的負面影響相比微不足道。在此之後的近十年裡，自民黨陷於用一個政策去挽救另一個政策的困境，直至舉步維艱，無計可施滿盤皆輸。

然而，自民黨也並不是沒有採取糾錯經濟政策——內需主導型經濟，早在一九八七年竹下登在任時，針對由《廣場協議》引發的經濟危機，就提出了日本經濟向內需主導型經濟轉變的方針。日本國內市場狹小，加之當時日本經濟蕭條，國民節儉度日，何來拉動內需的「牽引力」，這就是「擴張性經濟政策」實施的前提和背景。但政府救市的錢卻大量流入暴利行業（如房地產、股票市場），產生了「泡沫經濟」，反而加重了日本經濟發展的負擔。橋本上臺後，其內閣實施緊縮財政政策，減少對市場資金的「救濟」以擠出經濟泡沫，並減少醫保補助，提高消費稅填補財政空白，結果導致國民不敢消費，國內消費市場萎縮，經濟出現負增長，恰逢此時亞洲金融危機來襲，經濟遭受內憂外患的打擊陷入困境。政府不得不再次推出更大的刺激經濟方案，金額高達十七兆日圓，相當於政府預算的百分之二十以上，並再次削減消費稅，但市場沒有由此甦醒，經濟形勢持續惡化。自民黨的第一次經濟改革，就這樣因時機選擇太差又未能頂住所觸及利益派閥的壓力而倉皇收場。其後，小泉內閣以「沒有改革就沒有日本經濟復甦」的口號，掀起自民黨另一場規模更大、程度更猛的經濟結構改革，最終因改革過於激進又觸及盤根錯節的利益而未取得利大於弊的成效。

縱觀自民黨執政期間的經濟發展，雖提「內需主導型經濟」，但實質上它仍延續著「外需主導型經濟」的發展模式，固步於「製造業」大國的美夢。當美國在遭遇經濟危機後，尋求新的經濟發展增長點——資訊技術，重新從經濟中崛起時，自民黨政府的骨子裡還沿襲著「引進技術——消化吸收——改進提高」的技術追趕型發展套路，致使日本在資訊技術革命的浪潮中被甩在了歐美國家的後面，錯失良機。

不僅是對國際發展變化趨勢沒有做出很好的政策應對，對國內的發展變化，自民黨同樣沒有及時做出政策調整。隨著國家對大企業的大力支持，帶動了相關地區相關產業群體的整體發展，大量農民由農村湧進城市，造成農村人口萎縮，城市白領階層不斷擴大，並成為日本社會的主體。自民黨的經濟政策卻並未充分關注這一新興階層的利益，依然關注大企業、農民等傳統階層的利益，而對相關已然發展良好企業的繼續資金支持反而加重了腐敗。同時，另一些沒有大企業支撐的地區經濟發展嚴重滯後，形成了人口分布上的「過疏」與「過密」，使得寶貴的國土資源得不到有效利用。尤其是在近些年，日本經濟因國際資源價格上漲（進口資源）和全球經濟危機（出口成品）而遭受打擊的背景下，這一模式的弊端更加突出。

而民主黨上臺後制定的經濟政策，較之自民黨的政策也未見得有多高明，其在經濟和社福方面提出了一系列大膽的減稅和補貼計畫，從某種程度上來說，這似乎是在走自民黨「擴張性經濟政策」的老路。具體地說，民主黨想從生育、教育、就業直到養老金等各階段，都給國民經濟補貼，認為只要百姓安心生活，增加可支配的收入，就可擴大內需，從而實現經濟增長。顯而易見，執行上述政策又是一筆巨大的財政支出，當時日本政府的債務超出GDP的百分之一百七十，是負債最高的發達國家，若要兌現政策諾言恐怕就得加劇現有債務。雖然其主張通過減少預算中的浪費和優先執行重要政策來確保財源，但一些專家指出這種「節流」而非「開源」式的經濟政策在當前經濟背景下本末倒置。另外，民主黨還承諾四年內不提高消費稅，財源主要靠重新規劃國家預算、消除以往的行政浪費來解決，還可以削減一些不必要的建設項目等等，這無疑於讓現有的財政赤字雪上加霜。

鑑於美國在自民黨執政期間對日本經濟政治舉足重輕的地位，我們有必要談談民主黨上臺後的外交政策，就如大部分人質疑的那樣，民主黨外交「矯正政策」是「脫歐入亞」回歸亞洲，還是持續「日美同盟」外交軸心政策。

二戰後，美國佔領下的日本只保有少量武裝力量從事本土防衛，將周邊防衛工作交給美國，因此得以有精力和金錢（省下軍費）來發展經濟，而美國獲得了對付潛在對手的前沿基地，雙方各取所需。但近年來，以中、韓為首的東亞國家迅速崛起，而美國卻深陷金融危機、在伊拉克戰爭中失敗，這使民主黨新上任的首相鳩山由紀夫意識到，美國主導的全球主義時代正走向終結，經濟開始全球化、世界向多極化趨勢發展，單靠美國已無法解決其面臨的國際和地區問題，身處亞洲的日本要重新重視與相鄰各國的外交關係。更重要的是，新興的東亞各國廣闊的市場對依賴出口發展經濟的日本來說，何嘗不是拉動經濟發展低迷的引力。

在這種國際形勢背景下，鳩山由紀夫提出要創建類似歐盟共同體的「東亞共同體」，要「為與以中韓為首的亞洲國家建立信賴關係而竭盡全力」，絕不參拜靖國神社。如你所見，日本並未在民主黨的領導下變成「友愛日本」，誰又能確定那不是「大東亞共榮圈」下的強國夢。二〇一〇年構成整個東亞地區局勢變動的最大因素是中國繼續崛起和美國戰略重心的重返亞洲，自民黨執政的日本調整了外交和安全兩大戰略，一方面外交對美傾斜，修復與強化日美同盟，另一方面對華採取強硬政策，普天間機場搬遷問題和釣魚台衝突問題以及新《防衛計畫大綱》的出臺，都與民主黨對「中國因素」、「美國因素」的認識密切相關。

其實，自民黨除小泉外的最後幾任首相，在外交上均致力於發展日美以及日中等多邊關係，因此民主黨的外交算不上「脫歐入亞」，只是順應時局發展而做的微調政策罷了。用簡單的話說，就是到哪個山頭唱那個山頭的歌，當發展的有利因素趨向誰的時候，它的政策就向誰靠近，有點類似於牆頭草搖擺政策。

言在彼，意卻在此，著墨於自民黨的原因在於，從前世今生到意識形態，民主黨都與自民黨高度雷同，如前所述，日本的政黨大多由各種政治理念不盡相同的派別組成，是一個多黨聯合體，民主黨也不例外。可以說，民主黨和自民黨在這方面秉承了同樣的基因，並沒有本質意義上的差別。因此民主黨的上臺，雖然呈現出日本政壇兩黨政治的轉機，但作為執政黨，民主黨的執政能力還有待提高，只有將「政權更迭」時的權宜性「矯正」政策變為付諸實踐，並卓有成效，才有可能將「兩黨制」變成現實。

如今，在時間的這端，我們並未從日本這兩年的官方新聞中看出民主黨替代自民黨上臺後，日本有「顯而易見」的變化，我說的「顯而易見」是指「矯正政策」所應該體現出的政治業績，如削減赤字、調整經濟結構、地方政府自主權等主要問題都鮮有進展。相反，從新聞舊聞的字裡行間，你大概看出了某些端倪——民主黨仿若被自民黨附體上身，「派閥」和「金權」政治醜聞開始有跡可循，這既美好又邪惡的部分，如陰魂不散的鬼魅，轉而成為讓民主黨難以「揮刀自宮」的「那部分」，至此，它基於當時「政權更迭」的民眾訴求而刻意採取的權宜性政策，也就成了空談。不管是「政治主導經濟」路線還是「經濟主導政治」路線，不管是要做「經濟大國」還是「政治大國」，民主黨領導下的日本都將有一條漫長而艱難的道路要走，這條路必將通過「派閥政治」和「金權政治」的險阻才能走進下一個新的發展歷程。

爲什麼是日本 / 司馬東西著. -- 一版.-- 臺北市：
大地, 2017.12
面： 公分. --（History：98）

ISBN 978-986-402-277-9（平裝）

1. 日本史

731.1 106021650

爲什麼是日本

HISTORY 098

作　　者	司馬東西
發 行 人	吳錫清
主　　編	陳玟玟
出 版 者	大地出版社
社　　址	114台北市內湖區瑞光路358巷38弄36號4樓之2
劃撥帳號	50031946（戶名：大地出版社有限公司）
電　　話	02-26277749
傳　　眞	02-26270895
E - mail	vastplai@ms45.hinet.net
網　　址	www.vastplain.com.tw
美術設計	普林特斯資訊股份有限公司
印 刷 者	普林特斯資訊股份有限公司
一版一刷	2017年12月

大地

定　　價：320元

本書繁體中文版經由「丹飛經紀」授權大地出版社獨家出版發行。